高校图书馆
建设与服务创新研究

叶　昊　著

中国原子能出版社

图书在版编目（CIP）数据

高校图书馆建设与服务创新研究 / 叶昊著. --北京：
中国原子能出版社，2023.8
ISBN 978-7-5221-2860-3

Ⅰ.①高…　Ⅱ.①叶…　Ⅲ.①院校图书馆–图书馆工
作–研究②院校图书馆–图书馆服务–研究　Ⅳ.
①G258.6

中国国家版本馆 CIP 数据核字（2023）第 142975 号

高校图书馆建设与服务创新研究

出版发行	中国原子能出版社（北京市海淀区阜成路 43 号　100048）
责任编辑	白皎玮
责任印制	赵　明
印　　刷	北京天恒嘉业印刷有限公司
经　　销	全国新华书店
开　　本	787 mm×1092 mm　1/16
印　　张	13.625
字　　数	224 千字
版　　次	2023 年 8 月第 1 版　2023 年 8 月第 1 次印刷
书　　号	ISBN 978-7-5221-2860-3　　定　价　**78.00** 元

发行电话：**010-68452845**　　　　　　版权所有　侵权必究

前　言

　　高校图书馆是高等院校发展的重要资源，具有知识服务和素质教育等多种职能，作为文献资源的管理者、组织者和提供者，为读者学习知识提供了重要场所，是师生获取知识的主要阵地，为广大师生在科研和教学活动提供了基础性的保障。高校图书馆拥有丰富的阅读资源、良好的阅读环境和优质的阅读服务。在助力高校教学科研的同时，对于开展校园全民阅读活动，满足读者的阅读需求，对建设书香校园、引领教风学风、丰富校园文化、传播学科知识、创新教学科研等方面都具有一定地推动作用。

　　本书首先概述了高校图书馆的基础理论，包括高校图书馆的相关概念、高校图书馆的管理与服务、高校图书馆阅读推广活动等，其次对高校图书馆信息资源建设进行了论述，再次阐述了高校图书馆文化建设，进而对高校图书馆的数字化建设进行研究，并对高校图书馆学科服务进行详细分析，然后对高校图书馆阅读服务创新进行论述，最后对高校图书馆服务创新发展进行总结和探讨。本书在编写过程中得到很多专家教授的帮助，在此表示感谢。

　　由于高校图书馆的建设与服务涉及内容广泛，加之时间仓促，书中谬误之处难以避免，恳请同行专家和读者不吝指正。

目　录

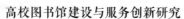

第一章

高校图书馆概述

第一节　高校图书馆的概念

一、高校图书馆的含义

"图书馆"是指通过搜集、整理信息资料并加以收藏，为人们提供查阅、参考服务，并对信息资源予以传承的机构。图书馆是随着人类历史发展进步而形成的记录人类文明并加以共享的一种形式。它通过收藏，科学管理文献资源，实现开发共享信息资源、参与社会教育等功能。在保存珍贵的信息资源、传承文化遗产的同时，满足当代人对信息咨询的需求。现代图书馆在为读者提供最基础的文献资源之外，完备的基础设施，良好的阅读氛围，安静的学习环境，更是公众实现终身学习的最佳场所。

高校图书馆是图书馆的分支，隶属于高校。一般主要面向本校师生读者，为本校师生的教学、科研提供服务，为高校的科学发展、学科建设提供文献信息材料支撑，是高校重要的教辅部门。高校图书馆不同于公共图书馆，馆藏图书的专业性较强，较全面。多建设本校相关学科和边缘学科文献，适当建设大众文献。高校图书馆的馆藏图书大多反映当代科学发展水平。主要经费来源于所属高校，高校一般要把图书馆支出列为每年的经费预算，并根据高校发展和教学科研需要逐年增加。由此可以看出，高校图书馆属于高校，依托高校，高校图书馆资产即为高校资产。在我国，高校（民办高校除外）是由国家财政出资建设的，高校资产在本质上属于国家，属于全社会，是国有资产。那么，作为高校的教辅部门，高校图书馆同样为国家资产，在一定意义上，作为政府购买服务的提供者，高校图书馆可视为非政府部门公共机构的角色。高校图书馆作为非政府部门公共机构的角色，是政府提供公共服务职能的下移，具有公共服务的职能，更具有向社会公众提供社会服务的职责与义务。

二、高校图书馆的特性

（一）学术性

学术性是图书馆十分明显的特征。从馆藏文献信息资源的内容到学科服务的过程，再到服务内容、手段和方法，图书馆都具有很强的专业性、学术性特质。高等学校图书馆是为教学和科学研究服务的学术性机构，而不是一个独立的教学机构或学术研究机构，也不是一个行政机构或单纯事务性的服务机构，更不是一个以收藏为主的藏书楼或一个以普及为主的文化馆。随着高等教育事业和科学技术的发展，随着信息技术的日益飞跃进步，高等学校图书馆应迅速提高各项工作的学术水平。

（二）服务性

高校图书馆是为学校教学和科研服务的学术性机构，其服务性特征可见一斑。这种特征也是通过为教学、科研人员和学生服务来体现的。高等学校学科资源丰富，科研力量雄厚，与之相配套的高校图书馆具有丰富的专业馆藏和信息资源。图书馆的中心任务，就是通过参考咨询等工作为这些作为用户的科研教师人员和学生对这些文献信息资源的利用提供便利的服务，进而有助于学科建设水平的提升。图书馆的借阅、流通、参考咨询、宣传和导读等则是直接为读者提供服务；而其收集、整理、加工、典藏等工作，是间接地为读者提供服务。

（三）科学性

科学性是高校图书馆工作的重要特质，也是提升学科服务效能的基本要求。高校图书馆始终处在科学技术研究的前沿位置，其系统性和科学性、机构设置、体系构建、工作流程等，都对科学性提出很高的要求。仅仅就其工作流程而言，无论是文献资料的搜集整理，还是服务工作的组织管理以及现代化手段的运用，都是一个科学的操作过程。高校图书馆还要为学校的科研提供文献资源，为科研工作做良好的铺垫，这些都属于科学研究的前期劳动。作为收集、整理、管理维护、储存、开发、传送信息资源的机构，高校图书馆在采编、流通、阅览、信息服务及技术服务等各个环节中，也都有着一套科学的工作规范。

（四）依附性

高校图书馆作为高校的一个组织或部门，它的存在必然依附于高校，其形象是高校整体形象的一部分。良好的组织形象是组织知名度和美誉度的有机结合与高度统一。高校图书馆的知名度有赖于社会公众对高校的了解熟悉程度。良好的图书馆形象有利于树立高校的整体形象，而良好的高校整体形象也必然提升图书馆形象，给图书馆形象的塑造创造良好的外部环境。因此，图书馆对其所属高校有很强的依附性。

（五）教育性

高校图书馆是一个教育机构。它以丰富的馆藏文献为基础，通过灵活多样的形式和途径来传播科学文化知识，可以是文献的推荐宣传、辅导阅读形式或举办各种丰富多彩的活动，如学术报告会、读书心得交流会、图书期刊评论会等，以达到激发读者的学习兴趣，获得更好的教育效果。高校图书馆是广大读者自学的场所，也是终身教育的基地，图书馆教育既是学校教育的补充又是学校教育的继续。

作为储存丰富知识的宝库，图书馆的文献收藏涉及范围极为广泛，不仅拥有丰富的馆藏、先进的技术手段、完善的服务设施、优雅的学习环境，而且还拥有经验丰富、高素质的知识信息检索和研究专家。教师利用图书馆丰富的书刊文献资料充实、完善、补充和更新自己的知识，学生们可通过图书馆丰富和补充课堂内外获得的知识。在当前社会转型时期，在各种文化思想激荡的现实情况下，高校图书馆要认真组织、选购、推荐有品位的好书，建设有正能量的文献信息资源，成为大学生和科研人员接触新思想、获取新知识的主要阵地。

三、高校图书馆的产品属性

高校与其他社会组织不同，它是不以营利为目的的专门从事教育活动的社会服务组织。一方面，高校有服务社会的公益责任，它参与社会事务，履行社会职责，宗旨是为社会服务，具有服务性、公益性的特征。另一方面，高校又有自己专属的教育人群，有自己的教学计划安排、人才培养计划、教育经费及财政支出。

（一）效用的分割性

效用的不可分割性是公共产品的首要特性。而私人产品则不同，它具有效用的分割性，私人产品的效用属于购买者。高校图书馆依照学校制定的教学目标、专业设置、科研要求等采购相关的图书及电子资源，在校师生凭借相关证件享受图书馆资源，而校外读者却被排除在外。研究高校图书馆这一产品是否具有效用分割性，需要从两个角度出发考虑。对于有限的图书资源而言，在一定的范围内，它的效用被分割成若干单位，表现出私人产品的特征。

对于电子信息资源，它的效用并不会被分割，个人的使用不会影响其他人的消费，这又表现出公共产品的属性。

（二）消费的竞争性

考察高校图书馆这一产品是否具有消费的竞争性主要是看增加的读者会不会影响其他读者对图书馆资源使用的质量。对于有限的文献资料来讲，在馆藏数量范围内，增加一位读者不会影响其他读者对该资源的使用。但当服务范围超过馆藏数量范围时，就会有读者被排除在外。此外，如果增加图书采购就必然会增加图书馆额外的经费，体现出消费的竞争性。所以在馆藏数量范围内，高校图书馆的文献资源产品没有体现消费的竞争性，但是如果超过馆藏资源的数量范围，高校图书馆的文献资源产品就体现出消费的竞争性。对于电子资源而言，则表现出公共产品的特性，它的浏览、查阅、下载并不影响其他读者的使用，也不增加图书馆资源采购的成本。

（三）受益的排他性

就目前的情况来看，大部分高校图书馆体现出受益的排他性这一特性。首先，有限的经费制约着图书馆的服务范围。由于图书资源成本上涨等因素，图书采购增长量有限，在尚不能很好地满足本校师生的前提下，很难再对外开放，服务其他高校师生。其次，缺乏有效的管理制度，图书馆面向其他高校师生开放还存在安全隐患，信息知识产权易受到侵犯。从另外的角度来讲，高校图书馆的信息资源共建共享可以使采购费用均摊，这就很好地节约了采购成本，而受益人群利益不变。

四、高校图书馆的职能

（一）高校图书馆的德育职能

高校图书馆的主要职能是为学校师生提供全面的文献信息服务和开展适合图书馆环境的相关教育工作。图书馆的文献信息服务功能是图书馆的主要业务内容和发展重点，近些年来高校图书馆得到全面快速的发展，主要的变化就是图书馆文献建设不断丰富和提供信息咨询的能力得到增强。高校图书馆的教育职能是以文献信息服务为依托，利用图书馆在文献资源、信息技术、活动场所等条件上的优势，配合完成高校教育任务和实现人才培养的目标而开展的教育活动。

高校图书馆的教育功能根据目的性不同可分为以下三个方面：第一，根据高校人才培养计划中对德育教育的目标而开展的德育教育工作；第二，配合高校课堂教学目标而进行的专业知识教育工作；第三，图书馆自身成长需求而开展的与业务相关的教育活动。其中，开展德育教育是高校图书馆教育功能中的一个重要方面，这既与图书馆是学校重要的思想文化阵地、校园文化中心有关，也和图书馆本身带有的文化影响和思想引导的作用相关。

德育教育虽然是高校图书馆一项重要的工作任务，但必须要清楚的是高校图书馆的主要工作还是以为全校师生提供文献信息服务为主，德育教育作为配合学校高素质人才培养目标的需求，其紧迫性没有文献信息服务强。高校图书馆的德育教育内容、形式并不固定，教育群体虽然广泛，但变动性很大，也正是这些特点决定了高校图书馆开展德育教育存在着一些缺陷。例如图书馆的德育工作并未被系统化列到高校德育工作计划中去，高校图书馆开展德育教育工作也常以自身需要为主，缺少理论教学部门和其他部门的合作，而其进行德育教育是一项长期工作，德育影响的效果很难在具体工作中得以量化体现等。这些也正是在研究高校图书馆德育功能时必须正确认识的，不能因为盲目夸大德育工作而影响图书馆主体工作职责。

高校图书馆开展的传统德育教育，主要是通过文献借阅、氛围影响、制度规范和活动开展等形式来实现的，其产生的影响效果的时效性不明显，是一项长期性潜移默化的教育影响任务。而文献信息的服务功能则是当今高校图书馆必须时刻重视的工作任务，时刻急需为学校的教学和科研提供真实有效的信息服务。

高校图书馆开展德育教育和完成信息服务并不是两项矛盾的工作，在实际工作中，图书馆应该把德育教育的内容贯彻到具体的业务工作中去，以德育教育的要求指导业务工作的开展，在实现图书馆主要工作目标的同时带动德育教育的进行。当然，图书馆也必须认清德育工作的次要性地位，德育工作的开展不能影响和妨碍图书馆文献信息服务工作的开展，在实际工作中，仍需以各项业务工作为主。

1. 高校图书馆德育教育的内容

高校图书馆德育教育主要是在高校图书馆固定教育环境内展开的，高校图书馆作为教育的主体，依据国家、学校和图书馆的教育目标，有计划的对大学生进行关于思想、品德、观念等方面的教育影响，使其形成符合高层次人才标准的个人综合素养。基于此，当前高校图书馆德育教育内容大致可分为以下几个部分。

（1）爱国主义思想教育

在当前社会发展阶段，热爱祖国是合格大学生的一项基本准则，是国家公民的道德标准之一，它反映着作为国家公民的大学生与自己祖国的关系，时刻提醒大学生心中有国家，学习为国家。通过图书馆的爱国主义教育，能使大学生深刻了解祖国的历史和现状，清楚自己的责任和使命，激发大学生的民族自豪感，更加热爱当前来之不易的社会生活环境。

（2）人生观教育

人生观是个人对待人生问题上的认识，是世界观的一个方面，人生观问题是一个复杂多面的问题，关系人的自身、人的活动、人与人之间的多种关系等问题。在这些关系中，个人的价值、意义、使命、责任是人最应该明白和重视的方面。大学生正处于个人人生观初步成形的阶段，社会上的多元文化、突发事件和消极观念等都会妨碍、影响大学生正确人生观的确立。高校有义务、有责任让每一位大学生明白人生的意义和价值，正确对待人生的生死问题、顺境与挫折、荣誉与耻辱、理想与现实，为大学生以后成功进入社会，习惯社会提前做好充足的准备。

缺少正确的人生观教育会让大学生的思想在脱离家庭帮助的学校生活环境下走向消极，大学生会因为在学习、情感、疾病、挫折等方面的原因而产生错误的行为后果。高校图书馆是高校内大学生较为聚集的场所，为应对突发事件的出现，需要加强巡视，注意观察，有情况及时反映，就能减少极端情况的出现。在常规宣传活动中，加大大学生人生观内容的教育、引导，增加心理辅导机构，都能起到人生观教育的积极作用。

（3）价值观教育

价值观是指人在对其周围的人或物对于特定的人或社会机构是否具有意义而进行判定时所持有的观点，简单的说就是个人对外界价值的自我认同。高校是大学生的价值观形成及完善的重要时期，随着大学生自身知识水平的提高、自我认知辨析能力的加强，他们都会把对生活及社会中出现的事物的认识和理解参照自我特有的价值观，而且这时期形成的观念会对其人生产生久远的影响。

高校图书馆对大学生进行的德育教育是通过文化教育、氛围影响、管理制度来实现的，它能使得大学生在自身的思想理念、言行举止、心理素质、价值认可等方面产生对外部社会文化价值的认同，在精神层面上实现对大学生的教育和塑造作用，其中文化教育所起导向作用十分重要。高校图书馆所推崇的价值观是符合社会主义现代化经济文化发展要求的正确价值观，把它融入图书馆的建设及管理中，形成适合的舆论导向和价值引导作用，这必将会对大学生产生有效、深刻的影响，让他们在高校图书馆的学习活动中得到熏陶和感染，形成与社会主义现代化发展需求一致的正确价值观。

（4）职业道德教育

就业是大学生都即将面对的一个重要问题，而大学生的职业道德是大学生的社会道德在其职业方面中的体现。只有自觉遵循职业道德规范，才能顺利的在职场中取得成就，开启新的人生场景。职业道德要求大学生能认清工作职责、全心全意为人民和社会服务，这是最基本的原则。它需要大学生在履行职责的过程中，要具有高度的职业责任感，认同本职工作，遵守职业规范和纪律，明确自己的职业规划，提高职业认识、培养职业良心，这样才能适应以后职场的工作环境。

图书馆为大学生提供了大量的社会实践机会，能帮助他们在工作中得到职业能力和职业道德的锻炼。高校图书馆是高校校内多种活动的组织、策划和执行场所，其本身也为大学生提供勤工助学和义务馆员等多种工作岗位。在这些工作中，大学生需要遵守相关的规章制度，明白自身的权利和责任，利用自身的学识和能力，有创造、有思想的组织、策划、运行具体的活动和工作，为身边的同学和老师提供便利或服务。高校图书馆还经常联合校内外相关部门，针对大学生就业开展相关的解答、介绍或心理辅导，给毕业生提供建议和帮助，帮助他们形成正确的职业道德素养。通过以上这些德育内容的教育，能让大学生正确对待祖国、对待集体、对待人生、对待社会、对待职业。

2. 高校图书馆德育教育的过程

高校图书馆德育教育工作要重视知、信、行的三项统一，关键工作就是让大学生将道德认知转化为道德信念，并用道德信念管理自己的言谈举止，从而达到道德认知与道德品行一致的效果。德育教育的最终目标就是使大学生自身具备要求的道德品质，要让大学生用道德素养控制自身行为，加强实践检验，亲身感受，自我证明体验。根据大学生德育教育影响和大学生心理接受的过程，高校图书馆德育教育对大学生的道德影响可分为五个渐进层次。

（1）提高道德认识

提高大学生的道德认识，就是在大学生的德育教育过程中，有目的的增加大学生对于道德原则、道德规范的认识，提高大学生道德标准和道德素养的认识。道德认识是影响大学生个人道德行为的引导，缺少正确的道德认识内容，就不可能让大学生形成正确的道德标准。对于即将成为社会高层次人才的大学生，高校图书馆十分有必要通过各种形式的教育和影响，使他们懂得社会道德的要求、原则、规范和制度，增强大学生践行社会道德义务的自觉性，成为合格的社会主义事业接班人。这是进行德育教育的前提和基础。

（2）确立道德信念

确立大学生道德信念，就是在大学生对于社会主义道德义务有了一定认识之后，在实际行动中开始实践并持之以恒，以及由此产生的一种强烈的自我责任感。大学生思想活跃，敢于创新，一旦确立了正确的道德信念，就能自觉地按照自己的信念去选择标准，进行活动，以此来鉴定自己和他人行为的是非。

道德信念是道德认知的进一步转化，成为个人道德行为的动力，促使大学生的道德行为表现出坚定和持久性，这是德育教育过程中的重要一步。正确的道德信念永不过时，仍是当前指导大学生行为的重要因素。在大学生群体中，高校图书馆要针对不同身份的大学生，进行不同层次的信念教育，加强与学校教育工作的协同，增加信仰、模范、理论的学习和活动引导。

（3）陶冶道德情感

陶冶道德情感是德育教育过程中的一个重要环节，大学生在接受了德育影响，产生了德育认知后，并不能直接就接受了德育信念，树立了德育目标，这里需要依靠德育情感来推动德育信念的形成。德育情感就是大学生根据一定的德育观念，在处理事务的过程中形成的一种喜好或厌恶的情感认同，是对人或事的评价和判断，德育情感是人对真理追求的动力和源头，它能产生比道德认识更为稳定的德育效果。

通过对大学生进行正确的德育情感的培养，能激励大学生树立正确的是非观念和道德情感体验，能明确自身坚持的道德标准并抵制不良道德行为，是表明大学生的道德认识转化为道德信念的标志，是维系道德教育各阶段的重要纽带。

高校图书馆在进行德育教育工作的时候，要注意树立正面道德榜样，批评反面道德事例，在大学生已有的道德认识基础上，确立起相同的道德情感，使其产生共鸣，达到德育行为的一致。

（4）锻炼道德意志

锻炼大学生的道德意志，就是在大学生的德育教育过程中，有目的的增加大学生对于社会主义道德原则、道德规范的实践体验，克服来自各方面的阻力和困难。当在进行德育实践的时候，舆论的压力、同学的态度、亲友的责备、自身欲望的抵触、个人情绪的变化都会对大学生的德育教育过程产生消极的影响，出现道德上的动摇。在德育教育过程中，高校图书馆必须正确引导大学生锻炼自己的道德意志，自觉的克服困难，排除干扰，坚守信念，履行自己的道德责任，实现自己的道德目标。树立学习榜样和锻炼大学生的道德意志是产生道德行为、养成道德习惯的重要力量。高校图书馆要在德育教育和社会实践中，提供机会，加强引导、监督，锻炼大学生的道德意志，使其更坚定正确的社会主义道德信念，执行道德标准。

（5）养成道德习惯

培养大学生的道德习惯是德育教育的最终目标。衡量大学生思想水平高低和道德品质优劣的客观标志，就是要观察大学生时期在一定的道德认识和道德情感的支配下进行相应的德育行为，考察他在德育方面的言行是否一致。而真正成为道德行为的，不是基于某一次的言行动态符合道德原则和标准，而是要让这种德育行为成为大学生的道德习惯，是道德行为的必然。养成正确的道德习惯，是高校道德教育的最高要求，是德育实践的固定格式，让大学生在没有意志努力和外界监督的情况下，能让行为自觉。大学生的德育习惯需要以少积多，从散到广，注重德育工作的细节教育，因人而异的开展德育教育影响，长期坚持，就能促使大学生形成道德习惯，自觉遵守各项规章、制度，做爱国、守法、符合社会道德标准的事情。

（二）高校图书馆的美育职能

1. 高校图书馆美育的定义

所谓图书馆美育，顾名思义就是充分利用图书馆的各种资源，对读者进行审美教育，以培养读者的审美能力和审美理想，即培养和提高读者对自然美、社会美和艺术美的感受能力、鉴别能力、欣赏能力和创造能力，帮助人们树立崇高的审美理想、正确的审美观念和健康的审美趣味，促进身心健康的活动。

2. 高校图书馆美育职能的体现

图书馆本身的建筑设施与人文环境具有典型的美学内涵。同时，图书馆在一定历史条件下的藏书对学生心灵的陶冶也起到了非常积极的作用，这是一种美育功能的重要表现。高校图书馆是为具有较高文化层次的人群服务的，是为高等教育和高校的科研服务的专业图书馆，因此，它必须适应高层次的文化需求，具有独特的建筑风格，在建筑特色上必须要有较高的文化内涵。首先从外形上就应该有相当强的审美特性，以便在感官上能满足大学生的审美需要；其次在内涵上应有丰富而深刻的文化底蕴，并通过独特的建筑形式和色彩体现出来，使学生们在潜意识里得到审美满足，从而激发他们求知的欲望。

（1）图书馆具有自然美的心理效应

图书馆具有美的教育环境。美丽的环境能使人心情舒畅、心旷神怡，促使人乐观、奋发。首先，馆舍造型大方而典雅，具有很强的文化魅力，四周环境优美宜人，形态各异、类型诸多的艺术盆景，馆舍周围风采各异的树木，设计晶莹澄清的山泉，或是一路欢歌的小溪，给读者一个看不完的山光水色、听不尽的鸟语虫鸣。其次，图书馆具有良好的通风设施，空气清新、干爽自然；光线充足，宁静整洁。总之，图书馆要营造端庄、恬静和舒适的自然环境，使读者一来到图书馆就如来到"美的圣殿""精神的绿洲"，身心得以放松，从而产生强烈的审美感和求知欲。

（2）图书馆具有社会美的心理效应

自然美景使人心旷神怡，高尚的社会行为也能使人享受到美的愉悦。社会美的审美标准是"真、善、美"，即内容是真的，性质是善的，形式是美的。图书馆的社会美主要通过馆员的仪态美、心灵美、职业道德美、知识美表现出来。另外，图书馆是人类汲取知识、接受教育的终身学校，是人类所创造的重要的传播间接信息资源和开发直接信息资源的社会系统之一，在知识传播、社会教育以及信息提供方面具有得天独厚的优势。

（3）图书馆美育体现出形象性、愉悦性和自由性

高校图书馆美育是一种形象教育，是运用生动、形象的美的事物，如文学、艺术、美术、音乐、书法、摄影及相关的图书、资料、数据、信息与网络等，来激发受教育者的情感而达到教育目的。在图书馆接受美育的大学生是从欣赏美的形象开始的，并且始终离不开美的形象，并在形象、直观的图书资料等的影响下，饱含着情感来进行和完成的。凝聚着文化和艺术魅力的高校图书馆建筑也是一种空间形象艺术，在其特殊物质材料和技术的基础上建立的形态构造所展现的形象美，概括地反映出一所大学的办学水平和人文精神。

美育作为情感教育，反映在审美实践过程中体现了愉悦性的特点。寓教于乐是高校图书馆审美教育的愉悦性特点。它依靠美的读物的感染力，激起读者感情上的共鸣，从而产生审美愉悦，并在愉悦美的享受之中，使情感得到净化，心灵得到升华。这种美育的愉悦性是超越生理快感以及狭隘的精神要求和功利目的的高层次的审美愉悦，因而赏心怡神持久而强烈，为读者乐于接受。

人的情感是自由而无法强制的。高校图书馆美育的又一个特点是使人的情感、个性得到自由舒展。每个大学生读者来到图书馆不是被强制的，而是完全凭着个人的主观意愿、兴趣爱好选择读物，这不仅为获取知识提供了可能性，同时也使人在浩瀚的书海中获得了更多自由的精神空间。由于高校图书

馆可以参照每一个受教育者不同的心理需要、兴趣、爱好等具体条件和特点，为其选择和提供适当的审美对象并给予正确的审美导向和帮助，因此，可以说高校图书馆与自由性结合在一起的独特的美育氛围，具有其他教育所无法比拟的优势。

第二节 高校图书馆的管理与服务

一、高校图书馆管理的基本含义

高校图书馆管理，作为一项社会实践，可以说它的历史同高校图书馆一样悠久，是与高校图书馆同时产生、同步发展的。

纵观高校图书馆管理的发展，大体上经历了两个阶段：传统的经验管理和现代的科学管理。传统的经验管理是多年来高校图书馆管理一直推行的管理方式，它以直觉和经验为其基本特征，管理思想保守，管理手段陈旧，管理方法落后。这种管理已越来越不能适应今天高校图书馆日益发展的客观需要。因此，从传统的经验管理，转变为现代的科学管理势在必行。现代的科学管理，指的是运用现代科学的原则、理论和方法对高校图书馆作为一个系统所进行的管理。这种管理充分吸收了管理学、心理学、统计学、教育学、经济学和社会学等众多的学科成就，从中吸取理论与方法上的指导，把高校图书馆作为一个内部相互联系、内外相互作用的开放系统来加以考察、研究和管理，从而获得高校图书馆管理的最佳效果。

具体地说，所谓高校图书馆管理，就是运用现代科学的理论和方法。遵循高校图书馆工作的客观规律，通过决策、计划、组织和控制等手段，合理地组织和最大限度地发挥全馆人、财、物等各种资源的作用，卓有成效地为学校的教学和科研服务的全部活动及其全过程。运用现代科学的理论和方法不仅是现代图书馆管理的重要标志，也是现代高校图书馆管理的时代特征，更是管理工作科学化的基本要求。遵循高校图书馆工作的客观规律，这是由高校图书馆管理的特殊性所决定的。高校图书馆具有区别于其他类型图书馆的固有规律，因此，要对高校图书馆实行科学管理，就不能不遵循这些规律。无视这些规律，不但无科学性而言，而且必将受到惩罚。决策、计划、组织和控制是图书馆管理的基本手段，一切管理活动都离不开这些基本手段。管理是具有其目的性的，合理地组织和最大限度地发挥全馆人、财、物等各种资源的作用是管理的最直接目的，而管理的最终目的则是卓有成效地为学校的教学和科研服务。

高校图书馆是学校的文献馆机构，在高等学校的教学科研中起着举足轻重的作用，甚至会影响到高等学校的社会地位。因此，许多国家对高校图书馆寄予很高的重视，称为皇冠上的明珠、大学的心脏、太上研究院等，它与师资、实验室并称为现代大学的三大支柱。高校图书馆能否起到应有的作用，虽然受到人、财、物等多种因素的制约，但是其中最主要、最关键的因素仍是管理。管理水平的高低直接影响到图书馆作用的发挥，可以说有什么样的管理就会有什么样的图书馆。良好的管理不仅能够把组成图书馆的基本要素有机地组织起来，构成一个目标一致的整体，高质量、高效率地实现既定目标，而且可以在不需增加投资、人力、物力的条件下，充分地挖掘图书馆现有各种资源的潜力，最大限度地发挥其作用，达到与增加投资，增加人力和物力相同甚至更好的管理效果。因此，加强管理，改善管理既是客观要求，也是当务之急。

二、高校图书馆管理的特点

作为一种特殊的社会实践活动机构，图书馆管理具有一般社会实践所共有的客观性、能动性和社会历史性等特性，不过这些特性在图书馆管理中有其具体的表现形式。整个实践的特性对于不同的实践活动来说是一种共性的东西，而具有这种共性的各种实践活动又表现出不同的特性。现代高校图书馆除了具有以往传统图书馆的相关特点之外，高校图书馆管理具有以下几个主要特征。

（一）综合性

图书馆管理的综合性体现在它所涉及的领域包括人力资源、文献信息资源、财力资源、物质资源等各个层面，而且随着资源形式的变化有所改变。人力资源包括人才规划、招聘、甄选、培训、绩效管理等环节。文献信息资源选择、引进、供给则需要文献信息规律研究作支撑，结合图书馆服务对象和文献信息资源出版情况作出决策。财力资源包括经费获得、经费安排等，是关系到图书馆能否正常运转和提高工作效率的重要保障。物质资源涉及图书馆建筑、设备等实物资源，是图书馆存在的建筑环境和技术环境要素。传统的图书馆管理没有注意到管理的综合性，把精力集中在业务管理活动，忽视了财力资源获取和人力资源建设等方面的研究，导致图书馆很难获得用户、领导、馆员的满意，也是图书馆社会地位远低于其应有的社会影响力的主要因素之一。

（二）理论性

任何一门管理学科都不可能脱离理论的支持而获得发展，图书馆管理亦不例外。图书馆管理不仅从图书馆学研究发展中汲取营养，更多的是作为一级组织结构从企业管理、公共管理等领域获得新的理论支持。理论性是图书馆管理的一个重要特点，在传统的图书馆管理实践中，轻视理论是图书馆界的通病。轻视理论，不学习、不研究、不借鉴，其直接后果是目光狭窄，观念落后，管理水平普遍低下。一种实践活动，如果没有先进的理论做指导，其结果必然是盲目的。因此，图书馆管理作为一门科学，就必须有针对性地研究管理学的最新成果，吸收实践中获得的管理方法，融合成为图书馆管理学独特的理论体系。

（三）实践性

管理理论和思想本身起源于长期的实践活动，从泰勒的科学管理、法约尔的一般行政管理到现当代其他管理理论无不都是生产实践的结果，可以说实践性既是验证理论正确性的方法，也是产生管理学思想的需要。图书馆管理是图书馆事业发展进程中产生的事物。中国图书馆事业经历了从无到有、从小到大的发展历程，不同时期的图书馆事业有着鲜明的时代特征。古代时期与图书馆相关的工作主要是图书的整理和加工，比如汉成帝时刘向、刘歆父子的校书活动，最终生成了中国历史上第一部综合性的群书目录——《别录》和第一部综合性的群书分类目录——《七略》，这种单一的工作也就不可能出现图书馆综合管理的问题。随着图书馆出现、壮大，发展到今天，动辄上百名员工、过千万元经费的图书馆比比皆是。图书馆管理也在管理活动不断发展的过程中形成了自己的学科体系，并进一步指导图书馆管理实践。

（四）科学性

图书馆管理的科学性首先表现在它极大地推动和促进了图书馆工作的开展和管理实践的发展。从图书馆的发展历程和当代图书馆的工作实践，可以看出图书馆工作是有规律的。图书馆工作内在需求需要管理的发展，管理的发展也促进了图书馆工作的进步，这说明管理具有科学性。其次，图书馆管理是能够应用科学知识的领域。比如，读者行为、员工绩效研究涉及心理学知识；图书馆自动化系统管理是建立在计算机科学基础上的。最后，图书馆管理内容可成为新的科学知识体系。

三、高校图书馆的服务与发展

（一）图书馆服务的功能

图书馆服务的功能随着时代的发展而发展，尤其现代科学技术进步促使图书馆服务增加了一些电子化、网络化的新功能。概括来说，图书馆服务主要包括以下功能。

图书借阅：图书馆每年的图书库存都会更新，及时采购新版书籍供读者借阅，读者可自行到图书馆公共查询系统自助查找图书信息，了解自己感兴趣的书籍是否上架、是否外借及馆藏位置等，读者可凭借书证借阅图书。

中外文期刊阅览：图书馆有丰富的中外文期刊资源可提供给读者阅览，图书馆提供场地、座位及配套服务设施，给读者营造一个轻松舒适的阅读环境。供阅览的期刊通常不允许外借，馆内会设置自助复印设施给有需要的读者复印期刊带走。

电子阅览：电子阅览是图书馆进入网络时代后新出现的功能，图书馆为读者提供可联入网络的计算机终端设备，能够检索或下载图书馆购买的中外文数据库文献资源，联入外网的计算机终端也可以用以浏览网页、收发邮件等。

馆际互借与文献传递服务：图书馆的馆藏不可能是涵盖所有出版书籍的，书籍的重复收藏也耗费大量的财力，由此产生了图书馆联盟组织，便于各图书馆间互相帮忙资源互补，本馆不具备的期刊文献可向联盟内其他图书馆申请互借。

文献检索服务：用户撰写论文、申请课题研究时需要参考大量的文献，用户只要提供关键词、语种、检索年限等详细需求给图书馆工作人员，由具备专业知识的工作人员为用户提供检索服务。

科技查新、定题服务、课题代查代检等科学研究方面的服务：对于具有对应科研服务提供资格的图书馆为读者和科研工作者提供科技查新、定题服务、课题代查代检等服务，并出具查新报告、定题服务报告、文献检索报告等，以满足用户对知识服务的需求。

个性化服务：随着我国图书馆事业发展得如火如荼，虽然文献信息资源越来越丰富，用户查找需要的信息却变得越来越难，信息的利用率反而降低了。

因此，个性化定制伴随着用户的需求而产生，细分用户群体，提供有针对性的服务。个性化服务的基础是对用户行为习惯、使用偏好、用户需求的了解，根据这些特征对检索结果条目的排序赋予不同的权值，形成输出结果展示给用户，它以符合用户思维惯性的方式提高了查找信息资源的效率。

（二）高校图书馆服务的特征

高校图书馆是图书馆事业在当前社会发展出现的新形态，它不仅具有传统图书馆的属性，也在时代的催生下获得了一些新的属性。

首先，高校图书馆服务的本质属性是它的公益性，它是人们自由获取信息和知识的保障，是公民阅读学习的基础设施，其资金来源于国家财政拨款和社会捐赠，是非营利性质的。高校图书馆为人们信息获取、学习教育提供了开放的平台，在信息利用上实现了人人平等，为中国改革开放现阶段的社会公平作出了贡献。

其次，伴随着服务理念的深化与技术的成熟，高校图书馆服务展现出了其特有的优势。它的服务对象是普通民众，不再局限于特定领域或阶层的人员，呈现出社会化的特点；它的服务内容不再仅限于文本文献，加入了图片、音频、视频等多种形式的资源，呈现出多元化的特点；它的服务手段主要以网络技术为支撑，实现异地、同时获取资源，呈现出网络化的特点；它的服务方式也由用户上门索取服务改为主动向用户提供服务，呈现出主动化的特点；它的服务资源集成了各种网络资源、数据库资源，呈现出共享化的特点。由于信息资源的数字化，数据的传输更便捷，数据的搜索不受距离的限制，世界各地的用户只要能在网络上连接高校图书馆系统，就能查找他们想要的信息；高校图书馆系统的智能化服务不需要全程人工操作，可以为用户提供 7 天×24 小时的服务，可供多人同时使用；高校图书馆内部的搜索引擎方便用户更快捷地检索信息，检索效率大为提升。

（三）新媒体时代高校图书馆服务转型

1. 新媒体时代高校图书馆服务特点

新媒体时代高校图书馆服务理念更加人性化，切实将"以读者为中心"理念贯穿服务的全过程，无论是数字化资源的构建与选择，还是图书馆服务方式的改革，抑或者图书馆新媒体平台与图书馆实体之间的协同发展等，均要以读者的需求为根本导向，通过与广大读者开展详细而全面的互动与沟通之后来获取第一手资料，挖掘出读者的深层次需求。

新媒体时代高校图书馆服务资源更加多元化，通过资源整合、共建共享为读者提供多种类型的信息资源，满足读者需求。

新媒体时代高校图书馆服务空间虚拟化，利用新媒体技术打破空间和时间的限制，能够实现网络的知识共享虚拟空间和现实的公共的知识学习空间相结合。新媒体时代高校图书馆服务方式更加多样化，利用新媒体技术高校图书馆可以为用户提供网上预约、网上续借、个性化定制、文献传递、参考咨询、数据库检索、移动图书馆等多种服务方式。

2. 新媒体时代高校图书馆面临的新要求

传统的图书馆服务是搜集、整理、收藏图书报刊，为读者提供阅览和参考服务。图书馆的一切活动都是基于本馆的文献资料展开的，主要任务是收集、加工、保存图书、期刊、报纸等文献信息资料为主。多数图书馆存在资金有限、人员有限的问题，服务项目仅局限于简单的、模式化的借阅服务，而且开展的各种服务都必须在馆舍内进行，有一定的封闭性和单一性。图书馆的服务对象是基本固定的一个群体，仅为读者提供浅层次的文献服务。工作人员的主要任务就是负责书刊的借还，对各种文献资料进行简单的分类登记和安放好后等着读者上门检索和借阅。图书馆这种传统的服务模式，可以概括为以书为本、以资源为本的被动服务模式，缺乏人本意识。图书馆对资源的流通和利用程度，以及读者借阅的满意度等指标不够重视，读者根据检索信息索要什么文献资料，图书管理员帮助他们找出来就算完成工作。因而，馆藏资源的利用率很低，读者的满意率也很低，传统图书馆在新媒体时代处于逐渐边缘化的尴尬局面。

新媒体时代读者对于新媒体技术的依存度日益提高，高校图书馆只有依托新媒体平台来促进服务转型才可实现可持续性发展。与传统媒体相比，新媒体具有多元性、交互性、个性化、分众化、跨越时空性等一系列特征，这样一来，高校图书馆在应用微信、微博、QQ 等新媒体工具为读者服务的过程中，会有多种因素影响到服务质量。以微博为例，绝大多数高校图书馆都开设了官方微博，有些高校图书馆微博粉丝数量多达数万计，而有相当数量的高校图书馆微博粉丝数量不过寥寥数千人。新媒体时代高校图书馆想要实现服务转型，做到"以人为本"，实现新公共服务理论的人本主义思想，提升服务水平、创新服务方式、满足读者需求，应该从以下几个方面做出改变。

（1）软、硬件资源环境

新媒体时代的迅猛发展在很大程度上都是依赖于移动 4G 技术、互联网技术等，故对于软、硬件资源环境有较高的依存度。除了能够离线应用各种移动终端的软件 App 之外，微信、QQ、微博等都需要有网络资源才可正常使用，由此可见，用户对数据通信、互联网环境均会有较高的依存度，这样就需要高校图书馆能够为广大读者提供完备的数据支持。首先，高校图书馆的通信设施要做到建立健全，确保能够连续在线地为读者提供良好的数据信号；其次，高校图书馆的无线网络要完善，尽量不要在图书馆出现"网络盲区"。值得注意的是，高校图书馆开展新媒体服务的基础前提是海量的馆藏数据资源，否则的话，新媒体工具难以为读者提供多元化的服务，只可作为简单的媒介工具。而各个高校图书馆在建设馆藏数据资源的过程中，务必要注意数据的长期保存性、格式兼容性、拓展性等。

（2）服务环境

新媒体每一个阶段的发展都是伴随着网络环境的巨大变革，因此对于高校图书馆的新媒体服务而言，要时刻注意网络环境的发展趋势并快速做出反应才能始终做到服务的超前和较好的用户体验。随着大数据环境的兴起，图书馆不断产生的海量用户数据也日益受到关注，如何充分利用并挖掘这些零散数据中的深层次关联并从中追踪到用户行为信息，将其应用于图书馆的个性化知识推送服务中，为用户提供更为高效便捷的服务，使用户与自己真正需要的资源之间做到零距离的无缝衔接，将深刻地影响到图书馆新媒体服务质量的改善进程。

（3）人员素质

21 世纪最重要的资源就是人力资源，新媒体时代高校图书馆服务转型的关键就在于人员因素。无论是高校图书馆数字化资源建设，还是高校图书馆官方微博、微信等维护运营，均需要人工管理，这些人员的业务素质直接关系到服务质量的优劣。随着新媒体时代高校图书馆知识服务日益深入化、信息服务日益个性化，对于员工的综合能力要求也越来越高，而传统图书馆的馆员只需进行基本借还服务，只要懂得基本的操作即可，馆员的专业技能和知识素养得不到体现。同时，多数图书馆的专业图书馆馆员配比很低，图书馆因为不受重视，经费有限等原因不能为馆员提供必要的新技能培训，馆员从事学术性科研活动的积极性不高，参与意识不强。由此可见，高校图书馆务必要高度重视员工素质的提升，采取聘请专家学者定期培训、提高员工学历水平、选拔优秀员工等多种方式来逐步调整图书馆员的结构，以此来满足新媒体时代对于图书馆的发展要求。

（4）传播效果

若要让高校图书馆与新媒体技术有机地结合在一起，并且发挥出"1+1＞2"的效果，那么就务必要高度重视新媒体的媒体属性，即交互性、传播性、影响性，而这些媒体属性也会对高校图书馆所提供的新媒体服务质量造成较大的影响。众所周知，新媒体能够实现信息的实时传递与反馈，能够让广大用户在应用新媒体的过程中更加有效地交互，迸发出全新的思想，也能够让广大用户由原来的被动接受逐渐过渡到主动参与，只有重视用户参与感的新媒体工具才能够紧紧抓住用户的内心。由此可见，高校图书馆在开展新媒体服务的过程中，只有增强用户的忠诚度与黏附性，才能够切实提高服务质量。

（5）读者需求

随着新媒体技术的发展，读者获取所需的信息和知识变得更加方便，信息传播出现数字化、网络化、移动化等特点，读者可以通过上网浏览、搜索引擎或者在线购买等方式获取多种多样的信息资源，读者需求发生了极大的变化，成本越来越低、渠道越来越多、获取信息的时间越来越短是读者的新需要，越来越多的读者愿意使用电子设备获取信息资源，查阅的方式由手工向电子新产品转变，文献阅读方式由纸质向电子文献转变。因此高校图书馆必须以用户为中心，及时实现服务转型，满足读者需求，实现自身价值，巩固社会地位。

3. 新媒体时代高校图书馆服务转型策略

（1）加强用户互动服务

首先，丰富网络平台内容。高校图书馆可考虑将图书馆 BBS、QQ 群、微信公众号讨论区转化成知识型讨论社区，类似"知乎""豆瓣"等；管理员还可针对讨论区各方参与不足的问题，可在讨论社区内适当地添加一些较易吸引读者讨论的话题和"干货"，并且适时贴上一些精彩的回答。如此一来，无疑能够大大丰富讨论区的内容，提高点击率，还可将一些视频、语音讨论群等网络非正式交流工具添加其中，分为若干个主题组来开展讨论，以此来打造复合型讨论区，丰富网络平台内容，进而满足读者日趋强烈的个性化需求和多元化需求。当然，为了能够让 BBS、QQ 群、微信公众号讨论区真正成为广大读者与图书馆相互沟通的"桥梁"，高校图书馆还需要对服务质量进行定期评估，可侧重于评估馆员与用户的交流情况、知识储备、信息资源管理等。

高校图书馆的官方微博还可以丰富读者交流的话题类型，不仅仅局限于公告信息发布、数字化资源信息查询等，而要将那些别具一格、且取能够吸引读者"眼球"的话题内容添加其中。另外，为了更好地丰富网络平台内容，高校图书馆还需要基于读者的类型不同、需求不同、年龄不同来因地制宜地开展读者互动，切实提高微博的服务质量。

其次，积极引入智能互动软件。为了能够让咨询服务更加深入地拓展，高校图书馆可借鉴京东平台的咨询机器人等来引入具有自我对话能力和学习能力的智能软件，基础语料库可以用图书馆的常见问题（FAQ）和读者提问作为基础，并指派专人专岗来维护，对问答知识进行动态地修改与完善。高校图书馆可将智能软件嵌入到数字图书馆 App 客户端、图书馆网络平台主页等处，智能软件主要负责为读者解答常见的问题，包括公告信息、服务信息、图书搜索、借阅期限等，并且还能够与读者开展天气预报、新闻咨询等方面的讨论，让整个交互过程变得有趣、生动，并且还能够大幅度降低馆员的工作量，可让他们将更多的时间和精力放在为读者更好地服务方面。例如成都理工大学图书馆引入智能机器人"成小理"进行咨询服务，有效地拓展了图书馆咨询服务的时间与空间。值得注意的是，智能软件只能作为一种辅助咨询方式，难以取代人工咨询方式。

（2）创新服务方式

首先，重视手机 App 开发与应用。随着互联网技术与移动通讯技术的迅猛发展，再加上智能手机的普及率越来越高，手机 App 也发挥着越来越重要的作用。手机 App 主要针对 iOS 系统和安卓系统进行开发，以此来满足不同类型移动终端用户的使用需要，既能够给用户最佳的人机交互体验，又能够让用户界面变得简洁清晰，还能够有效节省带宽成本，具有终端融合、信息聚合、平台跨界等一系列明显的特征，为"全民阅读"的实现打下坚实的技术积累。

从目前来看，越来越多的高校图书馆正在通过手机 App 来为用户提供优质、高效的服务，既有利于对读者的潜在信息需要进行实时捕捉，又有利于将图书馆信息服务进行拓展，还有利于形成独具特色的馆藏资源。例如厦门大学图书馆就独立开发了数字图书馆 App 客户端，为广大读者提供分馆导航、微博分享、读者服务、条码扫描、书目检索等多种服务，有效地突破了地域限制、时间限制、空间限制等，也符合广大师生读者当前的阅读偏好，更为新颖的是厦门大学图书馆的数字图书馆 App 客户端还为读者提供了 1 万多本有声读物，让读者在阅读的同时，还可以闭上眼睛享受耳朵的"阅读"，符合当前新媒体时代"云阅读"的发展需要，这都是高校图书馆值得学习的地方。

其次，打造立体宣传网络。在信息来源日益广泛的新媒体时代，很多读者的阅读习惯正在被一系列新媒体工具而逐渐改变，高校图书馆的地位受到严峻的挑战。通过新媒体技术来更好地开展服务，既是高校图书馆寻求服务转型之举，也是推介自身品牌影响力、吸引读者的"目光"的"利刃"。

最后，以读者为中心来调整服务方式。基于新公共服务理论来看，新公共服务理论侧重于强调以公民为中心，将这个拓展到高校图书馆，那么就是"以读者为中心"。"以读者为中心"一直以来都是高校图书馆坚持的最终准则，新媒体时代依然不例外。高校图书馆在创新服务方式的同时，务必要高度重视读者的意见和建议，切实将"以读者为中心"理念全程贯穿到新媒体服务的全过程中，无论是数字化资源的构建与选择，还是图书馆服务方式的改革，抑或者图书馆新媒体平台与图书馆实体之间的协同发展等，均要以读者的需求为根本导向，通过与广大读者开展详细而全面的互动与沟通之后来获取第一手资料，确实真真正正挖掘出读者的深层次需求。

第三节　高校图书馆阅读推广活动

一、阅读推广的概念

在知识经济时代，阅读推广不仅仅是提升自身修养的途径，也是提高国民素质和竞争力的重要办法。推广是营销方法的一个重要因素，它是联系推广者和被推广者，提供更多相关此项目的信息，设法影响说服更多潜在的使用者运用此项目。阅读推广是一种传播行为，阅读推广主体通过一定的媒介手段，向读者传达有利于读者参与阅读的信息，从而达到读者自主阅读的目的。阅读推广可以使更多人重视阅读，将阅读活动影响到更多的人。

高校图书馆是高等学校教育的重要组成部分，高校图书馆开展阅读推广活动，可以充分利用图书馆文献信息资源，传承人类优秀文化知识。因此对于高校图书馆，开展阅读推广活动是必须的。

二、高校图书馆阅读推广活动方式

在全民阅读推动下，高校图书馆一直致力于阅读推广工作，倡导高校读者多读书、读好书，致力于营造书香校园的良好读书氛围，高校图书馆积极探索推动阅读的各项举措和阅读推广方式。目前，高校图书馆阅读推广活动的方式主要有图书推荐、名家讲座、读书征文比赛、读书有奖知识竞赛、图书漂流、优秀图书展览、朗诵比赛等。

（一）图书推荐

图书推荐是高校图书馆最普遍采用的阅读推广方式。这种方式不仅帮助大学生在茫茫书籍海洋中利用书评和图书简介来选择合适的图书，引导他们正确地选择图书。目前，高校图书馆通过图书馆网站、社交网络平台、馆内公告、系统等方式推送优选的新入馆馆藏、专藏，在馆内设立专题书架、新书书架供读者选阅，通过各种方式和途径加强阅读宣传和指导。

例如郑州大学利用现在流行元素——微博、博客等现代化的媒介，进行最新图书介绍、随时查看新闻数据库，有问题可以及时与图书馆的服务人员进行联系，他们将进行贴心服务。郑州大学图书馆入门处，利用手机微信扫二维码下载图书。图书分类多样，历史、军事、人文、现代、穿越小说应有尽有，能阅览和听阅。听阅图书能减轻学生们眼睛的疲劳，用听觉感受图书的乐趣。

重庆大学网图书馆为了满足当代大学生需求，勇于开拓，能与时俱进，根据亚马逊、当当畅销书榜，定期更新书库，将亚马逊和当当畅销上的图书压缩采编流程，能迅速将畅销书上架借阅给读者。同时，第一时间在图书馆门户网站和微博、微信上发布相关书目信息，用各种途径扩大畅销书籍的阅读推广活动。图书馆图书馆后台也密切关注借阅数量，还提供移动终端电纸书。超星学习本等免费外界服务，来满足畅销书籍电子版的需求量。读者书评、热销书籍会通过数字化设备展现出来，图书馆管理系统是数字化设备的后台，推广阅读书架终端，增加移动图书馆 EPUB 格式电子图书藏书量以满足泛在阅读、碎片化阅读等现代阅读需求。

（二）成立读书会

读书会是很有大学生特色的社团活动，它将有相同兴趣爱好的读者聚集在一起，交流读书中的心得体会，推荐名家名作，分享人生感悟。同时也会开展各类团日活动，加深彼此间的沟通和友谊，在读书之余增添了些许放松与趣味。

郑州大学为了推动学校阅读推广活动，成立了读书会，"零会费"的门槛，得到许多刚入学的大学生青睐。读书会各种形式的活动，让大学生不仅在阅读中寻找到乐趣，更在阅读中分享人生感悟。郑州大学读书会第一届海报大赛"书情画意"，以对一本书某个典型人物、某个唯美场景、某个深情画面，某个特色建筑等有感而画，让大学生在读书的同时激发他们思考感悟生命。《读书声》是读书会创办的综合性期刊，每月一期，有聚集大学生活，感悟生活真谛；有发表学术见解；有品书感悟，吐露内心的；还有自创小说，以小窥大，揭露人情冷暖的。《读书声》的创办得到学校领导认可和大学生们的积极好评。

重庆大学成立书友会，倡导大学生阅读更多更好的书籍，为读者营造良好的读书氛围，为广大读者提供了交流读书感悟、分享读书心得的平台。同时，书友会还与重庆大学官网建立了网络交流平台，提出会员积分制度，累计的积分可以为读者换取更多的图书借阅机会和其他奖励，充分调动了学生对于读书的积极性和读书习惯的培养。

（三）名家讲座

名家讲座也是各高校开展较多的阅读推广活动，邀请全国知名的专家学者来讲学，通过讲座的形式来启迪智慧，传授知识。这种方式考虑到大学生心态浮躁、没时间阅读等特点。通过名家们生动形象地讲解，激发大学生们阅读兴趣，缓解学习压力。

清华大学图书馆非常重视发挥学生的主动性，根据本校学生论文撰写的需求，对撰写论文技巧及论文方向的确定开展相关讲座，邀请知名专家与学生深入交流并指导学生提高论文写作水平，合理选择期刊等。讲座也会开展关于搜索引擎和数据库的使用，加强学生检索信息和高效搜索外文文献的能力。同时，清华大学图书馆注重综合能力的培养，针对外语能力和艺术修养等定期开展相应的讲座，促进学生提高生活品味以及阅读能力。

重庆大学图书馆邀请石元刚教授为大学生们做了一场科学生活与健康的讲座，内容涉及营养与健康的关系，合理营养与平衡膳食，健康指南，据了解，此次讲座均无位，连走道都站满了人，可见一方面大学生对健康生活的需求，另一方面同学们接受名家讲座这种阅读推广方式，教授的生动讲解深受大学生们的欢迎。

（四）读书知识竞赛

读书获取的知识通过竞赛的方式来展现，不仅能够激发参与者某一方面素质能力的提高，而且激发同学们的参与热情，鼓励同学们发挥自己的特长。对于高校图书馆，举办一些读书知识竞赛，一方面把同学们吸引到图书馆参与活动，另一方面，也能促使同学们积极利用图书馆资源查阅相关资料，丰富自身知识。

"读书达人秀"活动是郑州大学又一醒目的品牌活动。每逢鲜花盛开阳光灿烂的春天学校都会举行此活动，此活动分为初赛、复赛、决赛三个环节，初赛涉及全方面的知识竞赛，复赛和决赛中有才艺展示、有问有答以及舞台剧多个环节，累计加分。形式多样，这不仅丰富了校园文化，提升了师生素质，更加发现了校内的读书达人和会读书的达人，给阅读爱好者提供了一个施展才艺的舞台。

武汉大学每年 9 月到 12 月是"书香珞珈、成才武大"的文化活动月，针对新入学的学生开展的珞珈新人堂，通过"拯救小布"游戏通关，了解图书馆的资源、服务，寓教于乐，使新生在玩游戏的过程中潜移默化地接受图书馆的培训。珞珈互动园中"移动图书馆搜索大赛"通过客户端答题和现场答题的方式，穿插考试题目，提高学生的文献检索技能和自主学习能力。珞伽大展堂通过书展和图片展，以图书馆员的视角反映武汉大学图书馆的人（读者和工作人员）、事（读者、工作人员发生的事）、物（建筑和物品），激发读者对图书馆的热爱。最有影响的要属珞珈读书会中的真人图书馆，每期会请到 4 位有特殊经历或者丰富实践经验的嘉宾，嘉宾们以自己亲身经历向同学们徐徐道来，如同一本书一样，同时到场的有部分同学代表，与嘉宾们的互动更是把活动推向高潮。每期活动会被录制下来，供同学们共同学习。

（五）多方合作的阅读推广活动

多方合作的阅读推广活动，能充分发挥各组织机构的优越性，取长补短，也能够扩大高校阅读推广活动在高校里的影响力，号召更多同学参加。清华大学联合文化素质教育基地，清华大学图书馆推出"清华大学新雅书院（通识教育实验区）通识课程参考书架"。读史使人明志，阅读经典是通识教育的第一步。为了配合学校通识教育改革，通识课程参考书架分别为《早期中国文明》（侯旭东教授）、《〈史记〉研读》（谢思炜教授）、《艺术的启示》（李睦教授）和《法律与文学》（赵晓力副教授）。将经典文本进行集中展示，方便读者借阅。联合开展外文图书馆际互借优惠活动在 CALIS 三期全国高校教学参考信息管理与服务平台项目（外国教材中心资源和服务整合建设试点）子项目的支持下，清华大学、复旦大学、东南大学三家外国教材中心联合开展外文图书馆际互借优惠活动，读者可借阅复旦大学外国教材中心（重点为数学类图书）、东南大学外国教材中心（重点为土建和工程力学类图书）的原版外文图书。在此期间，读者借书费用全免，全校师生积极提交借书申请，免费获取所需要的图书文献。联合人人网，清华大学图书馆在人人网上的第一个图书馆俱乐部——清华大学图书馆书友会。推送图书馆信息服务，"动态消息""专题培训日程""新书通告"是图书馆推出的三个功能模块，方便读者了解图书馆最新活动、开展的专项主题讲座、新书展示，并且在网络上通过人人网也能快捷方便搜索到图书馆的资料。智能机器人是虚拟图书馆的管理员,它可以与读者们互动,提供信息咨询,还能帮助读者进行书籍检索,如果您对回答不满意,还可以对它进行训练。

三、高校图书馆阅读推广活动的特点

(一)地方特色性

品牌是给拥有者带来增值的一种无形资产,图书馆的品牌就是图书馆利用自己的某种特性,如信息产品或特色服务,在同行业中形成的一种差别优势。在市场营销中,有一个基本战略决策就是品牌战略,就是组织使用一个名字、短语、设计、标志或者是其组合来明确产品并让自己的产品从竞争中脱颖而出。从根本意义上说就是一套有意义的管理系统,它述说着消费者的情感和直觉,创造出一种亲和力和情感关系。在高校图书馆阅读推广活动中,大都打造属于自己的阅读推广品牌。品牌活动不是一朝一夕建立的,是通过创造强劲的、受同学们喜爱的、独特的读者联系和品牌体验的活动精心培育出来的。大部分图书馆采取了各自独特的品牌阅读推广,例如清华大学的"爱上图书馆"项目、郑州大学图书馆的读书达人秀和读书会、东南大学的《书乐园》杂志、兰州大学的读者俱乐部、重庆大学图书馆的读书会。阅读推广活动品牌化,不仅可以连续传承保证活动的质量,还能有稳定的用户群体。同时,也要求活动开展能与时俱进、新颖性中又不失品牌活动的精髓,这就对图书管理员的管理、营销能力提出了严峻的考验。

(二)参与主体多元性

众人拾柴火焰高,如果单单只依靠高校图书馆的一方力量来进行阅读推广活动,人力方面是不够的,只有联合校内的各个组织,如社团、各个院系、学校宣传处等,方可促使活动的顺利开展。例如清华大学联合文化素质教育基地开展活动,郑州大学联合校内的读书会、学生素质教育基地开展推广活动,兰州大学图书馆联合学生工作处、宣传部、艺术与文化素质教育部、大学生读者协会开展了阅读推广活动,重庆大学图书馆联合重庆大学研究生会、读书者协会等部门开展推广活动。

（三）推广手段先进性

当代大学生对于网络的依赖性越来越强，抓着手机不停地刷微博、微信，社交网络的加入，便能激发大学生们点击进入的热情，拉近读者与图书馆的距离。

（四）阅读文化传承性

在图书馆的管理过程当中，同济大学逐步形成了"立体阅读"的理念，该理念思路较新颖，它将读者的阅读与电影、演讲、展览等进行融合，已达到充分互动，进而将阅读推广活动的宣传主题更加高效的传达给读者，探索了一条文化传承的新途径。自 2008 年以来，该推广活动已经先后举办了 7 次，产生了 7 个主题，如"中华记忆"——展示中国古代文化魅力；"再现敦煌"一展现敦煌壁画精品等。该活动将传统文化以全新全面、更加立体的方式呈现给读者，对于传统文化推广具有极佳的效果，极大地激发读者的阅读兴趣。大学生读者在推动阅读推广活动的同时，不仅增长了自己的见识，同时也感受到浓厚的文化氛围，逐渐提高自己的人文素养。目前，此项目因独具特色，成为代表性的特色内容之一。

四、高校图书馆阅读推广活动的意义

教育和学习方式的改进从来不像今天受到如此的关注。现在，手机、电脑，各种阅读媒介供人们选择，阅读快餐化、通俗化的现象越来越严重，对于纸质阅览依赖程度下降，在图书馆中的借阅排行榜上，考级考证的书总是借阅量最高的。静下心来仔细阅读成为习惯已成为过去式。急功近利、急于求成让学生对阅读积极性下降。

高校图书馆开展阅读推广活动具有重要的意义，充分发挥着图书馆的教育功能。高校图书馆是高等学校教育的重要组成部分，高校图书馆开展阅读推广活动，可以充分发挥图书馆读书育人、教育育人的服务功能，可以充分利用图书馆文献信息资源，促进大学生阅读能力的提高，完善知识结构，并最终实现大学生全面发展。大学教育是大学生人生教育的主要阶段，对提高人生质量、文化水平有着决定性的影响。大学生的文化知识学习是大学教育的一部分，社会需要的是拥有多方面知识的复合型人才，即共性知识是人们进入社会所必需的。大学生相关知识必须通过图书馆来获得。高校图书馆作为大学生学习知识的主要场所，担负着阅读推广的主要责任，图书馆要围绕"人才培养、素质教育"广泛开展阅读推广活动，倡导大学生"多读好书，远离网吧"，促进大学生文化素质的提高。

高校图书馆开展阅读推广活动，有助于培养大学生良好的读书习惯。目前，大学生因为各种原因，使其阅读质量、数量、能力都有所下降，高校图书馆通过有效的措施引导大学生重视阅读，根据高校读者的类型和需求特点，有针对性的开展阅读推广活动，培养大学生坚持读书、用心读书的阅读习惯，对大学生的成长和成才有重要的意义。

第二章

高校图书馆信息资源建设

第一节 信息资源建设的概念

一、信息资源建设的含义及内容

当今时代，信息技术发展突飞猛进，在信息资源的生产、传递、获取、存储过程当中，其方式和手段都发生了根本性的变化，揭示信息资源建设的内涵，给其一个科学合理的定义，就应该体现出在这种新的环境中，信息资源建设与传统文献资源建设在对象、内容等方面的区别，并能指出信息资源建设的目标。本书认为，信息资源建设是指人们对处于无序状态的各种载体的信息进行选择、采集、组织和开发，使其成为方便使用的信息资源体系的活动和过程。

信息资源建设，其最终目标就是形成方便使用的信息资源体系，信息资源建设就是围绕这一目标体系的形成而进行全部活动的。这一活动的内容如下。

（一）规划信息资源体系

信息资源所包含的各种因素互相联系、互相作用而形成的具有一定功能的有机整体就是信息资源体系。规划信息资源体系就是根据信息资源体系的要求和功能设计此体系的微观和宏观构成。从微观上讲，就是任何一个图书馆应根据本馆的性质、服务对象和任务，制定本馆信息资源建设的原则、收集范围、采集标准，确定本馆信息资源结构的基本模式。然后制定出信息资源建设计划，对各类型信息资源的数量、层次、比例进行规划，形成一个有机的和具有一定功能的信息资源体系。从宏观上讲，规划信息资源体系就是从一个地区、一个系统或者全国的整体考虑，统筹规划、合理布局信息资源建设，制定不同的图书馆之间的信息资源选择、采集、储存、组织、利用等方面协调和合作的规划，最终形成相互联系、相互依存的有机的、系统的信息资源体系。

（二）采集信息资源

信息资源建设的基础工作就是要按照前面规划的信息资源体系的要求，利用各种方法和途径，选择、采集信息资源，丰富馆藏，扩大"虚拟馆藏"。第一，选择、采集纸质文献。按照制定的信息资源采集原则、范围、重点、比例、复本等因素，利用各种方式和渠道，选择、采集所需要的纸质文献。第二，选择、采集电子出版物，所谓电子出版物是指单机使用而非网络传递的实体形的电子信息资源。图书馆应按照本馆的性质，服务任务、对象，电子出版物与本馆其他类型出版物的协调互补，电子出版物的质量，电子出版物的产出效益等原则进行采集。第三，选择、采集网络数据库。图书馆通过签约、支付费用、远程登录、在线使用的电子信息资源就是网络数据库。各种文献数据库已被国内外许多数据库生产商或数据库服务提供商所开发，信息资源选择与采集的一个重要内容就是直接购买这些产品或服务。

（三）数字化馆藏资源

文献只有经过数字化处理才能通过网络为人们所共享，网络环境下信息资源建设重要内容之一就是使馆藏资源数字化。馆藏资源数字化就是指图书馆利用计算机技术等现代存储与多媒体技术，将本馆中有特殊价值的印刷型文献扫描为全文电子文献，做成光盘或传到网上。数字化馆藏资源对图书馆来说，还包括建设书目数据库和特色数据库。书目数据库是实现图书馆网络化、自动化的基本条件，这项工作关系到日后的联机编目或联合编目。特色数据库是反映图书馆特色资源的一个标准，是充分展现图书馆个性的标准，是提高图书馆社会影响力和信息服务竞争力的重要资源。每个图书馆都应根据本地区本系统的读者需求和本馆的财力、物力和人力等条件，科学合理地选择主题，选出馆藏资源中的特色文献，制作成具有本馆、本地特色的专题数据库，并上传网上利用。

（四）开发网络资源

现代图书馆技术可以搜寻网络上的信息资源，并对其进行组织与整理，下载到本馆的存储设备上，建成自己的虚拟馆藏。具体可以通过建立因特网信息资源导航库，根据用户的需求与资源建设的需要进行组织和整理，搜索、挖掘、利用因特网上的信息资源，下载到本馆的存储设备之中，并链接到图书馆的网页上，利用网络或其他方式供用户使用。对图书馆及其他各类型信息机构的信息资源建设和信息服务来说，这种虚拟馆藏具有重要意义。虚拟馆藏整合了网络上全球范围内有关专业的信息资源，终端用户可以自由地利用这些信息资源，丰富了图书馆馆藏信息资源，创造了拓展其服务功能的条件。

（五）组织管理信息资源

组织管理信息资源就是指图书馆对本馆现有的信息资源进行的组织管理。为了满足用户的信息需求，完整系统地保存和有效便捷地利用信息资源，保持信息资源处于最佳流动状态，就必须对信息资源进行排列、剔旧、整序、布局、保护等，科学地组织管理信息资源。另外，整合数字化信息资源，整合自建数据库与购买的数据库，充分地挖掘其内容，使跨库检索功能得以实现，如此，图书馆读者便能够像利用纸质文献一样方便、快捷、熟练地利用数字信息资源。

（六）共建与共享信息资源

在当今新的历史条件之下，文献信息资源数量剧增与有限的图书馆馆藏能力之间的矛盾，信息需求的复杂性、广泛性与图书馆满足社会需求能力之间的矛盾都与日俱增。计算机及网络技术的迅速发展，使信息资源共建共享变得越来越必要和迫切，这些技术也为信息资源共建共享提供了必要的技术条件支撑。虽然实现信息资源共享是人类社会的美好理想，然而要实现信息资源共享首先就必须得实现信息资源共建。在当前的历史条件下，信息资源共建的主要工作应该包括通过图书馆之间的分工协调和统筹规划，建立比较完整齐备的信息资源保障体系，形成信息资源的高覆盖率，通过便捷快速的文献信息网络，在网络上实现联机合作编目、协调采购、公共查询和馆际互借等功能，同时建立其高效快捷的数字信息资源传递系统。

二、信息资源建设的原则

信息资源建设原则是信息资源建设客观规律的反映，是对信息资源建设工作实践的科学概括和总结。信息资源建设实践活动随着信息环境、国家政策、资源建设主体的变化而不断发生变化，因而信息资源建设原则也在不断丰富和发展。但是不管信息资源建设实践活动如何变化，需求导向原则、突出资源特色原则、系统性原则一直是信息资源建设的普遍性原则。

（一）需求导向原则

满足用户的信息需求是信息资源建设的出发点，因而，如果用户信息需求或用户利用信息习惯发生变化，信息资源建设的内容和措施也应做相应的调整。如在计算机技术、网络技术不断发展的当下，网络信息资源、电子信息资源逐步成为用户的主要阅读资源，电子阅读、移动阅读也逐步成为用户的主要阅读习惯和手段。在这种背景下，就应该根据用户需求导向，调整资源建设结构，适当调低纸本资源建设力度，调高电子资源建设力度。

（二）突出资源特色原则

资源特色是评价图书馆信息资源质量的一个重要标准。特色是指事物所独有的特点，是事物相互区别的重要依据。图书馆资源特色就是图书馆在多年的发展过程中，根据本图书馆的性质，所处地域，本馆用户需求特征等因素有针对性地进行"人无我有、人有我优"的特色资源建设，并最终形成本馆的资源特色。资源共建共享日益发展，全社会的信息资源最终将成为一个整体，并作为一部庞大的信息机器提供信息服务。各图书馆个体作为这部信息机器的某个零件而存在，零件通过为用户提供信息服务来发挥作用，信息资源越有特色，就越能吸引到更多用户并提供更多的信息服务，才能发挥更大的作用，因而图书馆必须有自己的特色资源。

（三）系统性原则

系统论认为系统性是一切事物的普遍属性。同一国家、同一地区或同一行业系统内的信息资源也具有系统性，资源之间是相互作用、相互依存地联系起来的，从而构成一个个具有资源特色的多层次的资源系统。系统性原则要求整体与局部要均衡发展，各方面比例要协调。信息资源建设的系统性要求各地区之间、同系统各层次之间的资源建设要协调发展，发达地区与欠发达地区、高层次与低层次图书馆之间的资源量比例要适当，不能搞单馆独大，某一地区或某一层次先行超速发展。

三、信息资源建设的内容

（一）实体馆藏建设

1. 实体馆藏的价值体现

实体信息资源是各高校图书馆目前收藏最丰富的文献信息资源之一，也是各馆收集的主要对象，它基本与高校的特色馆藏建设和学校的办学需求相适应。尤其重点学科的专业文献数量和质量是图书馆经过多年的文献信息资源建设的积累，基本形成具有本校本馆自己特色的实体馆藏体系，并且图书馆也已经有了对文献信息资源进行指导收集、整序、管理、开发与利用实体文献信息资源的成熟理论与方法。高校要持续搞好各类教育，诸如综合素质教育、思想政治教育、各专业教育等来施展学校功能，培养出德才兼备的高素质人才。对这一过程的基本要求就是图书馆必须提供这方面的实体馆藏作为保障。

据国内外多次对高校信息用户的信息需求与信息载体的调查，综合分析出实体馆藏在高校图书馆的信息资源建设中仍占主导地位。本书中的实体馆藏主要指以纸质为载体的印刷型文献信息资源。印刷型文献所具有的法律效力性、可视化性、舒适性、连续性、系统性、完备性等优点与特征得到信息用户的认可，而且成为图书馆服务的优势之一。对于整个实体馆藏来说印刷型文献已深深影响了人们的阅读习惯，印刷型书刊是信息用户长久学习与阅读的最佳载体介质，它最有利于信息用户对于复杂问题进行深思。

实体馆藏的科学性和道德性的体现与高等教育的需求相适应。对于实体馆藏来说，首先，在出版方面有与出版相关的专门的评审部门，如学术评审委员会或者是与此相类似的机构对将要出版的文献进行其科学性、权威性、学术性、严谨性等相关评审把关。其次，在道德方面，实体馆藏中所有文献能够得到顺利的生产并且大范围地进行传播，这基本代表着它通过当时社会的道德方面的审查。而对于电子出版物在出版与道德审查方面仍缺乏统一的管理机制，致使信息用户对电子类出版物的科学性、权威性、学术性、严谨性、可信性、独立性等方面产生一定的疑虑，影响读者对其使用。在此不可否认的是，馆藏的实体信息资源对高校广大师生从科学和道德意识方面的教育具有积极引导作用。对提高学生的自身素质、道德修养等方面具有积极的推动作用。

2. 实体馆藏规划建设

在实体馆藏建设中对文献信息资源的采集与整序应具有一定的要求。首先，对文献资源的采集，要求突出本校的办学宗目，学校性质与学科建设的需要，使文献采集具有普及化、时代化、专业化、特色化。普及化是为了实现高校信息用户的全面发展所必需的读物，主要以集中收集团内外的各经典著作、名人、名物和普及性的知识读物为主。时代化是指信息资源建设要符合时代需求的读物，主要以集中收集当前的以不同载体呈现的各种新知识、新技术、新发展为主。专业化指根据本校的办学宗旨，针对不同学科、不同专业采集的各类不同特色的文献信息资源。特色化是除了根据本校的特色学科和专业等本馆特有而别馆没有的部分特色文献信息之外，再针对本馆所在地方与地区的特有优势收集的地方系统化的地方性文献。这部分特色馆藏是图书馆数字化的主要资源之一，也是最具特色服务的优势之一。其次，对文献资源的整序，要求实现标准化和体现时效性。标准化是将以各类不同载体的实体信息资源按照国际（ISBN）或国家（ISSN）的统一标准进行信息资源的分类与编目，形成可以统一实现联机检索的书目数据库。时效性是将各类图书、期刊等其他实体信息资源到馆后以最快的速度进行分类、整序、加工、存储、利用。

（二）虚拟馆藏建设

虚拟馆藏由电子信息资源、非电子信息资源（可以联机检索的馆藏资源）、数字资源、网络信息资源等构成。对这些信息资源可采取知识揭示的方式进行组织，包括文件方式、超媒体方式、数据库方式、网站方式等。

1. 虚拟馆藏概念及特征

虚拟馆藏指一个图书馆通过多媒体或计算机等设备与技术能够获取和被利用的这部分具有使用权，而没有所有权的信息资源的总和。虚拟馆藏与物理馆藏相比具有虚拟性、无产权性、非线性、交互性、动态性、时效性、选择性、增殖性、丰富性、分散性、非垄断性、共享性等特征。

2. 虚拟馆藏规划建设

（1）电子资源建设

由于信息技术的发展，电子出版物大量涌现，其不仅具有体积小、容量大、传输速度快、传输效率高、复制简单便捷等特点，而且还可进行联机检索、全文检索、计算、自动分类等传统印刷出版物无法比拟的优势，使电子型信息资源成为信息的重要来源之一。

电子资源通常多数指电子出版物，电子出版物是图、文、声、像等的集合体，指以数字代码的方式将图表、图像、文字、声音等信息存储在磁盘、光盘、电子芯片等非印刷介质载体中，利用多媒体、计算机网络通信、计算机终端等设备和方式进行阅读与传输，使信息资源再现的出版物。

（2）数字化资源建设

随着网络技术的发展，无论是印刷型文献信息还是电子信息若要在计算机网络上进行自由传递，其前提条件就是要将信息数字化。数字化指将各类载体信息，包括数字、文字、声音、图形、图像等都转换成计算机可识别的由 0 和 1 组成的二进制数字编码形式。

有关馆藏的数字信息资源一般包括两部分，一部分是将原馆藏中的印刷型文献经过数字化转换并可传输上网的信息；另一部分是一些制品型出版物和网络型电子出版物，在此，网络型电子出版物指可以联机检索的馆藏资源部分。数字化信息资源的最大优势在于不但可节省馆藏空间，而且还可提高读者服务的效率和质量。对数字图书馆来说，将图书馆馆藏信息数字化是必要而合理的。在数字化过程中可先将馆藏需求量大的特色资源、图片、地图、档案等进行数字化。

（3）网络信息资源建设

网络信息资源主要是指利用计算机通过网络进行发布、传递和存储的各类型信息资源的总和，包括各专题网络出版物、网络新闻、网络小说、网络音乐、网络游戏等信息资源。网络信息资源虽然丰富，但它具有动态易失性，因此高校图书馆应对符合本馆特色的网络信息资源进行快速、准确的收集。

网络信息资源涉及方方面面，就其开发的程度看，包括一次文献型的各类电子图书、电子期刊，电子报纸及全文数据库等；二次文献型数据库，诸如馆藏目录数据库、商业书目数据库等；三次文献型的各类电子参考工具书、电子论坛以及各组织机构在网上发布的各种不同信息。就内容看，包括科学、技术、政治、经济、教育、文化、体育、军事、历史、地理、气象、娱乐、医疗保健、生活等动态性信息。

（4）数据库建设

我国与互联网、万维网的链接，海量而丰富的网络信息不分国界，不分地域，不分机构的散布传播，使全球的资源共享成为现实。所谓资源共享即各不同信息机构的信息互相分享。相对而言任何一个信息机构，包括图书馆若想利用网络虚拟信息，就必须建设充实虚拟信息。面对网络环境，虚拟馆藏建设中对数据库开发利用已成为图书馆信息资源建设的重要组成部分。图书馆应顺应发展需求，利用自身优势对其馆藏信息资源进行有效的开发利用。

第一，自建特色数据库。高校图书馆的特色馆藏应包括本校的办学、科学研究、学科、管理资料、馆内文献建设等特色。首先，图书馆可对其丰富的馆藏文献信息资源进行全面深入揭示与开发，开发出具有馆藏特色的数据库，包括电子课件数据库、各学科试卷数据库、学位论文数据库、科技档案库、电视教育资源库等。其次，努力挖掘网上特色资源，与本校的重点学科、重点专业、重点课题的相关专业学者进行合作开发建立自己的特藏数据库，充分利用网络资源与本馆特色服务相结合，通过网络进行交流、宣传、报道等方式满足本校的教学、科学研究、学生学习等不同层次的需求，为其提供充足的信息资源保障，使全校所有信息用户处于科学研究的前沿。

第二，引进数据库。图书馆在数据库建设方面除了重视对特色数据库的开发建设之外，还应重视对国内外现有学术性数据库进行引进购置。在引进购置数据之前应定期对信息用户利用数据库的需求作相关调查分析，在充分了解信息用户需求的基础上适度引进购置相关学术数据库。

四、信息资源建设的保障机制

（一）政策法律保障机制

图书馆数字资源共建共享是一个庞大的工程，在具体的建设过程中涉及多方的利益职责，没有一定的政策规范，就很容易造成各参与者之间的权责纠纷，影响共建共享工作的顺利开展。因此，为了避免上述情况的产生，规范各参与者的行为，保障各方利益不受侵害，就必须建立完善的政策法律保障机制。

（二）组织协作保障机制

图书馆数字资源建设并不是关起门来自己搞建设的过程，而是一个开放性的、需要多方共同协作的长期工作。在整个建设过程中，图书馆不仅仅需要与本校的学生、教师和管理者进行沟通联系，还需要与数据库出版商、兄弟院校图书馆、地方公共图书馆及各种共建共享中心进行协调。因此，有许多学者认为在信息资源共建共享的过程中，技术问题不是最难解决的问题，如何协调好共建共享系统各组织之间的关系已经逐步发展成为首要解决的问题。结合我国现有的发展比较成熟的垂直型共建共享模式，将组织协作保障机制分为三个层次进行讨论，它们分别是成员馆内部的组织协作机制、区域内成员馆之间的组织协作机制、全国范围内的宏观协作机制。

1. 成员馆内部组织协作机制

成员馆作为整个共建共享系统中最基本的组成单位，无论是在资源建设还是组织协调方面，都发挥着最基础的作用。高校图书馆作为众多教辅部门之一，为全校师生提供教学和科研所需的各种信息资源，在图书馆整体资源的规划和建设过程中，需要与高校内部各个部门进行沟通，建立协作关系。例如在规划进行数字资源建设规划时，需要与学校的发展现状以及未来的发展计划相结合，制定出的规划还必须得到高校领导的认可。在这个过程中，图书馆需要与学院的领导和学院发展办公室等相关部门协作，共同制定出既符合学院发展规划，又能够得到领导认可的图书馆数字资源建设方案。在具体的资源引进过程中，图书馆首先应该进行全面系统的需求分析，深入到各个教学单位和科研部门，充分了解全校师生的教学和科研需求。在这个过程中，就涉及图书馆与教学单位和科研部门之间的协作，只有在相关部门的全力配合下，图书馆所做出的需求分析才有价值。在数字资源的购买环节，涉及相关数据库的招标、议价、付款、安装、验收等环节，需要高校的后勤部门、财务部门和技术部门的共同参与，缺少任何一个环节，数据资源的引进都不能顺利完成。

因此，仅仅是在高校成员馆的内部，要想使数字资源建设能够平稳有序的开展，就必须充分做好图书馆与高校各部门之间的组织协调工作。对于河南省民办高校来说，建立高校内部的组织协调机制，首先应该由高校领导牵头，各个相关部门主管参与，形成组织协调委员会，共同解决数字资源建设过程中所遇到的问题。

2. 区域内成员馆之间的组织协作机制

区域内成员馆是指在共建共享工程中，处在同一区域内的，跨越多种系统的各个图书情报部门。与成员馆内部组织协作机制不同，区域内成员馆之间的组织协作机制处理的是成员馆与成员馆之间的关系。从某种意义上来讲，处理不同组织间的协作关系要比处理同一组织内部各部门之间的协作关系难度要大的多，因为区域内的成员馆不一定都属于同一个系统。隶属于不同系统的成员馆之间，由于所处的政治、经济、文化背景的不同，导致它们彼此之间缺乏相互合作的动力，如果没有科学有效的协作机制和运行保障机制，区域内的信息资源共建共享将很难实现。在这种情况下，按照国家相关政策，构建符合区域实际发展情况的组织协调机制，并最终行使资源共建共享的规划、管理和调控职能显得尤为必要。

3. 人力资源保障机制

图书馆作为高校的文化信息中心，其主要任务主要有两个，其一是做好各种资源的建设工作，其二是利用现有的资源为读者做好服务工作，而这两方面的工作都离不开一个很关键的因素——图书馆员。在高校图书馆里，图书馆员既是资源的建设者，又是服务的提供者，他们作为知识和智力转化的载体，已经逐渐发展成为高校图书馆建设中最重要的资源。图书馆必须重视人力资源管理工作，因为图书馆事业的发展和日常管理工作都必须依赖广大馆员的参与。通过与河南省民办高校图书馆工作人员的沟通，了解到多数图书馆员都大致了解人力资源管理的概念，能够意识到人力资源管理的重要性，并且期待一个公平合理的人力资源环境。然而人力资源管理工作的好坏，很大程度上取决于高校和图书馆的领导层，只有领导层对人力资源管理工作做到足够重视，并且树立正确的人力资源管理战略意识，才有可能做好人力资源管理工作。

（1）人力资源管理理念的引进

如果一所高校对图书馆的工作足够重视，那么在人事安排方面就会更加的谨慎，引进更多的专业技术人员，进而图书馆的工作质量也会随之提升。工作质量提高了，图书馆的服务也就显得更加周到，这样图书馆的价值也就能更好地体现。图书馆很好地体现出自身的价值，那么高校领导就会对图书馆的工作更加重视。显然，领导的重视与否无疑成为其中最关键的一环。

（2）绩效考核制度的制定

没有合理的考核制度，就很难检测和评估馆员在工作中的得与失，也就很难针对不同的工作效果进行有区别的奖励或惩罚，这样循环下去即不利于馆员自身的发展，同样也会直接影响到图书馆整体的建设。一套完整的绩效考核制度既包含严格的工作规范和考核标准，还包括相应的奖惩措施。通过对工作规范和考核标准的明确，能够在很大程度上规范图书馆员的工作流程，明确的奖惩措施，一方面能够大大提高馆员对工作的重视程度，另一方面还能够在一定程度上调动馆员工作的积极性。

因此，为了调动图书馆工作人员的积极性，提高工作效率，有必要建立和定期执行绩效考核制度，对图书馆人员的德、能、勤、绩方面能力进行全面、客观、公平、公正的测评考核。高校图书馆对馆员有效的绩效评估应该是多层次、全方位的考核，在这些考核内容中，对馆员有效的评估是不能单纯从一个方面来考量，而是进行各方面的综合评估。通过绩效考核，首先是对图书馆员自身工作进行一次诊断，有利于达到反思和改进的目的；其次，绩效考核是学院领导和馆领导对图书馆人员工作的一种管理和监督措施，便于开展工作；最后，公开、公正的绩效考核制度能增强图书馆人员开拓进取的意识，调动他们的积极性和创造性，提高工作效率。

（3）图书馆组织文化的建设

广义上来讲，组织文化是指某一组织在经过长期的发展逐渐积淀形成的物质财富和精神财富的综合总和；狭义上来讲，组织文化是指某一组织在经过长期的发展逐渐积淀的精神文化。对于高校图书馆来说，组织文化就是指在图书馆的建设和发展过程中，逐渐形成的各种组织观念、管理理念和行为准则等的总和。图书馆组织文化的形成是在全体图书馆员的共同参与下完成的，是图书馆全体员工整体意志的体现。良好的图书馆组织文化能够促进图书馆内部向心力和凝聚力的形成，能够增强图书馆员的归属感，激发馆员们的爱馆意识，调动馆员工作的积极性，不仅能够促进图书馆工作更好的开展，而且还有利于图书馆良好形象的树立。

（4）图书馆之间人力资源的共享

在传统的图书馆资源共享理论中，人们通常把信息资源的共建共享作为主要的研究对象，而忽略了人力资源在共建共享中的作用。其实，图书馆合作之间的资源共享活动，不仅包括图书馆之间信息资源的共享，还包括人力资源的共享。资源的共享开发，也不仅仅是对信息资源的开发，还包括对人力资源的共享开发。相对于信息资源增长性以及用户需求的多样性，在有限的人力、财力和物力的状况下，仅靠单个图书馆已经难以承担日益增长的个性化信息服务的需求。这种情况很难在短时间内得到改善，比较行之有效的方法就是与实力雄厚的公办高校图书馆和地方公共图书馆在人力资源上进行合作共建。

第二节　高校图书馆信息资源体系

一、信息资源体系建设相关概念

（一）信息资源体系的概念

信息资源体系是指信息资源各要素相互联系、相互作用而形成的具有特定功能的有机系统。它是指一定范围内，经过布局、搜集、整理、保存并提供利用的所有信息资源的集合。面向用户的资源与服务整合是根据一定的需要，对各个相对独立的信息资源系统中的数据对象、功能结构进行融合、类聚和重组，重新结合为一个新的有机整体，形成一个效能更好、效率更高的信息资源体系，从而保证信息资源更好地被利用。这包含三方面内容：一是将内部信息资源和外部信息资源进行有机融合；二是构成一个高效合理的信息资源体系；三是实现信息资源的整体利用价值。加强信息资源体系建设应从两方面入手：一是应当保证各图书馆每年都能入藏一定数量的各具特色的信息资源；二是通过信息资源整体建设，建立起能在一定范围内有效地保障社会信息需求的信息资源系统，称为信息资源保障体系。

（二）信息资源体系规划的概念

信息资源体系规划，就是根据信息资源体系的功能要求，来设计这个体系的微观结构和宏观结构。

在微观层次上，就是每一个具体的图书馆根据本馆的性质、任务和读者对象的需求，确定信息资源建设原则、资源收集的范围、重点和采集标准，提出本馆信息资源构成的基本模式。在此基础上，制定信息资源建设计划，安排各类型信息资源的数量、比例、层次级别，形成有内在联系和特定功能的信息资源结构，建立有重点、有特色的专门化信息资源体系。微观规划在时间上表现为短期规划，包括年度计划、季度计划等，是信息资源建设的具体实施计划。

宏观层次上的信息资源体系规划，就是从一个系统、一个地区乃至全国的整体出发，对信息资源建设进行统筹规划、合理布局，制定各种类型的图书馆及各类型信息机构之间在信息资源的收集、组织、储存、书目报导、传递利用等方面的协调与合作规划，从而形成相互依存、相互联系的整体化、综合化的信息资源体系。它通常会受到各种内外环境，如政治、经济、文化以及各馆已经形成的馆藏体系、服务对象等诸多因素的影响。宏观规划又分为总体规划和长期规划。总体规划指一个图书馆对本馆信息资源建设的总方向、指导思想、最终目标等所做的构想与规定，解决信息资源建设中带根本性、全局性和长远性的大问题。长期规划，通常有三年规划、五年规划等，主要用于确定规划期内信息资源建设的发展目标、任务及实现的途径和结果。

二、我国高校图书馆信息资源建设现状

高校图书馆的信息资源建设是图书馆工作的核心，是图书馆服务读者的根基所在。随着信息技术的发展，人类记录和传播知识、信息的手段以及方式有所改变。网络环境下信息资源建设包括文献信息资源建设、电子信息资源建设、网络信息资源建设，数据库建设这四方面内容，忽略其中任何一项内容的建设，都会使得信息资源建设变得片面化，而不能称为完整的信息资源建设。

（一）文献信息资源建设

高校图书馆是重要的信息资源汇集与流通中心，文献信息资源丰富，藏书量高，具有系统性、完备性、实用性强的特点。随着网络化的发展，信息

存储、传递的电子化趋向日益明显，越来越多的信息可以通过互联网获得。但对于高校图书馆而言，文献信息资源仍是其收藏最为丰富的信息资源内容，在高校图书馆的信息资源建设中占据着主导地位，并且基本与高校的特色馆藏建设和学校的办学需求相适应。尤其重点学科的专业文献数量和质量是高校图书馆经过多年的文献信息资源建设的积累，基本形成具有本校本馆特色的文献资源体系，并且图书馆也已经有了对文献信息资源进行指导收集、整序、管理、开发与利用实体文献信息资源的成熟理论与方法。

我国高校图书馆在信息资源建设中，对文献信息资源的采集通常是根据高校教学、科研和学科建设的需要，建设具有普及化、时代化、专业化、特色化的文献信息资源体系。目前我国高校图书馆拥有两亿多册藏书，收藏文献涵盖古今中外各门学科，分类细，专业性强，特别是在研究学科文献的收藏上具有得天独厚的优势，文献类型多、品位高、档次也高，保存完整，具有较大的选择性。文献信息标准化程度高，可以实现文献在馆际间的共享，具有累积性。

（二）电子信息资源建设

由于信息技术的发展，电子出版物大量涌现，成为信息的重要来源之一。电子信息资源通常多指电子出版物，即以数字代码的方式将图表、图像、文字、声音等信息存储在磁盘、光盘、电子芯片等非印刷介质载体中，利用多媒体、计算机网络通信、计算机终端等设备和方式进行阅读与传输，使信息资源再现的出版物。电子出版物是图、文、声、像等的集合体，具有体积小、容量大、传输速度快、传输效率高、复制简单便捷等特点，而且还能够实现联机检索、全文检索、自动分类等功能。

电子信息资源一般包括通过网络可联机存取的各类数据库、单独发行的磁带、磁盘、光盘、集成电路卡等，其中最普及最具代表性是 CD-ROM 光盘，最常见的就是随书附盘。近年来，我国高校图书馆馆藏文献类型的结构发生了很大变化，电子信息资源在图书馆馆藏结构中所占比例逐步增加。以清华大学图书馆为例，目前可向读者免费提供缩微资料 7 万余件，DVD、VCD、CD、录音带、录像带等音像资料近 4 000 种，多媒体光盘 2 000 多种以及大量内容丰富的书刊附盘资源。

（三）网络信息资源建设

网络信息资源包括各类电子图书、电子期刊、电子报纸及全文数据库等一次文献；馆藏目录数据库、商业书目数据库等二次文献型数据库；还包括各类电子参考工具书、电子论坛以及各组织机构在网上发布的各种不同信息。从内容上看，包括科学、技术、政治、经济、教育、文化、体育、军事、历史、地理、气象、娱乐、医疗保健、生活等动态性信息。

任何信息用户对信息的需求和利用都是具有一定针对性、目的性的，面对网络信息资源丰富而又杂乱的现状，如何提高信息资源的利用率，如何更好地满足读者个性化的信息需求，如何更好地为读者提供具有针对性的信息服务，是目前我国高校图书馆在网络信息资源建设当中急需解决的问题。由于网络信息资源非常丰富，并具有动态易失性的特点，因此，我国大多数高校图书馆的做法是对符合本馆特色的网络信息资源进行快速、准确的收集，建立网络信息资源库与导航服务系统，通常有以下几种方式。

1. 建立学科资源库

根据本校的学科、专业等特点和相关的发展动态，组织学科馆员重点收集与各学科、各专业相关而又有价值的信息进行进一步加工、组织、标引、分类等并组成各学科资源库。学科资源库包括学术动态、科研成果、会议信息、电子论坛、科研论文等相关信息资源。可对全校各学科、各专业信息用户提供多方面的服务。

2. 建立专题资源库

根据信息用户的需求有目的，有针对性的定制信息收集范围和标准。将收集到的信息进行科学的组织分类，然后进行传递与发布。图书馆工作人员将采集到的相关网络信息资源进行加工制作成链接目录或是加入到本馆的馆藏目录中甚至是全国书目数据库中。

3. 建立重点学科导航库

重点学科导航库是以某学科为单元，收集可全面反映出该学科在国内外的发展现状、未来发展动向的相关信息资源。其基本方法是将互联网上与本学科相关的学术资源进行有序化处理，并附简要内容摘要进行说明，然后对其进行动态链接。当信息用户需要这方面信息时，只需点击链接标题或网址，即可直接进入。建立重点学科的专业信息网络导航系统，能够为学校的重点学科建设和科研提供专业性强、信息量大的专业领域的最新信息。在重点学科建设中，只有通过现代化的技术手段，将宝贵的学科资源电子化、信息化、网络化，这些宝贵的学科资源才能成为可以再生、可以共享、可以充分利用的优质资源，才能更广泛、更高效、更科学地为学科建设服务。高校图书馆作为院校的文献信息中心，是教学、科研的重要组成部分，适应新形势下重点学科的发展需要，构建重点学科信息资源体系，深化信息服务工作是其必然的发展趋势。

（四）数据库建设

当前网络环境下，各种类型数据库资源的开发利用已成为高校图书馆信息资源建设的重要组成部分。高校图书馆对数据库的建设主要有自建数据库和引进购置数据库两种形式。

1. 自建数据库

馆藏书目数据库的建设。目前我国大多数高校图书馆都建设有自己的馆藏书目数据库，如北京大学图书馆、清华大学图书馆、北京工业大学图书馆等，读者可以通过互联网络查询到图书馆的馆藏书目信息，基本了解馆藏资源的情况。高校图书馆馆藏书目数据库的建设实现了对馆藏文献信息资源的全面深入的揭示与开发，能够真实反映一个图书馆的馆藏现状。

（1）馆藏特色数据库的建设

在新的信息环境下，我国一些藏书基础较好的高校图书馆通过有计划、有步骤地把馆藏信息资源中独具特色的部分转化为数字化的可检索的特色数据，并传输上网这种方式，实现了为读者提供特色信息服务的功能。如清华大学图书馆的全国高校图书馆信息参考服务大全、中南大学的有色金属文摘数据库、湖南大学的金融文献数据库、吉首大学的沈从文文献数据库等都是具有本校特色或本地特色的自建数据库。

（2）馆藏文献信息数据库建设

目前还有不少高校图书馆把教学参考书、需求量较大的新书、重点学科用书等馆藏进行数字化转换，实现了提高馆藏图书资源利用率。我国一些数字化建设搞得比较好的高校图书馆，已根据本校重点学科建设和科研的发展需要有重点地开展了馆藏图书的数字化转换工作，如清华大学图书馆的"建筑数字图书馆"等。

2. 引进数据库

引进数据库这里指的是网络联机数据库的引进。网络联机数据库虽然价格较为昂贵，但其服务范围可遍及全球。随着我国高校办学规模的不断扩大，目前，高校图书馆在数据库资源建设方面越来越重视网络联机数据库资源的引进，主要有网络全文数据库、电子图书和学位论文三种形式的数据库信息资源。

三、信息资源体系建设的若干策略

（一）高校图书馆纸质图书资源建设

为更好地适应图书馆事业发展的新形势和新要求，图书馆的各项工作必须适时做出调整。高校图书馆的纸质图书资源建设工作，因为其特殊的角色定位和功能担当，也必须勇于改变，积极构建新思路，制定新策略。

1. 树立正确观念

图书馆是不断发展的，所以，图书馆工作者，特别是各图书馆的决策者，一定要树立正确观念，与时俱进，既不能因循守旧，也不可过于激进。高校图书馆既是本单位教学科研的文献资源保障服务部门，同时又是存储机构。所以，对于本馆的功能定位要清楚，对读者群要充分了解，对未来的发展方向要有清晰的认知。并且，馆藏纸质图书资源所具有的历史保存价值功能，也是其他资源所不可轻易取代的。

2. 从以量为主到以质取胜

高校图书馆的纸质图书资源建设要理清"质"和"量"的关系。现阶段，纸质图书资源建设思路要从"以量为主"向"以质取胜"转变。已有馆藏纸质图书资源方面，要做好文献剔除工作，在综合考虑滞架时间、书龄、借阅率、复本数量等各种要素的前提下，既要"惜书如金"，也要勇于"断舍离"。新书采购方面，要做好纸质图书甄别工作，综合考量本馆的馆藏体系和核心馆藏需求，特别是根据本校的学科分布、生源状况、与社会发展的关联度等属性，进行基础性图书和学科前沿著作的补缺补差，既要补齐"短板"，也要不断发展。

3. 变供给驱动为需求驱动

高校图书馆的纸质图书资源建设，需要积极运用供需杠杆的调节作用。

换言之，就是要变供给驱动为需求驱动。以往图书馆的资源建设，基本都是以图书馆为主体，觉得什么好就采购什么，而读者只能被动地接受。这种模式虽然对图书馆开展工作有利，但在图书利用率方面会造成一定的负面影响。对于怎么运用需求驱动，则需要图书馆具有主动服务意识。这一点可以套用"供给侧结构改革"，在图书馆馆藏建设这一领域做一些改变。也就是要把图书馆纸质图书馆藏有哪些读者就只能借阅哪些，转变为读者需要什么样的纸质图书资源图书馆就提供什么样的纸质图书资源尽最大努力提供。而且，这种"供给侧结构改革"式的转变，必须是先知先觉的，建立在对自身定位明确和对读者了解充分的基础上的。

一方面，要运用大数据统计读者的阅读习惯，开展馆藏纸质图书资源效益评估。高校图书馆读者群相对固定，通过对读者习惯进行统计，通过分析流通数据，可以从读者的角度发现需求方向，进而指导纸质图书资源建设。另一方面，积极开展读者荐购，培养学科馆员。读者荐购能够最直接地反映读者需求，不仅能够保证所购置纸质图书是读者所需要的，提高图书借阅率，更能提高读者对图书馆的满意度，避免纸质图书资源建设出现"吃力不讨好"现象。学科馆员，顾名思义，是学科背景和专业图书馆员的集合体，他们可以向某些特定用户提供更专业优质的文献服务。学科馆员能够帮助图书馆在特定学科的纸质图书资源建设上夯实基础，走在前沿，也能实时向图书馆传递院系科研人员的研究动态和需求，在院系、学科和图书馆之间架起一座桥梁。

4. 合理配置纸质图书资源与数字资源

图书馆在进行图书资源建设的时候，是以纸质为主，还是以数字主导，归根结底源于对数字图书资源和纸质图书资源的认识。近几年数字资源的井喷式发展，确实给图书馆事业带来了不少变化，也使得不少图书馆人唱衰纸质图书资源，甚至有数字图书资源终将代替纸质图书资源的论调。但从目前的情况看，在相当长的一段时期内，数字资源还不能完全替代纸质图书资源，尤其在当前，图书馆的资源建设还需要以纸质图书资源为主。因此，图书馆必须合理配置纸质图书资源和数字资源，既要接受和重视数字资源，也要防止过于依赖、盲目崇拜。现阶段，高校图书馆在配置、权衡纸质图书资源和数字资源的时候，有两点需要认真考虑：一是随着出版行业的发展，纸质图书资源的质量不可避免地存在着参差不齐的现象，而高校图书馆面向的读者群体又较为特殊，所以采买时需要详加甄别；二是目前的数字资源，有不少与馆藏纸质图书资源相重复，图书馆在采购的时候应该要有所取舍，避免资源的重叠性浪费。

（二）高校图书馆网络信息资源建设

大多数高校图书馆基本上都是比照本校教学工作水平评估上的标准来建设的，然而，由于电子出版物及印刷性文献的成本不断攀升，加重了信息资源建设成本，而且购进的电子出版物与印刷性文献又缺乏时效性，不能很好地满足读者的需求。大多数图书馆怕做"无用功"，只为达标而达标，不计成本，盲目购置。对网络上免费的信息资源读者有迫切需要的却很少去花费精力搜集，结果造成既增加了成本，又不能取得预期效果，真正成了"无用功"，这种做法违背了科学发展观的规律，目光短浅，不能做到真正意义上的"发展"。用科学发展观指导图书馆信息资源建设，就需要用发展的眼光来看问题，不能局限于一时一事，要考虑长远，真正做到为读者着想。

1. 全面考虑，科学选择网络资源

所谓网络信息资源，就是借助计算机网络技术在互联网上搜集并获取信息资源，经过组织整理方便读者利用的保存在非馆内的互联网上的信息资源。网络信息资源数量庞大，质量参差不齐，不是所有的网络信息资源都可以利用，要做到统筹规划，选择性的搜集，并能够实时更新。网络信息资源数量庞大，质量良莠不齐，而且更新换代很快，收集网络信息资源应当全面考虑到网络信息资源的这些特点，做到不盲目收集，科学收集，及时整理，科学合理地选择网络信息资源。首先，对网络上的信息资源都应有所选择地进行搜集。图书馆要根据本校的学科专业设置情况，确定搜集的学科范围，搜集那些有学术价值，有一定深度和水平的能反映某一学科学科前沿发展水平和发展动态的学术资源。其次，搜集获取网络信息资源时应考虑本馆的馆藏结构体系，应将选取网络信息资源纳入馆藏信息资源保障体系中加以系统考虑，全局规划，使所选取的网络信息资源真正成为整个信息资源体系的一个有机组成部分。最后，要注意对本馆的信息资源进行实时更新维护。网络信息资源具有动态性、随机性等特点，搜集网络信息资源时应考虑到这种情况，应选择那些具有权威性的、最新的、科学的网络资源。对本馆现有的网络信息资源要做到经常翻阅、浏览，及时更换最新的网络信息资源，剔除过时的、

不合理的资源，时刻保持馆藏网络信息资源的新颖性。

2. 统筹兼顾各种搜集方式

市场经济条件下，很多公司都开发了搜索引擎，网络上现有的搜索引擎不胜枚举，而又各有特点。搜集网络信息资源，除了利用搜索引擎外，也还有其他方式，搜集前要分析不同搜索方式的特点，分清优点和缺点，搜索网络资源时要做到统筹兼顾，优势互补，各取所需，以最便捷的方式，搜索到最实用的网络信息资源。目前搜集网络信息资源的方式如下。

（1）利用各种搜索引擎

搜集网络信息资源最方便的工具就是搜索引擎，搜索引擎分为搜索引擎和分类式搜索引擎。利用分类式搜索引擎查找，可选择符合建库的主题或专题，通过主题或专题目录的引导，利用超文本链接方式，层层浏览，查找所需的信息资源。这种搜索引擎分类清楚，连接准确，分类有条理，能够避免由于软件自动分类而造成的不良后果。利用搜索引擎查找，可以根据主题范围和数据库专业，选取相应的搜索内容。搜索时搜索引擎会返回一组指向相应站点的超级链接，然后搜集获取所需要的信息资源。这种搜索引擎可以快速搜索获取分布于全网上各地网站的信息资源，使当前信息及时更新。

（2）利用各种专业网站

网络信息资源数量庞大且站点繁多，搜索引擎也只能搜索到其中的一小部分网站，好多网站是无法通过搜索引擎得到的。因此，采购人员平时要注重积累一些著名的与本馆有关的重要的专业网站，以便更系统地选取本馆所需的信息资源。如图书馆相关网站有"图书馆学、情报学网络资源导航网""图书馆学之窗""e 线图情"等；文学方面的专门网站有"起点小说""潇湘书院红袖添香""红袖添香""白鹿书院""凤鸣轩"等。此外，医学、专利、建筑等各个学科都有各自的网站供大家选取。

（3）利用各图书馆主页

目前，各高校图书馆几乎都建有自己的网站，通过到这些网站进行浏览，就有可能收集到很多对本馆有使用价值的信息。各馆都购入了大量数据库，用户可在允许的范围内查询各种网络信息资源。有很多图书馆网站还授权用户检索自建库功能，甚至有一些国外图书馆可以有限地下载其电子文献。信息采访人员平时要积累一些这方面的知识和经验，利用网络多交流多学习，利用一切可以利用的免费资源。

（4）利用搜索软件自动搜集

利用"网络机器人"等搜索软件可以自动搜集网络上与本馆相关信息资源，类似的软件可以自动到指定的网站进行定期搜集因特网站点和 FTP 站点上的相关信息资源，并把这些信息资源下载并保存到本馆的网站上，然后再对其进行加工、组织并提供给读者使用。这种搜索方式可以面向整个因特网进行搜集，覆盖面很广，而且节省人力和时间。

3. 更新维护，保持长远发展

网络信息资源具有变化快的显著特征，陈旧的东西随时可能被淘汰。搜集到的信息，随时都有可能发生变化。因此，网络信息资源要适应这种变化，须经常维护和更新，使网络信息资源永远保持生命力和活力，保证图书馆的持续发展，尤其是为实现数字图书馆以及信息资源共建共享提供条件保障。

（1）实时更新资源

网络信息资源内容只有不断更新才能吸引和满足用户，网络信息维护者应天天更新网络信息资源，及时更改无效链接，删除过时信息，保持馆藏信息的准确性和新颖性。同时，利用网络机器人定期在网络上进行搜索，实时更新网络信息资源，对各类信息资源进行搜寻，并分析研究搜寻到的结果，对数据库作出相应的更改，保持本馆网络信息资源的实用性与时效性。

（2）精心制作网页

界面的可视性、友好性、美观性会使访问者产生浓厚的喜好。网络信息资源管理人员应提供一个能真正起到指导功能的系统文件，确保每个网页的结构清楚明了，栏目详尽且检索方便，文本阅读方便，页面背景及颜色舒适，加入到页面中图片的信息含量高，最大限度地满足读者的需求，愉悦读者的身心，体现人性化关怀。

（3）确保网站安全

为了防止黑客对网络信息资源进行攻击破坏，网站维护者应采取各种安全防范办法，设置相应的防火墙，即在本馆系统外部网和内部网之间建立一个保护层，内部网络根据原有的协议进行访问，内部网络访问外部网络在事先约定的协议授权下进行，而外部网络访问本地内部网络则受防火墙的隔离，以此可以保护本馆的内部网络资源免受外部网络的非法入侵。

（三）高校图书馆特色资源建设

1. 重视特色资源的多样化建设

为了给用户带来更好、更多样化的使用体验，高校图书馆在建设特色资源时应以多种特色资源建设形式建设，给用户呈现更多彩的特色资源。除最为常用的建设形式——数据库之外，可以通过增加建设学科门户、纸质馆藏、数字图书馆等形式的特色资源，这样不仅使得高校图书馆的特色资源更加多样化，也使得高校图书馆建设的特色资源更容易被收纳、分类与存储，能够呈现给用户更为多元化的特色资源，提升用户的使用体验。例如中国科学技术大学图书馆的特色资源共以 3 种形式建设而成，而以学科门户这一形式建设的仅有 1 个特色资源，为数学专业学科门户，是将数学专业相关的资源整合在数学专业学科门户下，各个资源的链接完好、内容丰富，便于用户检索、使用；以网站为建设形式的有 1 个特色资源，为火灾科学学术资源网，该网站收集了众多与火灾科学相关的文献与最新消息，同时将火灾科学相关信息整理的有条不紊。在各个高校图书馆特色资源的未来发展中，应当多采用其他几种建设形式，以使得各个图书馆建设的特色资源更为多元化，进而提升用户体验。

2. 重视提升特色资源的利用率

高校图书馆建设特色资源的主要目的是更好地向用户提供服务，满足用户多元化、个性化的要求，所以特色资源被利用的高低程度是考察资源建设成效必不可少的一个环节。然而多数高校图书馆更注重特色资源的建设工作，忽视了特色资源利用的重要性。高校图书馆可以从以下几个角度提升特色资源的利用率。首先，拓宽特色资源的使用范围，不再局限于校内用户，可以通过馆际合作、共同建设；其次，特色资源中存在"学科特色"主题的特色资源，因此可将特色资源与高校的日常教学活动结合，与高校师生日常教学生活相融合，如向教学效果好、获取信息能力强的教师提供特色资源相关的特色服务，向教师提供日常教学所需信息与相关动态，使得教师的教学能力得以提升、教学内容更加丰富；最后，不同的特色资源针对不同范围的受众，高校图书馆依据特色资源自身特性，确定服务用户，深入了解服务受众群体的详细需求，并有针对性的向受众群体提供特色资源服务。

3. 推动特色资源网页定期维护更新工作的展开

高校图书馆建设特色资源的目的是向用户提供更优质的服务、让用户需求得到满足，因此特色资源的网页中对特色资源组织方式的设置应是合理的、对特色资源的揭示程度应更加深入、对特色资源访问链接及导航专栏的设置应做到统一。

首先，特色资源的组织方式上，需设置统一的分类标准与排序准则，同时将排列方式与分类方式相融合。目前已有的分类方式中，虽存在采用同一分类方式的高校图书馆，但不同高校图书馆对同一分类方式的分类标准也不同，所以针对不同分类方式设置一定的分类标准具有必要性。以"按类型分类"为例，首先各个高校图书馆应统一"按类型"中的类型，设置统一分类标准；特色资源按照统一分类标准分类之后，选定某一种排序方式，在分好类别的基础上，对特色资源进行排序。分类方式与排列方式融合的形式使得特色资源相关特性得以体现并能够有序排列，继而达到提升用户使用感的目的。

其次，在特色资源揭示维度上，需要对特色资源进行更深入、更多层次的揭示，使得相关特色资源的基本情况更容易被用户获取。各个高校图书馆需在深入揭示已有揭示维度的基础上，增加一些能够体现特色资源基本特征或特点的揭示维度，如指定特色资源如何使用、用户使用感等不同角度。同时，统一特色资源访问链接的提供方式与提供位置，特色资源访问链接可以以多种形式存在，与特色资源结合或是存在于特色资源简介中，但各个高校图书馆可以统一如何提供及提供的位置，能够减少用户使用时产生的混乱感。

最后，各个高校图书馆应将特色资源导航专栏名称及位置统一，特色资源导航专栏不论以何种名称存在，相关资源均属于特色资源，因此各高校图书馆可将导航名称统一为"特色资源"，并合理设置导航专栏的位置，在图书馆网站主页中呈现与在图书馆资源相关一级栏目下呈现两种方式结合，能够提高特色资源的曝光率。为使上述三点内容更好地落实，需要各个高校图书馆推动特色资源网页定期维护与更新工作的展开，如特色资源揭示维度中的"资源状态"这一项，需要相关人员实时关注、及时修正与更新相关内容。

第三节　高校图书馆信息资源共建共享

一、图书馆信息资源的构成

当个社会是一个高度发达信息化时代，现代资讯的高速发展对图书馆在信息资源构成、信息资源的服务形式以及服务层次上有了更高更新的要求。对于图书馆信息资源构成的研究，国内外研究者往往从不同的角度对信息资源构成进行划分，众说纷纭，正然侧重点存在差异，但都基本上形成了一个广泛的共识，即图书馆信息资源的构成早已突破了传统的概念，已扩展为包括传统文献资源、电子出版物和网络信息资源等多种媒体在内的、涵盖范围较的各类信息资源。下面将对图书馆的几种信息资源作以简单概述。

（一）传统的非数字化信息资源

图书馆的中外文图书、期刊、报纸、各种资料等基本是以纸质为载体的印刷型信息资源。这些信息资源是图书馆信息资源中最基本、现实的馆藏，是满足读者信息需求的最直接、最基础的资源，这些信息资源不但对学校的建设、管理起存重要作用，而且是开展教学、科研活动不可缺少的资源。这些信息资源的数量、质量和利用率是衡量学校办学水平高低的指标之一。并且它在可预见的未来一段时间来仍然将是图书馆信息资源中最为重要的部分，在文献资源布局占据主导地位。为获得这些信息资源，各学校每年均要投入相当多的建设经费，可见印刷型信息资源的重要性。

（二）传统的声像资源

它是运用录音、录像和摄影技术等直接记录声音与图像的种动态型文献资源，是随着新科技发展起来的一种视听结合的信息载体。包括唱片、录音带、录像带、幻灯片等。视听型资源使读者从听、视、声、光等多角度，动感结合，全方位地接受教育，让读者培养学习兴趣，增长知识，扩大视野，拓宽知识面，远距离、不限时地获取信息，在轻松愉悦的环境里学习。目前此类资源随着信息技术的发展被现代丰富的多媒体资源所逐渐取代。

（三）电子信息资源（数字化资源）

电子文献产生于现代信息技术环境下，是将文字、图形、图像、声音等多种形式的信息存储在磁、光、电等介质上，再通过计算机等设备处理还原的一种新型的信息载体。电子文献多种多样，主要有单行版电子出版物、电子图书、电子期刊、电子报纸、光盘数据原、联机出版物等。

1. 单行版电子出版物

这是以数字代码方式将图像、音频、视频等信息存储在磁、光、电介质上，通过计算机或类似设备读取的一种文献形式。包括电子期刊、电子图书、光盘数据库等。电子出版物是信息处理技术不断发展的产物，H1 前在图书馆馆藏中所占的数量和比例都在与日俱增。

2. 各种数据库资源

数据库资源因共强大的异地信息存取和检索功能以及低成本、信息量超大等优点而备受各学校图书馆和用户的青睐。图书馆的数据库资源主要以下几种形式存在。第一类，安装在馆内服务器存储设备上的以电子数据形式存在的各种数据库及数据库镜像。第二类，图书已买下使用权的网络信息资源，一般是大型的期刊数据库和数字图书数据库。此类馆减数据不在本馆的服务器存储设备上，但根据与信息资源所有者之间达成的协议，在网络环境下这些信息资源就成为本馆馆藏的一部分。这些数据库可以自行开发，也可以购头，但以购买也子图书和电子期刊等大型数据库系统居多。

3. 其他网络信息资源（数字化资源）

随着信息技术的飞速发展，网络信息资源程非线性方式快速爆炸性增长。所谓网络信息资源，是指通过计算机网络可以利川的各种信息资源的总和。具体的说是指所有以电子数据形式把文字、图像、声音、动画等多种形式的信息存储在光、磁盘等非纸介质的载体中，并通过网络通信、计算机或终端等方式再现出来的资源。

它不仅包括电子期刊、电子图书、电子报纸、网络数据库，还包括从最新的学术动态到产品、广告、电子邮件、电子商务等各种各样的信息。读者可以不再受时间和空间（馆藏）的限制通过电子计算机技术、网络技术、多媒体技术来获取这些资源，同时这些网络信息资源也能更及时、更方便地成为职业技术师范院校图书馆重要的馆藏信息资源。网络信息资源是图书馆传统文献信息资源的重要补充，是网络环境下图书馆进行信息资源共享和馆际协作的基础。互联网经过多年发展，海量的信息在一定程度上满足了用户的信息需求，但是，由于其信息质量参差不齐、内容丰富但杂乱无序、网络信息随意性大、信息规范化程度不同等诸多方面的原因，用户往往不容易查到自己所需的信息或者查到的信息不完整。所以只有对这些信息资源加以有效开发和有序化组织，才能使之真正成为图书馆馆藏信息资源从而供用户使用。为了扩大馆藏信息资源的范围，提高图书馆的信息服务能力，高等职业技术师范图书馆有必要发挥检索查询和学科分类的优势，将互联网上的学术信息资源进行搜集整理和分类，并以学科导航的形式加以组织并建立相关的信息库，将其打造成"虚拟馆藏"来满足用户日益增长的信息需求。

二、高校图书馆信息资源共建共享服务的内容

（一）以实际需求建立信息资源共建共享体系

"卓越大学联盟"工程就是依据各高校的办学目标及特色组成的联盟。他们作为国内理工类的顶级高校，每所学校都有自己的优势资源，高校图书馆的信息资源共建共享可以加强彼此间的学术交流，扬长避短，创造出更多的科研成果。长三角高校间的合作联盟是借助地缘优势建立起来的联盟。长三角高校合作联盟充分挖掘区域内的信息资源潜力，构建区域信息资源共享体系或平台。地理位置上的优势大大降低了高校图书馆联盟的经济成本、劳动成本、管理成本，可以有效提升这项服务的效果。此外，美国新泽西州南部的地区间合作信息共享模式、英国东北部大学购买联盟和南部大学购买机制，它们都是依据地缘上的优势，结合高校的实际需求建立起来的。

（二）工作人员重视与读者的交流

图书馆工作人员的综合素质体现在是否能以饱满的热情为读者提供服务，是否能及时意识读者需求并为读者提供相应服务，以及服务水平如何。从以上案例可以认识到，不论是美国的芝加哥大学还是英国的伦敦大学，它们不仅实现了图书电子信息等资源的共享，也实现了高校人力资源的共享。通过培养高素质、高学历的图书馆工作人员，以专业的知识、专业的技能为读者提供专业的服务，成为读者信息获取的导航者。此外，国内外的高校都

设置了形式多样的咨询参考服务，且重视与专家面对面的交流。利用咨询台反馈读者消息，有利于在最短时间内解决读者问题，不耽误读者的学习进程，满足不同用户的咨询需求。与相关领域专家学者的交流，加深读者对于问题的认识与理解，为进一步研究奠定良好的基础。

（三）尊重读者意愿提供个性化服务

伴随高校图书馆资源数字化时代的到来，图书馆信息资源数量庞大、更新快，必然导致一些读者在使用过程中不能得心应手。个性化的服务很好地解决了这一矛盾，充分尊重读者意愿，更有利于读者信息的查询与获取。利用现代的信息技术，进一步满足读者需求，方便读者在第一时间查询到所需要的信息，定期进行经常检索信息的推送。

高校可以根据读者的年龄、性别、所学专业、所修课程、工作性质等客观条件，有目的地主动向用户推送相关信息。高校图书馆充分利用现代信息技术资源，针对不同的用户提供的个性化服务，使服务目的更具有针对性。通过对用户基本信息的分析掌握，例如年龄、所学专业、从事工作、兴趣爱好等信息提供有针对性的信息推送。使图书馆工作由被动向主动转变，积极帮助读者查询相关资料，促进读者的有效搜索，体现了人性化的服务理念。

三、国内高校图书馆信息资源共建共享服务的典型案例

在中国高校图书馆信息系统和中国高校人文社会科学文献中心（CASHL）的设立和支持下，中国高校图书馆的校际合作有了显著发展。目前中国的高等教育文献保障系统（CALLS）是发展较为成熟的共享项目，在政策的支持和引导下，高等学校图书馆的许多合作项目都取得了较好的成绩。这些组织机构通过设立账号的形式，允许用户进行登录、查询信息。北大图书馆是CADAL 的中心，其他高校可以通过购买的形式获取账号，享受由 CADAL 提供的服务。

（一）卓越大学联盟信息资源共建共享工程

"卓越大学联盟"是由 9 所工业和信息化部、教育部直属的 985 工程大学组成的高校联盟。包括复旦大学、上海交通大学、中国科学技术大学、华南理工大学、兰州大学、重庆大学、华中科技大学、东南大学、西北工业大学，

组成了"卓越人才培养合作高校联盟"（简称"卓越大学联盟"）。并签署了校际间联盟共享条约，以促进相互间的交流。并将此项目作为交流的平台，寻找其他方面的利益平衡点，加强更多领域的合作。进而进一步促进图书馆之间的交流与协作。卓越大学联盟图书馆信息共享的范围和领域十分广泛，主要包括期刊 97 361 种，中文期刊 8 348 万篇，外文期刊 9 987 万篇，图书书目430 万种，开放学术资源 4 100 万篇，数据库 503 种，特色数据库 3 672 个。卓越大学联盟是由办学特色相近的高校组成的图书馆联盟，它们在信息资源的采购和开发方面需求相似，并且有共同的培养目标和发展目标，有助于联盟的进一步发展。

（二）长三角高校合作联盟

长三角高校合作联盟于 2005 年成立，经过不断的发展，已由从六校合作逐渐拓展为 8 所国家 985 工程名校组成的联盟。该高校间的联盟是基于地理位置而建立的。

都集聚于长江三角地带，地理位置较近，利于加强彼此间的交流与协作。此外，该高校联盟间的合作不仅仅局限于图书信息方面的联盟。经过几年的努力，长三角地区高校合作联盟取得了重大突破。并通过多次的协商讨论，谋求合作的共同基础。省委、省政府从宏观政策上给予了帮助与支持，予以政策倾斜。并引导建立了相关的组织合作机制，进一步促进了相关主题间的交流与合作。各高校主题也在积极寻求新的突破，进一步的扩大合作的领域与范围，寻找更多的平衡点。另外，他们还统一进行了技术设备的更新，从客观条件方面进一步促进交流合作。这些工作对于提升信息资源服务能力大有裨益。

（三）北京大学图书馆的特色服务

北京大学依托自身的教育资源优势向社会读者提供网络课程和网络培训等社会化服务。北京大学图书馆是全国众多高校中第一个开设系列讲座的图书馆，迄今已有十余年的历史，是北京大学图书馆的品牌项目，已有数万名学子从中受益。北京大学图书馆充分利用自身的教学优势与人才优势，开展内容丰富，形式新颖的各项活动，其中影响最大、评价最高、发展最为成熟的要数"一小时讲座"这一活动。该讲座共分为十五个专题，汇集了包括国内外最新研究成果展示、北大特色讲堂、历史真相课程等在线教育资源。为进入北大图书馆学习的用户和读者提供更多更好的选择。授课教师都经过精心准备，课堂气氛活跃，充分调动了学生的学习热情，课程结束后同学还可获得讲座讲义。

北京大学图书馆还十分重视与读者间的交流互动。一方面，通过与用户的交流，及时了解他们的需求。另一方面，也是对图书馆工作的改进和提升。北京大学图书馆建立了形式多样的参考咨询服务。读者可以通过邮件、电话、FAQ、实时咨询台等方式向图书馆专业人员寻求帮助。北京大学为进一步满足读者需求还建立了个性化服务系统。该项服务的实现是通过校园网界面所提供的，校园网界面设计简洁，方便读者和用户查找相关信息资源。

值得一提的是，北京大学图书馆还有步骤地实现了对外开放，但需要提前申请，申请具有一定的难度。一旦申请成功，读者可以根据自主需要检索数据库。另外，图书馆还提供新书上架公告、最新科技导讯、重点学科导航、重点信息推送、虚拟咨询和个人借阅订阅等二十几项服务。用户可以建立属于自己的信息库，通过对信息的检索，获得相关信息的全文链接。也可订阅最新的信息通知服务，以便及时获取相关领域的最新信息。

四、信息资源共建共享工作优化

信息资源共建共享是指图书馆在平等、自愿、互利的基础之上，通过建立图书馆之间以及图书馆与其他相关机构之间的各种协作或合作关系，利用各种方法共同享用信息资源，以最大程度地满足用户需求的活动。信息技术的快迅发展，注定了图书馆未来的发展趋势就是使信息资源实现共建共享。

以科学发展观为指导体现在高校图书馆信息资源建设工作中，就是要在建设伊始，就做好长期、健康发展的打算，不做无用功，不做无必要的浪费，高起点、高站位，做好信息资源建设规划，了解、熟悉、掌握地方图书馆、与其他高校、地方图书馆的馆藏情况，及时获知信息资源出版信息、市场，统筹本馆与其他各馆的关系，在信息资源配置上不要追求"全"，要想到"用"，一切围绕本馆的长期发展，一切围绕服务本馆的读者，做到馆藏信息资源人无我有、人有我补，同时注意建设符合自身的特色馆藏，实现馆藏信息资源的共建共享。另外，由于信息技术的迅猛发展。也为实现各馆信息资源的共建共享提供了必要和必备的条件。

实现信息资源共建共享，根据高校图书馆自身的特点以及科学发展观的自身规律，首先应做好以下几个方面的工作。

（一）树立大局观念，做好思想准备

信息资源共建共享正日益成为图书馆界讨论和研究的热点问题，但真正实现起来却并非易事。所谓不易，就是因为在图书馆界还没有树立起"大图书馆"这一先进观念。高校图书馆在信息资源建设之初，就应该立足发展，坚持发展为本馆的第一要义，做好长久发展、持续发展的打算。要想持续发展，就不能不计成本，盲目建设。图书馆信息资源建设应该以科学发展观为指导，坚持发展的第一要义，树立起"大图书馆"先进观念，使为本馆读者服务的思想转服务所有读者的理念，并真正付诸实施。

（二）积极引进培养复合型人才

以科学发展观指导高校图书馆信息资源共建共享活动，在当初就应该做好准备、积极筹划，重视储备信息资源共建共享时代人才队伍。人才队伍是关系到信息资源共建共享能否真正实施的一个关键因素，培养造就一大批高素质的图书馆专业人才队伍是做好信息资源共建共享的必备条件。当今时代下信息资源共建共享需要一大批具备多学科知识背景和多专业技能的复合型人才，才能使信息资源共建与共享发挥功效，因此高校图书馆重点抓好馆藏信息资源建设的同时，在培养和造就网络化人才、提高整体综合素质方面就应积极做好筹划，并逐步付诸实施。

（三）协调馆间关系，建立馆际联盟

高校图书馆要想实现信息资源的共建共享，就应该根据科学发展观全面协调的要求，全面联系相关图书馆，协调各图书馆之间的关系，在信息资源建设方面做好自身规划，建立利益互赢的馆际协作关系，通过协议建立图书馆联盟。"图书馆联盟"就是指为了实现信息资源的共享、利益双赢的目标联合组织起来、在共同认可的协议和合同制约下开展活动的图书馆联合体系。这个联合体可以在一定硬件和技术条件的支持下，通过各种方式为各个图书馆提供数字化信息资源整合，从而实现优势互补。同时图书馆联盟要从自身全局出发，合理利用经费，协调统筹采购信息资源。只要购置一套购置服务器和数据库，各成员馆就可以通过联机终端均采用局域网或联网的方式进行资源共享，对那些财力较小的图书馆，可允许其加入联盟，但需要提供有偿服务。如中国高等学校数字图书馆联盟、河北省高等学校数字图书馆联盟就是高校图书馆信息资源共建共享的典型范例。图书馆要做到轻装上阵、持续发展就应在争取加入、建立图书联盟方面下功夫。

（四）统一信息资源建设标准

用科学发展观指导图书馆信息资源共建共享，要坚持统筹兼顾的方法，统筹好现在与将来的关系，为实现信息资源共建共享提前做好准备。要实现信息资源共建共享，最关键的技术就是要使各成员馆使用统一的标准。实现标准化是信息社会的基础，是实现信息资源共享的一个重要前提，是网络环境下各个图书馆之间进行数据转换、信息交流和互相利用、获取资源的必备条件。图书馆之间存在的软硬件差异以及不兼容现象已经成为制约图书馆之间资源共建共享的最大障碍。因此图书馆在分类、著录、采集、组织、加工、检索、传递等方面要特别重视对标准的采用，要时刻关注国家标准的变化，只有这样才能为实现真正意义上的资源共建共享创造先期条件。多花些精力做好标准化工作，有助于避免以后共建共享时"返工"的尴尬。

（五）普及使用最新技术

科学发展观指导下进行信息资源共建共享，要把各种因素都统筹考虑进去，尤其是各种现代技术，都要统筹考虑进信息资源共建共享规划之中，同时还要统筹各种现代技术之间的关系以及哪些人掌握哪些技术的关系。要实现信息资源共建共享，数据库技术、信息处理技术、多媒体技术、缩微技术、光盘技术、计算机应用及网络通讯技术等新技术是必不可少的。图书馆应高度重视对这些现代技术的应用与推广，大力培养满足图书馆信息资源共建共享发展需求的现代技术设备及熟练该技术的人才，高校应组织安排图书馆工作人员及其他科技人员结合图书馆信息资源共建共享进行系统软件的研究、开发、设计和制作，加强图书馆工作人员现代技能的培训普及相关的深层次继续教育，为图书馆信息资源共建共享提供良好的技术保障和人才支持。

（六）实现馆藏数字化与网络化

科学发展观的目标就是要实现科学地可持续发展。"新本馆"信息资源共建共享要做到科学地可持续性发展，就应该积极进行馆藏资源的数字化建设，并不断实现网络化。

实现信息资源共建共享，必须有一定的数字化与网络化技术。现代网络通信技术的发展，数字化信息资源的大量涌现和广泛应用，给实现信息资源共建共享创造了必要的环境和条件。图书馆要实现与其他图书馆信息资源的共建共享，图书馆馆藏资源的数字化、信息交流与传播网络化是必要条件。所以图书馆在最初就应加大数字化、网络化建设力度，准备大容量的存储设备，配置高精服务器，设计自己的网站，开发或引进先进的数字图书馆管理系统，建立数字图书馆的检索平台，根据本校读者的信息需求购置电子资源，采用标准化的元数据进行数字化信息资源的组织描述，建立具有自身特点的各种特色数据库，加快本馆数字化、网络化进程。

高校图书馆信息资源共建共享是随着时代的发展，计算机技术及网络通信技术的进步等而逐渐成为必然并不断趋于成熟的，这是一段时期内今后高校图书馆信息资源建设的发展方向，图书馆必须以科学发展观为指导，认清形势，提前规划，做好准备，积极加入信息资源共建共享的阵营。

第三章

高校图书馆文化建设

第一节 高校图书馆文化的含义

一、图书馆文化的概念

图书馆文化是图书馆在长期发展的过程中逐步形成、建立起来并被参与图书馆活动的人员共同认可和遵循的价值观念、行为规范、服务方式以及规章制度等非物质特征的总和，是图书馆特有的知识底蕴、特有的人文环境、特有的行业规范和特有的价值追求，是图书馆服务的文化品格。而这种文化品格象征着图书馆服务的高尚与高雅、神圣与光荣，以满足读者需求，提高读者忠诚度，主体与客体双赢为目标，形成共同的价值认知和行为规范的文化。通过文化塑造，把这种忠诚意识内化于心外化于行，让每个员工主动积极地服务，用心贴心，提供人性化、亲情化、全程化的商品质服务。图书馆文化是其保持独立存在的内在规定，是面对变化的外部环境而保持自身特点的稳定因素。

（一）图书馆文化的内涵

对于图书馆文化的内涵，目前研究者有"二分法"（物质文化和精神文化）、"三分法"（物质文化、制度文化和精神文化）、"四分法"（物质文化、行为文化、制度文化和精神文化）以及"五分法"（环境文化、管理文化、图书文化、服务文化和活动文化）等多种不同分类。本书认为"四分法"更能全面展现高校图书馆文化。

1.表层的物质文化

物质文化是一种外在器物文化，它以物质为形态，包括图书馆的环境、建筑、馆藏、设施、布局等各个方面。但物质文化并不是这些要素的简单摆设和组合，而是通过它们所反映出来的，融入了图书馆情感、价值和社会关系的文化观念和文化内涵。物质文化展现了图书馆的整体面貌，是图书馆文化的物化标志。

2. 浅层的行为文化

行为文化是一种行为方式和形态的活动文化，是图书馆工作人员通过图书馆各项工作而表现出来的办事作风、行为准则、人际关系等外显性文化形态的总和，是图书馆实现其职能的重要支柱。

3. 中层的制度文化

制度文化是统一图书馆行为方式、协调馆内外关系的规范性文化。它以规章制度为存在方式和体现，包括领导体制、组织结构、管理模式等要素，是图书馆全体应共同遵循的行为准则的总和。制度文化保障图书馆的正常运转和自身功能的充分实现。

4. 深层的精神文化

精神文化是以意识为形态的深层文化，常常在狭义上成为图书馆文化的代名词。它包含图书馆道德、哲学、价值观、精神等要素，既体现了图书馆的历史精神，又充满时代气息。精神文化是整个图书馆文化的核心和精髓，维系着图书馆文化发展的命脉。

图书馆文化的四个层面具有十分紧密的联系，相互影响和作用，融合成图书馆文化的有机整体。要注意的是，图书馆文化的四个层面各自具有不同的组成要素，但并不是每一种要素都能精准地划分到其中某一层。例如图书馆环境既有自然环境，又有社会环境，则分别划分于物质文化和精神文化的范畴。因此，图书馆文化是由各种要素合理搭配、综合运作而形成和体现出来的。

（二）高校图书馆文化的特点

高校图书馆文化是高校图书馆及其工作人员以大学文化为背景，以图书文化为基础，在图书管理和提供利用的过程中所形成的特殊的思想观念、行为方式、价值准则、道德规范、心理优势、知识体系及处在形象等意识和物质形态的总和。高校图书馆在学校教育中承担着为学术研究提供文献信息服务，健全学生的个性与知识结构的职能。在高校校园文化建设的大环境下，高校图书馆有其自身的特点。

1. 为大学生价值观的形成做正确的引导

大学生是国家建设的重要力量，是祖国未来社会主义事业的建设者和接班人，如果没有正确的价值观和坚强的精神支柱，祖国未来的发展必将遭受挫折。校园文化的一个重要任务就是重视培养青年学生确立正确的价值观。对于青年学生来说，其价值观的形成，主要是将反映社会价值要求的学校价值内化为自我价值的过程。由于图书馆及其工作所体现出来的校园文化，是经过学校历史的积淀、选择、发展而成的，它反映了学校最重要的价值取向，因此，在很大程度上也影响和主导着青年学生的价值取向，从而起到很好的导向作用。因此，作为高校校园文化建设主体的图书馆，必须保证对学生的引导是积极的、正确的，必须按照培养合格人才这一需要营造自身的文化氛围，确立正确的方向。

2. 高校图书馆文化的高层次性

高等学校云集了众多造诣精深的专家、学者和教授，是传授先进的科学文化知识的场所，是培养社会主义市场经济所需要的新型的高级专门人才的主要阵地。图书馆坐拥丰富的图书信息资料，是师生们寻求知识的殿堂。从这个意义上说，大学校园里成千上万的莘莘学子，就是图书馆文化的主体。基于主体的总体知识水平较高，决定了大学图书馆文化的高层次特点。具体表现为理性认识的高度、求学求知的广博、学术水平的精深、个体活动方式上的高雅、情感追求上的高尚、活动内容的较高水平以及活动设计的较高标准等。

3. 高校图书馆的辅助教育职能

高校图书馆要紧紧围绕着学校的发展目标，为学校的教育科研服务，同时也是大学生素质教育的基地。图书馆丰富的文献资源可以健全大学生的知识结构，规范的服务、人本化的管理向大学生传递着严谨、踏实的敬业精神和热情、真诚的待人态度。这些文明的讯息默默影响着读者治学态度和道德操守的形成。同时，图书馆也是对大学生进行信息素养教育的重要阵地。

4. 高校图书馆传播文化的创新

图书馆是传递知识信息的窗口，高校的代表的文化特征在社会中具有高层次性和先进性。大学生的思维活跃，愿意接受新鲜事物。在图书馆广博的藏书中能够吸取先进的思想、理念。高校图书馆丰富的文献资源、现代化的设施、网络化的服务，成为师生探求知识、进行科学研究的最主要场所。因此高校图书馆在传播文化的创新方面拥有雄厚的物质基础、人力资源和技术基础。

二、图书馆文化的构成要素

由图书馆文化的概念可以看出，图书馆文化是图书馆在发展过程中所形成的物质文化与精神文化的总和。因此，图书馆文化是一个由多个要素相互辐射、相互渗透、相互制约的有机综合体。其要素主要有图书馆精神、图书馆价值观、图书馆哲学、图书馆目标与标志、图书馆规章制度、图书馆形象、图书馆环境、图书馆道德规范、图书馆管理方式方法、图书馆活动仪式及图书馆信息交流方式等。

在国内研究图书馆文化的学者，大多借鉴了泰勒的"三层"结构，对图书馆文化的内涵进行了描述与概括。目前，普遍认为图书馆文化分别由表层的物质层、中层的制度层和深层的精神层三个层次构成。这三个层面有着密切的关系，图书馆物质文化是图书馆制度文化和精神文化的基础；图书馆制度文化主导图书馆物质文化的实践，并影响图书馆精神文化；图书馆精神文化规定着图书馆物质文化和制度文化的发展方向，对二者具有灵魂和生命力的作用。正是它们互相影响、相互作用，才融合成了图书馆文化的有机整体。

第一，物质层。图书馆物质文化是一种外在器物文化，是图书馆建设的物质成果，是图书馆独立于人的意识之外的客观存在的总和，包括图书馆建筑、图书馆藏书、图书馆设备、图书馆环境等要素，它是图书馆文化建设的硬件部分和物化表现形式。

第二，制度层。制度层是图书馆文化的中间层次，把物质文化和精神文化有机地结合成一个整体。它主要是指对组织和成员的行为产生规范性、约束性影响的部分，规定了组织成员在共同的生产经营活动中应当遵守的行为准则，包括各种制度、机制、行为规范，集中体现了组织文化的物质层和精神层对成员和组织行为的要求。图书馆制度文化是调节图书馆内外关系和行为方式的规范性文化，包括图书馆领导体制、图书馆组织机构、图书馆管理制度等要素。

第三，精神层。图书馆精神文化是图书馆文化的核心和灵魂，是其深层要素，它集中地反映着一个图书馆的本质和个性特色。由图书馆哲学、图书馆价值观、图书馆精神、图书馆形象、图书馆服务、图书馆职业道德等构成。在对图书馆文化进行的早期探讨中，它常常也在狭义上成为图书馆文化的代名词。

三、图书馆文化的功能

（一）导向功能

图书馆文化首先包括图书馆的指导思想和价值观。图书馆的价值观是图书馆生存、发展的根本问题，图书馆的办馆理念决定了图书馆的发展方向，如果没有指导思想，图书馆的发展就会变得盲目，就会失去方向和奋斗目标。图书馆的指导思想和价值观是图书馆的灵魂，它集中反映了员工的共同价值观、理念和共同利益，因而它对任何一个成员都具有一种无形的强大的感召力，把员工引到图书馆既定的目标方向上来，始终不渝地为实现图书馆的目标而努力奋斗。

（二）凝聚功能

图书馆文化的凝聚功能是指图书馆文化像一种强力粘合剂，把全体员工紧密地联系在一起，同心协力，为实现图书馆的目标和理想而奋力拼搏、开拓进取的一种观念、行为和文化氛围。图书馆文化的凝聚功能表现在它使员工始终联想到自己是"图书馆"的人，将个人的利益与图书馆的利益联系在一起，将自己的前途与图书馆的未来联系在一起，馆里的事就是每个人的事，自上而下形成一个整体，大家为了共同的目标和追求而努力拼搏。这样，即使在工作中有了冲突，大家也会互相理解、互相体谅，因为大家更关心的是图书馆的总体目标和总体利益。图书馆文化的这种凝聚力是图书馆发展的基础。

（三）激励功能

图书馆文化的激励功能是通过外部刺激，使员工产生一种情绪高昂、奋发向上的效应。优良的图书馆文化能够为员工提供一个良好的组织环境，和谐的内部环境可以造就良好的人际关系。在这种和谐的环境中，员工能把对企业的发展与自己的成就密切连在一起，能够以良好的心态工作。那种彼此之间互不服气，为权力、奖金、工资争斗的现象就比较少，工作绩效自然提高。同时，在良好的组织文化氛围内，员工的贡献能够得到及时的肯定、赞赏和奖励，从而使员工产生极大的满足感、荣誉感和责任心，以极大的热情投入到工作中，激励效果显著。

另外，优良的组织文化能够满足员工的精神需求，起到精神激励的作用。只有从人的内部进行激励才能真正调动人的积极性，恰当的精神激励比许多物质激励更有效、更持久。对员工来说，优良的组织文化实质上是一种内在激励，它能够发挥其他激励手段所起不到的激励作用。

（四）约束功能

图书馆文化的约束功能是通过制度文化和道德规范而发生作用的。通过规章制度和依据传统约定俗成的道德标准，还明确工作人员及读者的行为。优秀的图书馆文化可以规范员工的思想，共同的价值观可以在思想上约束员工的行为，在规章制度这个硬性约束之外形成道德规范的软性约束。因此，文化具有无形的，非强制性的约束力量，能够弥补规章制度的不足，排除制度管理的潜在障碍。

（五）辐射功能

图书馆文化的辐射功能是指图书馆精神、形象、道德规范等通过图书馆人员的仪表、言行、图书馆工作环境等逐步感化读者，影响社会。

第二节　高校图书馆文化建设的内容

一、图书馆文化建设内容

图书馆是人类文明的积淀，作为一种文化机构，它本身就是一种文化，承担着人类文明的积累和传播。组织文化所体现的组织共同的价值观以及对组织成员所产生的吸引力凝聚力，都会为提升组织的竞争力发挥巨大的作用。自组织文化的概念植入图书馆管理中来，组织文化的管理理念就一直影响着图书馆的管理，建设组织文化也被认为是提高组织管理效率的一个重要手段。通过对图书馆文化理论的研究，发展完善图书馆人的价值观，对于提高图书馆整体服务水平，推动图书馆的发展步入良性轨道具有很重要的意义，也是现代图书馆发展的必然趋势。而图书馆在发展过程中，也在物质、制度、精神三个层面实践着组织文化管理。

（一）物质文化建设

1. 馆舍建设

图书馆的馆舍是图书馆实现服务的物质基础。馆舍建筑不仅仅是一个遮风避雨的地方，图书馆建筑风格、布局设计也体现出图书馆的内在理念和精神内涵。图书馆的建筑在考虑美观的同时，还要考虑图书馆的实用性。在传统观念中，图书馆一直被神圣化为知识的殿堂，反映在建筑上，则表露出庄严、典雅，很多馆借助于多层宽阔的台阶来突出这一象征意义。随着现代图书馆的发展，图书馆的建筑格局也随着服务理念的变化而变化。现在，大多图书馆采用开放式的建筑模式，可以灵活布局，适应藏、借、阅合一的服务方式；设立多媒体阅览室或教室以满足读者对不同形式信息的需求。许多馆在建筑或装饰上还体现出许多传统地域特征，以表现出其蕴含的人文特性。

2. 馆藏建设

书籍是人类智慧的结晶，每个图书馆都附有收藏、保护和传播人类文明的重要任务。馆藏文献资源建设在很大程度上受社会政治、经济、文化、科学和教育发展趋势等因素的影响，能够映射出社会的价值取向和审美情趣，在人类前进的过程中起着引领、导引的作用。随着图书馆的发展，越来越多的图书馆重视特色馆藏的建设。特色馆藏的建设可以避免重复的馆藏建设，可以使有限的经费更加有效。通过建设特色馆藏，使藏书由多变为精，由杂变专，真正使各个图书馆形成自己的特色，使不同的读者根据自己的需求进行选择。

（二）制度文化建设

没有规矩不成方圆，建立合理的规章制度是合理组织图书馆工作，充分发展图书馆职能的保证，它是图书馆实行有效和科学管理的依据和准绳。同时，规章制度也是图书馆成员共同价值观的体现。以制度建设促进和规范图书馆文化，也是图书馆文化建设的重要一面。

图书馆在管理过程中所制定的安全、卫生等管理制度、岗位职责、业务细则、文明服务公约等制度的建设能够规范工作人员的行为，对工作任务及效果做出了明确的规定，让馆员的工作有章可循，有法可依。并且，以制度为基准制定合理科学的考核办法，对馆员的业绩进行考评，并将考核结果与职称评定、职务晋升、物质奖励结合起来，通过奖勤罚懒，奖优罚劣，激发员工积极性和创造性的发挥，开拓进取，促进图书馆人才队伍整体素质的提高。

（三）精神文化建设

图书馆精神文化是图书馆文化的核心和灵魂，是其深层要素，它集中地反映着一个图书馆的本质和个性特色。在狭义的意义上，图书馆精神常被定义为图书馆文化的代名词，而广义上，图书馆精神涵盖了丰富的内容，由图书馆哲学、图书馆价值观、图书馆精神、图书馆形象、图书馆服务、图书馆职业道德等构成。图书馆的各项工作及活动中都蕴含了图书馆的核心价值，体现出图书馆的精神文化。

1. 加强培训，提高馆员素质

图书馆工作者的素质是指图书馆工作人员在长期的工作实践中所形成的一种相对稳定的思想行为风尚。包括馆员的政治态度、精神面貌、思想情操和职业道德等各种群体意识和群体精神。通过爱岗敬业教育、文明规范礼仪、图书馆职业道德规范解读等培训，提高馆员的思想修养，树立读者至上，真诚服务，默默奉献的职业精神。通过业务知识培训，提高馆员的职业素养，形成刻苦钻研、积极进取的良好风尚。这些精神影响、渗透到每个馆员和读者的心灵、工作和学习中，汇成风范，形成良好的图书馆精神文化，促进图书馆的各项工作也顺利开展。

2. 在服务中竖立良好的图书馆形象

首先，在馆员中树立良好的职业道德规范、礼仪规范。在服务中强调馆员的行为、语言规范。如工作过程中轻拿轻放，为读者营造安静的学习环境；与读者交流时使用引导性语言，避免强制性的语言；统一穿着整洁大方的工作服突显出图书馆工作的职业性。其次，树立"以人为本"的服务理念。图书馆员的工作目标就是帮助读者更好地利用图书馆的资源。从大流通的借阅模式、学科馆员的对口服务方式到为读者提供的冷、热直饮水、阅览桌上设置的台灯等服务细节，每一个举措里都折射出图书馆人以人为本、甘于奉献的服务精神。"有为才有位"，细致周到的服务，会使图书馆赢得良好的口碑。另外，注重开展读者调研，不断完善服务。开展多种形式的读者调研，重视读者的意见，了解读者的需求。可以采用调查表、网上留言、座谈会、走访、意见箱等直接的形式，也可以通过各种图书馆工作统计，诸如借阅、咨询、定题服务的工作统计和图书利用率分析，从侧面总结规律，发现读者的需求，这种需求可能是涉及文献资源建设、馆舍环境建设、读者服务、图书馆管理等方面面的内容。掌握读者需求，积极解决，无疑能够在读者心中竖立起图书馆求真务实的良好形象，从而促进了图书馆与读者间的良性互动发展。

3. 通过开展丰富多彩的活动塑造传播图书馆精神

丰富多彩的活动形成了图书馆活动文化，即指图书馆通过有目的、有规律、有特色地组织开展宣传、教育、学术研究和娱乐等活动所体现出的文化气韵。通过开展形式多样的活动，与读者有效互动，宣传图书馆，介绍文献检索技巧，能够使读者进一步了解图书馆，学习如何利用图书馆，学会如何读书，拉近读者与图书馆间的距离。

如许多馆结合"世界读书日"开展一系列与读书有关的活动，读者之星的评选、以读书为主题的书画展、专家讲坛、图书漂流等，倡导读者多读书，读好书在活动培养读者的阅读兴趣，传递"懂书爱书"的图书馆精神。同时，丰富活动的广泛开展，既可以充分发挥图书馆各种职能，活跃图书馆的学术、文化气氛，形成良好、活泼的图书馆活动文化，联络图书馆与读者感情，使图书馆地位得到进一步的稳定和提高，又可以拓宽馆员和读者的知识面，培育他们的多种能力，陶冶情操，提高审美情趣。

在馆员中开展的各种活动有利于增强团队凝聚力，感召力，增强馆员的主人翁意识，使大家心往一处想、劲往一处使，为图书馆的发展共同努力。如新年联欢会、跳绳比赛、长跑拉练、踏青等活动，或以部门为单位，或随机组成小组进行活动，通过活动培养同志间的团结协作精神、集体荣誉感。形式多样的活动能够充分调动馆员的积极性，形成乐观向上的工作、生活态度，创造健康的工作氛围。

二、高校图书馆文化建设的作用

办好图书馆等于办好大学的一半。图书馆在人类发展和社会进步中起着保存文化、积累知识、记忆历史、传承文明、传播文化等作用。图书馆文化建设对提高图书馆核心竞争力、促进自身可持续发展有着重要的意义。高校图书馆作为校园文化建设的前沿阵地，更是肩负着文化引领、价值导向、知识传播、精神陶冶等使命，其文化不断引导、培育和激励着读者。

（一）文化引领的作用

据调查，当代大学生有1/3或者更多的时间在图书馆度过。读者在这个知识的聚宝盆里翻阅书籍，品味人生，纵观历史，横看朝夕。这种"润物细无声"式的熏陶直接引导学生向着健康有序的方向前进，并在潜移默化中将自觉或不自觉地内化为个人品质和意识。高校图书馆作为先进文化的汇聚地，一方面引导广大青年学生树立正确的人生观、价值观，形成高尚的道德品质与情操；另一方面，把昂扬向上的先进文化向周边辐射，并通过大学生走向社会带动整个社会的科学文化的进步，引领高尚的文化品质。

（二）价值导向的作用

中华文化崇尚扬善抑恶，追求真善美的道德操守。高校图书馆以其丰富的资源，专业优质的服务，宁静高雅的氛围吸引并引导着学生，促进读者在认真思索中增强自身的文化力、思维力，提升道德情操和审美水准，将文化财富内化为人的全面发展，真正承担起思考人类、感受社会，担当未来的历史责任。图书馆注重社会主义文化的前进方向，以科学的理论武装人，以正确的舆论引导人，以高尚的精神塑造人，以优秀的作品鼓舞人，推动着人类向更为积极、高尚和美好迈进。

（三）知识传播的功效

图书馆历来是文化研究与文化创新的基地，历史上的文化巨著与精品的产生，与图书馆有着不解之缘。郭沫若研究甲骨文的重要论著、曹禺的话剧《雷雨》，无一不是得益于图书馆中的种种相关资料才撰写而成的。事实证明，一个好的图书馆影响人的一生。读者坐拥书城，遨游徜徉，博观而约取，厚积而薄发，使他们不仅掌握一定的基础知识，而且学会如何运用知识解决实际问题。

（四）精神陶冶的效用

图书馆为读者提供的不仅仅是由机器组成的电子世界，而是提供了人与信息、人与人之间交流的舒适空间，是温馨明快的知识乐园。读者在宁静而浓厚的学习气氛中，接受健康文化的熏陶，对他们品德的修养、文化的积淀、学问的拓展、思维方式的改进和精神境界的升华都起着潜移默化的影响，并养成良好的学习习惯和思维习惯，增强克服困难、探索真理的勇气，从而使精神和心灵趋向完美。另外，图书馆文化建设可以最大限度地利用人力资源，并将其转变成人才和智力优势，通过文化来影响组织群体行为，以增强组织凝聚力。同时由于文化建设，让读者来图书馆有"家"的感觉，并能自觉维护图书馆的制度。

三、高校图书馆文化建设要素

图书馆文化是一个由多个要素相互制约、相互参透而又相辅相成的有机综合体，包括物质文化、精神文化、行为文化以及制度文化。

（一）物质文化是图书馆文化的基础

物质文化是图书馆建设的物质成果，是独立于人的意识之外的，是图书馆文化建设的物化表现与硬件部分。它处于图书馆文化的表层，是图书馆其他文化的基础，主要包括馆舍建筑、家具设施、技术设备、文献资源、环境布局等，往往能反映出图书馆的物质实力、服务规模以及文化底蕴。良好的物化环境有利于形成良好的育人氛围。通过"物质精神化"建设，透过这些物让人感觉到一种科学精神和人文关怀，使得图书馆在发挥其实用价值的同时，给读者带来精神熏陶和文化濡染，所谓"性灵之融合，神意之感触"。

（二）精神文化是图书馆文化的灵魂

图书馆精神文化是图书馆在长期的实践和活动中形成的图书馆价值观、办馆理念、职业道德及图书馆精神等，是图书馆文化的核心部分，是构成图书馆其他文化的思想基础。通过精神塑造与引领，充分挖掘与调动员工的工作热情与潜力，并形成图书馆的向心力与凝聚力，共同为实现图书馆发展目标而贡献力量。

（三）行为文化是图书馆文化的表征

建设符合时代发展的行为文化是一种管理智慧，也是现代图书馆服务的一种新理念。而建设图书馆的行为文化，关键是要形成一套行之有效的图书馆人际关系规范、服务规范、图书馆营销规范等，并严格执行之。行为文化是图书馆形象的表征，良好的服务形象是图书馆的无形资产，透过优秀的行为文化展示，以优质高效的服务吸引着读者的眼神，不断地争取读者的脚步，这是图书馆一切活动的出发点和落脚点。

（四）制度文化是图书馆文化的保障

图书馆制度文化是指根据一定的办馆理念、目标、法制建立的图书馆制度。它是图书馆文化的里层，将会对馆员、读者产生规范性、约束性的作用，主要包括图书馆的各项工作制度、岗位制度、考勤制度等，是图书馆内外关系和行为方式的调节器，保证着图书馆各项工作得以正常运行及自身功能的实现。制度文化是实现图书馆文化建设的保障。

四、我国高校图书馆文化的价值表现及建设特点

（一）我国高校图书馆的文化价值表现

1. 文化精神引导价值

高校图书馆积极发挥文化精神引导作用是提高我国大学生文化素质的需要，有利于提高在校大学生的全面素养，以弥补人文教育的缺失，从而树立积极向上的人文精神，培养良好的思想品格，这也是建设和谐文化的需要。现在国内各大高校素质教育的不断深化，大学生对新鲜事物表现出强烈的兴趣和感知，他们求知欲强，思想活跃，他们不再把目光局限在课堂之上，网络的兴起，与他们的性格特点达成了契合。一个合理的精神引导非常重要，指引大学生青年树立正确的人生观、世界观和价值观，这同时也是构建和谐社会的精神需要。

高校图书馆作为学校教育的一个重要阵地。其作用之一就是发挥其文化精神引导作用。教育重在提升人的品味和精神。首先，高校图书馆通过文化引导对大学生精神层面和行为准则进行规范和提升，帮助他们完善自己的道

德品格，从而更有利于建立正确健康的价值取向。其次，高校图书馆的文化环境传达出一种积极健康、和谐稳定的环境氛围，这种文化渲染和熏陶会潜移默化的影响着人们的思想和情绪。在这样的高雅、赏心悦目的文化气息中，读者的心也会慢慢归于平静，进而形成一种自觉的学习动力，完成自我精神的塑造和提升。

因此，高校图书馆文化价值的主要表现之一就是文化精神引导价值。当前大学生正处于思想观念多元化、知识体系多元化、价值导向多元化的社会大环境下，高校图书馆是一个知识的海洋，是大学生吸取外界信息的重要渠道，在引导大学生思想道德素质教育中有着不可替代的作用。高校图书馆浓厚的学术氛围可以提高大学生的思想道德素质、科学文化素质和心理素质。

2. 文化资源保障价值

图书馆最初存在的意义就是保存馆藏文献或知识，后来才开始提供读者阅览和交流服务的。因此，保存文献资源可以说是图书馆一个古老而又永存的使命。高校图书馆的基本职能是保存各种文献信息，文献储存库的功能，这些文献信息不仅包括纸质形式的知识实体，还包括光盘、数据库、网络等电子数字型文献，以及以感光材料为载体的缩微文献磁性介质记录的声像型文献，记录活动信息，是人类各阶段文化的发展印记的缩影。

高校图书馆是文献收集中心、课程教学资源中心、各科知识信息中心和文化传播中心，其涵盖了国内外知名专家学者的专著、报纸杂志、小说传记等。因此，高校图书馆就是因文化积淀而生，是一个专门收集、整理、保存、归档、传播文献资源的知识宝库，它不仅是学术科研的服务机构，也时刻收藏和保藏先进文化和知识，掌握最前沿的学科发展动态，履行为师生科研服务的职能，其内在的文化资源保障价值是显而易见的。

此外，大学生获取知识仅凭课堂教学是远远达不到，必须靠图书馆提供的大量课外阅读材料，补充和巩固大学生在课堂所学到知识。目前，国内很多高校图书馆在利用网络搭建数字网络图书馆，这样更拓宽和丰富了图书馆的资料文献体系。因此，高校图书馆的知识存储功能在不断强化，不仅要提供大量专业信息，还能查阅到很多课外科普信息等，深受广大师生的欢迎。因此，在网络时代，高校图书馆通过纸制和电子数据等多种渠道保障文化信息资源，使高校师生在和谐的文化氛围中吸取更多的文化知识。

3. 文化信息传播价值

高校图书馆不仅是中华民族传统文化知识的聚集地，也是世界科学文化发展前沿的窗口。它肩负着传播先进文化，提高广大师生科学文化素质和牢固社会主义道德观念的职责，为社会全面进步和经济发展提供强大的精神动力和文化支持。

高校图书馆作为传播信息的媒介，不仅担负着信息及时、准确传播的责任，同时还是一个善于整合其他媒介的结合体，比如高校图书馆收录有重要影响力的书籍和报刊，包括报刊原件和文献信息，即使是在网络迅猛发展至严重威胁传统媒介的今天，数字图书馆的出现让高校图书馆在网络时代依然履行着其传播信息资源的义务。特别是随着计算机技术深入的发展和互联网络的普及，信息呈几何级数激增，高校图书馆具有从海量信息中筛选出有用资源的专业优势，与时俱进，利用信息网络技术，将收集、整理、归纳、查阅文献资料实现电子化、网络化、数字化，突破了传统的空间的限制，它不仅是广大师生读者的信息通道和知识宝库，而且掌握着各学科的新动态和社会发展的新趋势。因此，与其他更专注于传播数量而忽视信息质量的文化媒介来说，高校图书馆对于信息的选择具有敏锐的洞察力，在信息的有效传播中最能占得先机。高校图书馆在文化传播中蕴含着明确、科学的价值观念、行为模式，对社会科学文化的深入发展起到了积极的引导和促进作用。

高校图书馆将科学文化、思想理念等传递给广大读者，不仅是对人类知识文化的传播，更多的是一种人文、创新精神的传递和弘扬，是人类精神文明进步的重要途径。正是因为高校图书馆具有这种信息传播功能，使中华民族五千多年的灿烂文化得以流传至今，进而发扬光大。

4. 文化历史传承价值

图书馆对文献的贮存和积累，使大量文史资料得以保存，可谓是"弹丸之地，能藏千万卷"。正是有了图书馆的知识存储和积累，并通过广泛的传播，人类的知识和文化、精神才能绵延不断，代代传承，因此，在继承和发扬中华民族传统文化过程中，图书馆可谓是功不可没。

我国历史文化典籍资源十分丰富，这些灿烂的文化遗产都是不可再生的珍贵资源，是我们中华民族五千多年的智慧结晶，是维护民族团结、社会稳定和国家统一的重要文化基础。高校图书馆文化的传承功能不仅仅是在传承古籍文化中，而且高校图书馆文化对读者具有潜移默化的辐射、渗透、引导和影响的作用，是社会先进文化传承的重要载体，能够帮助广大民众抵制拜金主义、享乐主义、个人主义等落后思想的侵蚀，将社会主义和谐精神传承下去，为经济发展和社会全面进步提供强大的精神动力。

高校图书馆作为收集、整理、加工知识文化的重要机构，在继承我国优秀历史文化中起着积极的作用。高校图书馆拥有高素质的员工队伍，能够对散存、破损的历史古籍进行修复和保护，同时高校还会承办相关课题研究，对历史古籍文化进行深入研究，将中国几千年的文化留给我们的后世子孙。高校图书馆还会购买大量的电子图书，减少对纸质古籍的翻阅，这样也能间接保护古籍珍本不受破坏，高校图书馆将这些古籍文献进行电子化处理，让读者可以在线阅读，更扩大了中国古典文化的影响范围。

高校图书馆肩负着保存人类创造的文化遗产和文明成果的使命和责任，为人类智慧和文明的传承开辟了永久的通道，使历史文化宝贵财富的代代相传成为可能。

5. 文化人才培育价值

高校图书馆对丰富大学生知识体系，开启智慧，培养思想品德有着非常重要的作用。教育是高校图书馆的直接职能，"一流的大学必须有一流的图书馆，"这已经成为当今教育家的共识，高校图书馆在文化人才培育方面发挥的作用已经得到了充分的肯定。

高校图书馆在文化人才培育方面的教育方式大致有以下几种：对读者进行正确的人生教育、文化传统教育和爱国主义的教育，普遍地提高大学生的精神文明；对读者进行课堂补充教育，以图书馆的各种文献资料为基础，以学生自学为主，加深理解并扩充所学的课堂知识，实际上这是课堂活动的延续和深化，亦即图书馆是大学"第二课堂"的作用；对读者进行美学教育，即通过文艺作品的阅读与欣赏，对提高读者的文学水平与艺术素养发挥作用；同时，图书馆员在读者工作中，良好的职业道德和言行规范也能达到培养人、教育人的目的。现代化的高校图书馆不仅利用丰富的馆藏资源，进行导读服务，给大学生推荐必读书目，举办有关阅读的讲座，开展多种多样的读书活动和文化活动，鼓励学生多读书，读好书，从而达到改变大学生的阅读倾向，改变知识结构，提高人文素质，淡化读书功利性的作用。也利用优美的环境文化吸引大学生，充分利用这种良好的文化环境对读者进行无声的教育，使大学生思想观念得到熏陶感染。

针对大学生在利用图书馆中的不良行为,如破坏图书、窃书、损坏公物、占座、其他不良举止等,通过馆员的示范、被破坏物品的展示、读者的培训、以人为本的制度文化等方面来感化育人,亦是培养大学生责任意识、公德心的有效手段。

由此可见,高校图书馆拥有海量的藏书,宁静的学习环境有利于激发学生的学习欲望,进而形成自主学习的内驱力。同时图书馆是不同于传统课堂的另外一种教学模式,学生在这里可以自主选择学习,使学生更容易产生价值认同感,这种潜移默化的影响更有利于培养学生的综合素质。尤其是在当前思想意识多元化发展的今天,高校图书馆成了学生更愿意去的地方之一,因为在这里,学生能更多、更快地接触到科学、文化、思想的最前沿。因此,高校图书馆具有文化人才培育价值,为高校向社会输送优秀人才起到了重要的作用。

6. 文化知识创新价值

文化的创新以文化的继承为基础,以文化的交流整合为动力,为国家和民族的崛起提供不竭的源泉。文化创新是发展先进文化的重要途径,包括理念创新和内容创新两个核心部分。就我国国情来说,理念创新是指更新文化发展观念,形成新的文化意识;内容创新指的是在传统的文化内容以及我国特色社会主义文化建设已取得的文化成果的基础上,进行突破并生产出更优秀的文化产品。文化创新需要有足够的信息资源和培育空间,人们自觉地吸收文化知识,自出地迸发创新的思想火花。高校图书馆本身就是文化的聚集地,是专门收集、整理、保存、归纳、传承文献资料的地方,为文化理念创新提供培育氛围,为文化内容创新提供资源支持,不断给予文化创新以新的活力。

高等学校图书馆在实践文化服务的过程中势必要保证多元化文化的公平输入,这就为师生学习和吸收各领域文化,碰撞出创新的富有时代精神的文化成果提供了有利条件。高等学校强调的是素质教育,致力于挖掘和提高学生的综合创新能力,以教育、培养适应 21 世纪需求的创新型人才为己任。因此,高校图书馆对文化知识的创新价值是国家培育高技术人才,实施科教兴国战略的重要保证,也是国家创新知识体系中的重要组成部分。在新世纪,高校图书馆不再拘泥于传统的文献保存和传递,而是要与时俱进,不断创新,充分利用现代信息网络技术,搭建无空间、因界限制的知识网络体系,为高校教育营造更为开放的知识文化氛围。

（二）我国高校图书馆文化建设的特点

通过梳理高校图书馆的文化建设状况，可以发现许多图书馆尤其是名校图书馆都意识到文化建设对图书馆发展的重要性，且运用各种方式营造文化氛围，吸引读者参与，通过不断地服务创新、业务拓展、贴心服务以飨读者，收到良好的效果。主要体现在下列几个方面。

1. 注重阅读推广，助推书香校园建设

北京大学图书馆利用"读书节"等载体，开展系列读书活动，如读书报告会、书展、读者之星评选、主题征文和图书漂流等；上海交大图书馆的以"点亮阅读、启迪人文、弘扬文化"为主旨的 IC 人文拓展计划，通过"思源讲坛＆叔同讲坛""鲜悦 living library"等模块的活动，让阅读深入人心；重庆大学图书馆开通虚拟的"书友会"，让读者参与书评，力促对作品的理解，为阅读推广尽到图书馆责任；南京大学图书馆已把读书节打造成校园文化的重要标志和品牌，有力地推动了书香校园建设；郑州大学图书馆的"读书交流会"，成为阅读推广的一项常态化活动，根据不同的主题聚合读者，参与者众，效果不错，同时通过各种形式新颖的活动，力推阅读深入开展。这说明各高校图书馆皆认识到阅读推广的图书馆责任，主动担当，并在校园文化建设中努力尽一己之责，展现其文化内醒与文化自觉。

在网络及电子阅读大行其道的今天，国内不少高校图书馆的读者人数下降，传统阅读量增长缓慢甚至停滞不前，电子阅读量和人数却连续攀升。鉴于此，许多高校图书馆"服务因变而变"，努力探索新的阅读推广方式，吸引更多的读者来利用图书馆资源，以继续保持阅读大本营的地位。北京大学、上海交通大学等高校图书馆的阅读推广方式值得肯定。

2. 创新服务举措，重视读者参与

一些高校图书馆通过拍摄营销视频以达到读者参与同图书馆宣传的有机结合，如北京大学图书馆的微电影"天堂图书馆"；清华大学学生自编自导自演的"爱上图书馆"系列短片；郑州大学图书馆的"影摄书香"微电影大赛，不仅吸引众多读者的参与，而且由于在微博、网站上发布，很好地宣传了图书馆的资源、环境和服务。郑州大学图书馆的"读书达人秀""一战到底""朗诵快闪"等活动，集聚学生读者的智慧，极富创意，有效地促进了阅读。另外，北京大学图书馆的毕业墙设计，独特新颖，赢来广泛关注，成为校园文化一景。审视上述高校图书馆的创新服务举措，会发现读者参与的最大特点就是实现了图书馆与读者之间的交流互动。在这个互为影响的过程中，馆员与读者在知识、能力等方面呈现出互补性，不仅启迪了思维，拓宽了视野，促进了知识的转化和升值，而且给图书馆注入文化活力与发展动力，有效地规避了因图书馆自身的局限性而带来的发展限制。

3. 体现网络环境下的文化特色，提供贴心服务

清华大学图书馆整合网络资源，并在本馆书目系统、水木搜索和主页中嵌入社会化元素，倾力打造泛在服务；南京大学图书馆开启"智慧图书馆"服务，如"Book+"，嵌入用户环境，服务贴心周到；中山大学图书馆的"智慧搜索"，融合平台聚合资源，考虑用户体验，凸显关怀；凡此种种，反映了"以人为本""用户至上""读者第一""人性化服务"等观念已深深融入图书馆服务理念中，并努力践行之，体现出从重"物"到重"人"的新时期文化特色。

第三节　高校图书馆文化建设的创新策略

高校图书馆是为大学的教学科研服务的，传承文化是图书馆的使命。当前，社会环境以及大学教育环境发生了巨大变化，图书馆必须根据学校的发展目标及社会要求为人才培养作出更大的贡献，必须融入学校的发展战略中，与大学文化建设紧密融合，并结合时代特色，整合资源和优势，创新服务，凝练特色，努力建设富有创意和充满活力的高校图书馆文化。

一、强化宗旨意识，提升图书馆精神

宗旨是引领是指南，精神是能量是动力。强化宗旨意识，提振职业精神，是实现组织目标、发挥组织社会功能的必然要求。图书馆应从核心价值观出发，建立图书馆的价值体系，加强图书馆精神培育，明确使命与和愿景，进而将内化的组织文化外化成组织行动。

（一）牢记宗旨不忘使命，开展图书馆核心价值教育

图书馆宗旨，图书馆事业的灵魂和航标。对馆员进行恒常的核心价值教

育，能促进员工的图书馆"情意"的培养，尤其是面对图书馆员的职业倦怠和困惑，用责任感与使命感，唤起与提升图书馆员的自信心，感召与激励图书馆人蓬勃向上，增强图书馆内部的凝聚力和向心力，这是提升图书馆核心竞争力进而推进图书馆事业发展的必然选择。

（二）强化团队意识，提升图书馆精神

团队意识，简言之就是大局意识、协作精神和服务精神的集中体现。团队精神的核心是协同合作，最高境界是全体成员的向心力、凝聚力，反映的是个体利益和整体利益的统一，进而保证组织的高效率运转。强调通过队员奋斗得到的成果超过个人业绩的总和。图书馆馆员具有不同的专业背景，要通过团队训练，发挥各自的特长，取长补短，形成团结向上的合力，共同致力于图书馆的发展。图书馆精神，它是一所图书馆在长期办馆历史的文化积淀中所形成的独特的精神特征，是图书馆这个职业所秉承的价值观，是一种职业操守和追求。图书馆精神是文化建设的核心与灵魂，是图书馆生命力、创造力和凝聚力的源泉。高校图书馆必须重视精神的培养，塑造默默无闻、勇于牺牲的红烛精神；读者第一，服务至上的敬业精神；甘为人梯，为人作嫁的奉献精神；以馆为家，馆兴我荣的集体精神；言传身教，为人师表的表率精神；刻苦钻研，顽强拼搏的进取精神等。通过价值观教育和精神引领，形成"爱馆、敬业、诚信、友善"的精神风貌与工作态度，并通过馆员的一言一行展示出来，进而影响和感染师生。久而久之，让读者觉得图书馆有一种精神存在，能深深地吸引他们。

提振图书馆精神，要紧紧与大学精神联系在一起，这是图书馆职责与角色决定的。亦唯其如此，才能把大学文化建设的任务落实到具体工作中，图书馆精神营建的价值才更具实际意义。

二、围绕学校发展目标和读者需求，深入嵌入用户环境

（一）图书馆的发展与学校事业的发展息息相关

高校图书馆应紧紧围绕学校的战略规划与发展目标，紧扣学校发展的需求制订计划、开展工作。应围绕"以师生为本""以用户为导向"，满足现实需求，预测将来之需，把树立用户满意的服务理念作为文化建设的落脚点。

并深度嵌入用户环境，增强服务的渗透力和辐射功能。

尽管网络环境下用户的信息行为和信息资源的组织方式发生了深刻的变化，但利用信息资源过程中仍有很多人需要图书馆员的帮助，因为图书馆员具有良好的专业水平，而馆员与读者间具体、细微的朋友般交流，正是互联网巨头所缺乏的。把虚拟参考转变成相互合作，将使得图书馆员能够以更亲切、更对等的姿态参与到读者的信息空间中，同时也给新时期的图书馆员提出了更高的素质要求。

随着高校学科建设的蓬勃开展，图书馆在做好普遍服务的同时，应积极思考如何向深度延伸，如何深入学科为科研用户提供嵌入流程、全程跟踪的服务。探索深层次、专业化、知识化学科服务的有效路径，整合、挖掘图书馆资源优势和专业服务能力，切实将服务落实到院系、学科、落实到每位师生的具体需求中去。

（二）读者的满意度是衡量图书馆服务质量的最终标准

品质文化建设的核心是提供优质服务，这也是图书馆发展的生命线。因此，要注重读者服务研究，紧跟读者步伐，服务因需而变，适时地开展各类调查，问需于读者。读者的需求是图书馆员一切工作的出发点和落脚点，力求服务开展、活动设置都切实来自读者意愿。此外，读者希望馆员不仅专业、敬业，更要有亲和力。因此，要求馆员换位思考，做到亲切、微笑、耐心、周到，对工作充满激情，变被动服务为主动地嵌入、个性化服务，以更优质、高效、专业地服务于读者。通过馆员的言谈举止、品格气质、工作作风和治学态度等，言传身教，影响和吸引读者，使学生在此得到美的教育和享受。

大学的发展变化、读者的需求变幻，乃是图书馆发展的生生动力，是挑战亦是机遇。面对新环境、新需求、新挑战，大学图书馆的资源建设、管理与服务应该及时地做好应对，积极了解和主动适应用户需求的变化，集成多种资源变为"知识的喷泉"，立足长远跟进服务，深入嵌入到用户中去。如此，图书馆才能获得永续发展。

三、狠抓人才队伍建设，建设新型组织文化

"以人为中心"的管理，是现代图书馆管理的核心内容。员工是图书馆最活跃的因素。图书馆的理念、宗旨和发展目标是依靠员工来实现的，员工的

素养以及员工的图书馆"情意"对图书馆的发展起了关键作用。因此，"人"始终是图书馆存在和发展的动力和支点，其代表着图书馆的文化品味，图书馆文化建设应围绕"人"做文章，通过队伍建设以提高人员素质，通过建设组织文化来塑造、激励、凝聚员工尤为重要。

（一）多层次立体化提升馆员素质

大学图书馆始终需要面对不断变化的信息环境、用户需求环境和技术应用环境，因此，馆员需要通过不断地学习新知识来适应这种变化，做学习型馆员。南京大学信息管理学院徐雁教授在全国阅读推广高峰论坛上提出，"学习型馆员"应具备五个时代性特征：第一，重视阅读，始终坚持"终身学习"理念不动摇；第二，追求创意，善于在业务实践中不断挖捆新元素；第三，服务第一，真诚保持与用户的沟通和互动；第四，勇于进取，自觉站在社会新文化与时代高科技的最前沿；第五，志存高远，努力从学习型起步成长为一专多能的研究型人才。"学习型馆员"的五个人文内涵在于：第一，爱岗乐业的专业主义精神；第二，博学杂览的知识学识底蕴；第三，灵活周全的公共关系能力；第四，用户至上的文献服务水平；第五，与时俱进的学科前沿意识。另外，上海交通大学图书馆在人才培养方面独树一帜，值得借鉴。该馆制订详细的培训计划，根据培训内容的不同而区分培训对象，分为全体馆员、面向读者的一线馆员、咨询馆员与学科馆员、服务支持馆员、新进馆员等。培训形式包括讲座与报告、专题研讨与演练、参与馆内的项目（任务、兴趣）小组、旁听专业课程、参与国内外学术会议等。

（二）多形式全方位丰富组织文化

根据马斯洛的需求层次理论，人除了生理上的需求，还有安全上的、情感上的、被人尊重以及自我实现的需求。除了员工自身的内涵建设之外，图书馆组织要给予员工生活上的关心和尊重，制度上给予更多的保障，以提高馆员的归属感与忠诚度，进而以主人翁的精神投入到工作中，"以馆为家"，爱馆、爱书、爱读者，并为图书馆发展献计献策。开辟馆员讲坛，发挥员工特长，倡导分享共促提高的理念；举办"从业抒怀"等主题演讲，培育并浓厚图书馆情怀。充分发挥图书馆工会的作用，开展各种有意义的活动，利用各种节日送祝福送温暖，如馆里领导针对馆员特点为员工量身定制生日祝福，让人获得更多尊重与认可，倍感集体和谐的文化氛围和家的感觉。用榜样的力量来团结和凝聚队伍，用正能量来塑造与激励员工，使他们立足岗位，奋发进取，树立职业自豪感。

四、凸显人文关怀，打造"会发声"的文化空间

信息技术被应用到图书馆领域的初始阶段，许多大学图书馆，有着美观的建筑、有海量的纸质和数字信息资源、有最先进的技术设备、有宽敞明亮的环境，但是读者寥寥，门可罗雀。功利主义和"惟技术"的"工具化"倾向，忽视了读者层次的多样性与需求的多元化，忽略了科学技术的文化价值内涵而吞食了图书馆的人文基础，让图书馆变得越来越没有"人味"，这是文化缺失的后果。"会发声"的文化空间，是一个使读者产生愉悦、引发学习乐趣以及可亲近的空间，是一个不断让读者流连、回望的地方。冰冷的书架和单调的阅览桌椅、拥挤的空间及昏暗的灯光，是读者对早期图书馆的记忆。随着时代的进步，人们对情感体验，对阅读的空间环境有了更多期待。而图书馆作为一个社会存在，是顺应着社会的文化需要而存在的。即使是古代的藏书楼，也不无彰显着深厚的文化底蕴。

大学图书馆，是信息资源的集散地，是学校、展览馆、博物馆、音乐厅、文化讲坛、新书推介中心、学校交流场所、新技术体验中心，应努力以人为基点，做好"人本"文章，打造以"人"为本的空间，凸显人文关怀。一些公共图书馆的做法值得借鉴，如杭州图书馆就着力营造一种非常让人向往的文化氛围，它的目标是"平民图书馆，市民大书房"，以各具特色的大厅空间、阅览空间、休闲与交流空间，为读者提供不同的服务和环境体验。设计呈现中式古典与欧式高贵相融的风格，采用大开间、无障碍、软分隔的空间布局，简约大气，温馨舒适，配以先进的自动化服务系统，给市民带来全新的体验。

五、提倡读者的深度参与，促进图书馆管理与服务的创新

在广袤无际的互联世界里谷歌、百度等搜索引擎带来了极度便捷，出版发行、媒体、信息服务部门、社会文化机构等的不断产生，人们不用去图书馆就可利用丰富的电子资源和服务，图书馆面临着全方位的挑战。冷静思考图书馆建设的文化要义，挖掘优势、凝练特色、创新服务，是图书馆发展的必由之路。图书馆文化建设要加大与读者的互动交流，促进读者深度参与，

如成立书友会、志愿者协会、学生管理委员会，勤工助学分队，学生顾问等学生组织，举办读书交流会、研讨会，举办校园辩论赛、世界名著影视欣赏等活动以促进交流增进沟通。毫无疑义，图书馆若远离了读者实际，其管理思路是狭隘的，其服务是受到限制的，其发展必是没有生命力的。清华大学图书馆自建馆早期就开始吸收学生读者参与图书馆管理，参与渠道包括勤工助学图书馆分队，职责是开架库区日常管理以及阅览室自习室值班；"三助"（助教、助管、助研）岗位，主要参加信息服务、教学助理、系统开发与维护等；学生顾问岗，主要任务是加强联系，是图书馆与读者的桥梁。此三岗经多年的发展，已成为图书馆的有机组成部分，并在学生群体中形成了一定的品牌与影响力。清华大学"爱上图书馆"系列短片就是团队合作的成果，得到了广泛的好评，值得业界仿效或借鉴。

读者作为馆内的一分子，与馆员并肩工作，赋予了其主人翁意识与责任感。一方面，读者有了锻炼的机会，另一方面使得图书馆借力读者，超越自身局限，有效地缓解馆员自身的局限和读者服务无限性之间的矛盾。通过融入用户的学习工作及生活空间，构建了图书馆与读者共生共赢、良性互动的生态。

学校图书馆的读者主要是广大学生，他们正在接受高等教育，大多有着较强的民主意识和参与图书馆管理的积极性，对图书馆存在的问题及如何改进有更多的发言权，提出的意见也具有建设性，而且他们兴趣广泛，创意无限，图书馆要因势利导，为学生提供更多的平台与空间，积极拓宽合作渠道，创造一个积极、和谐、创新的环境氛围，努力把图书馆塑造成读者的精神家园。图书馆是不断生长着的有机体，将随着社会、学校的发展而不断丰富和发展，而创新，是图书馆进步的不竭动力，读者的深度参与，是聚集学生的智慧与创意的有效路径，有利于促进图书馆管理育人、服务育人；有利于人才培养和成长成才，推动图书馆事业向前发展。

六、重视阅读推广，创新阅读文化

（一）阅读推广是图书馆的天职

国民阅读力是国家竞争力的重要指标之一。大学是文化引领的楷模，是积聚内涵、夯实基础、放飞梦想的地方。大学图书馆是精神文明建设的重要阵地。它有着丰富的文献信息资源，在保存优秀的传统文化、引领文明潮流、开展终身教育等方面为社会其他机构所不能替代。推广阅读是图书馆的天职，目前还没有任何社会机构在这一功能上可以取代图书馆。

图书馆精挑细选提供的专业化的数据库及多学科数字资源，可以让读者坐拥书城。正所谓"书山有径斯为径，学海无舟是乃舟"。阅读，要到图书馆，天下读书人，要学会利用图书馆。而这一切都是要靠图书馆的阅读推广工作来实现。促进全民阅读，是图书馆义不容辞的职责，也是图书馆生存与发展的重要使命。

目前，高校图书馆纷纷以自身的资源优势、空间优势、人力优势，主动融入教学科研和校园文化建设的主旋律，着力开展阅读推广活动。如北京大学图书馆，专门成立了阅读推广小组，围绕"4·23 世界读书日"，推出一系列活动：优秀图书展、主题读书讲座、经典电影展映、未名读者之星评奖等，活动取得显著效果，受到师生热烈欢迎与好评；武汉大学图书馆在第十八个世界读书日到来之际，举办了以"品味悦读馨香，张开梦想翅膀"为主题的系列读书节活动，包括"书史巡航——中国书史展、阅读人生——名师读书荐书、悦读你我——真人图书面对面、艺文盛宴——珞珈阅读广场"等 12 个丰富多彩的读书节专题活动，希冀通过活动，让"书香武大"馨香浓郁，让"追梦成才"充盈珞珈。

（二）积极应对数字时代高校图书馆面临的挑战

在网络与信息技术高度发展的当下，人们的阅读习惯及获取信息的方式正在悄然发生改变，越来越多的人依靠网络获取各类信息，只要手持接入网络的 iPad、手机等便携式移动终端，便可实现泛在化阅读，不受时间与空间的限制。微阅读，渗透并改变着人们的生活。所谓微阅读，是一种借短消息、网文和短文体生存的阅读方式，是阅读领域的快餐，如口袋书、手机报、微博等，其最大的特点是快捷、及时，利用人们碎片化时间浏览信息。加上谷歌、百度等搜索引擎的方便与智能，足不出户便知天下事，于是越来越多的人认为不再需要图书馆，甚至在图书馆界也曾掀起"图书馆消亡论"的热议。

事实上，微阅读只是一种浅阅读，在满足人们实用性和消遣性的同时消解了需要深入阅读时的沉潜心态，但微阅读并不适用于所有文本，也不能替代其他阅读方式。人们知识的深入，并非单纯地取决于信息量的累加，是需要静下心来研读，才能达到深层次的理解与提升，才能在克服浮躁的同时让文字和思想热起来。高校图书馆应通过精神文化塑造、文化空间打造、服务文化创造、优秀资源推介等举措，努力优化阅读环境，积极应对数字时代高校图书馆面临的挑战。

（三）开展富有文化创意的阅读推广工作

图书馆的全民阅读推广工作应与时俱进，站在时代的前列，让信息转化为知识，继而让知识转化为人生和职业的智慧，最后用这样的智慧指导我们理性化的生存和活动。在推广工作上要富有创新精神，用创新型阅读文化引领阅读推广，促进阅读推广工作的转型升级。如武汉大学图书馆的小布、郑州大学图书馆的读书达人秀、南阳师范学院图书馆的书模表演，将时尚的方式融入图书馆的阅读推广活动当中，抓人眼球，吸引力强，收获良好的效果。

1. 阅读推广观念上的转变

从以往侧重在倡导"阅读情意"（重要性）的培育，转向夯实"阅读价值观"的广泛人文基础。如读者阅读需要的激发、阅读兴趣的培养、阅读爱好寻求等，从本质上着手，让读者感觉"我要读"，而不是"被阅读"。

2. 阅读推广思路上的转变

从努力追求"全民阅读推广"领域成就的全面开花，向不断争取"分众阅读指导"方面努力。高校图书馆的读者工作，可就不同的阅读群体，不同的兴趣和爱好，细分读者对象，分类规划与指导。同时要合理规划馆舍布局，调整改善馆藏结构，满足读者阅读需求。此外，要加强馆员培训管理，提升馆员专业与服务水平，并优化阅读推广服务流程。

3. 是阅读推广形式上的创新

以"读者自主型阅读"为基础，努力开创"馆员导航式阅读"，如馆员导航的图书漂流活动；编写推荐书目，引导读者阅读；开设论坛讲座，提高读者阅读水平；举办文化展览，培养读者综合素养；策划大型演出活动，提高图书馆知名度；组织馆内活动，吸引读者到馆；设置读书俱乐部，提高读者黏性等。

4. 阅读推广合作上的创新

图书馆可以通过多方合作，如图书馆与图书馆之间的合作，图书馆与院系、学者的合作，并拓宽活动思路，丰富活动形式，面向更多的人群推广阅读，让更多的人走进图书馆，爱上阅读，以不断开创阅读推广工作的新局面。

七、策划图书馆营销，建设良好的公共关系

图书馆要加大对外宣传力度，要有营销战略，敞开大门，让更多的读者了解图书馆、利用图书馆。资源再好，设施再先进，如果不被利用便是最大的浪费。因此，需要通过校内外媒体，甚至是政府渠道，多形式全方位加大宣传，让资源发挥最大效益。营销是手段，良好的公共关系是目的，二者相互促进，相辅相成，缺一不可。

（一）建立良好的图书馆公共关系

互联网时代，社会组织之间、单个的组织与社会大系统之间发生着各种各样的联系。任何一个组织，要求得生存和发展，都离不开公众的支持，任何关门自守、与世隔绝的结果必将遭来淘汰。高校图书馆是一个与公众有着广泛联系的社会组织，必须重视公共关系文化建设，与社会各界协调、合作互动，赢得支持，满足需求，才能更好地发挥作用，实现图书馆事业的长足进步。

图书馆公共关系包括对内和对外两种。对内的对象是馆内全体员工；对外的对象有政府主管部门、学校相关部门、图书馆学（协）会，读者、图书馆界同行、新闻媒体、出版社、数据库商、书店等。一般来说，图书馆开展公共关系应遵循公众原则、美誉原则、互惠原则、长远原则、沟通原则及针对性原则。增进图书馆与社会的公共关系，必须改善和塑造图书馆的社会形象，通过促进图书馆服务，促进资源的利用，影响用户对图书馆的认知与利用，进而提升图书馆的社会地位。

（二）精心策划图书馆营销

图书馆营销，这是一个由主动的态度和以人为本的观念构成的服务理念，是一种新型的图书馆服务文化。它以"主动"替代"坐等"，通过策划、宣传、沟通等传达信息，取得理解与支持，进而实现自身目标。图书馆营销可采用以下方式。

第一，利用印刷品进行宣传，如印发馆办刊物，制作小册页等；第二，拍摄视频宣传片，当代大学生是"数字土著"一代，喜欢新鲜时尚的事物，

可利用移动设备、视频媒体进行宣传；第三，通过标志性建设以提高文化内涵，如馆服、馆训、馆徽、图书馆之歌；第四，利用物品、多媒体、招贴画、Logo 等进行宣传；第五，利用报纸、电视、广播、网络、论坛、微博、博客等进行宣传；第六，借助学生社团、学生团队进行推广，如学生管理委员会，学生志愿都团队，勤工助学分队，学生顾问等，通过他们的介绍、联络和宣传，效果往往会超过图书馆本身的任何一次宣传活动；最后，通过举办各种活动来宣传图书馆。图书馆的宣传要利用各种途径和方法，放弃某一种途径，就意味着放弃了一个对象群体。建立良好的公共关系，还需要发挥自身优势。高校图书馆可利用自身的人才与资源优势，强化信息职能，拓展服务内容，扩大服务对象，努力走向社会，与当地文化共建，延伸服务触角，承担社会责任，践行大学的"服务社会"之使命。不少公共馆的做法值得借鉴，如国家图书馆的"文津讲坛"、浙江图书馆的"文澜讲坛"、上海图书馆的"上图讲座"等，这些馆开展的系列讲座活动，效果十分显著。

第四章

高校图书馆的数字化建设

第一节 数字图书馆的理论基础

一、数字图书馆的含义与特征

数字图书馆是一个跨部门、跨领域的信息开发、建设、服务综合体，到目前为止，它仍是不断变化的新生事物，难以拿出科学完整而又公认的定义，但可以对它作如下的描述：数字图书馆是通过对有价值的图像、文本、语音、影像、影视、软件和科学数据库等多媒体信息进行收集，组织规范性地加工和压缩处理，进行高质量保存和管理，实施知识增值，并在广域网上实现跨库无缝连接和智能检索的电子存取服务的知识中心。

数字图书馆以信息资源的数字化加工、存储、管理与传输为主要特征，它的出现对于普通人来说是"阅读的革命"，对于图书馆来说是"服务方式及内容的革命"，是"服务功能的延伸"。与传统图书馆相比，数字图书馆有其独特的特点和功能。而这些正是传统图书馆的未来发展方向。

一是实体虚拟化。数字图书馆消除了传统图书馆的实体及时空限制，它是一组由计算机、服务器等设备组织起来的电子设备，通过网络向外延伸，形成一个虚拟馆舍，数字图书馆创造了一个奇特的"信息空间"，用户对馆藏的利用不再受地理位置及时间的限制。

二是"馆藏"数字化。它的"馆藏"是用"0"和"1"来表示的，要借助于计算机技术才能显现出来的数字信息资源。

三是传递网络化。数字图书馆的服务，通过以网络为主的信息基础设施来实现。通过计算机和现代通信网络为用户提供服务。

四是资源共享化。数字图书馆信息传递的网络化带来了信息服务的跨时空、信息利用的开放化，以及信息传递的标准化与规范化。实现了跨地区、跨行业、跨国界的资源共建的协作与资源共享。

五是结构的连接化。数字图书馆依托互联网，以高速、大容量、高保真的计算机和网络系统，将世界各国的图书馆和无数台计算机联为一体。实施分布式管理，其模式为面向用户的分布式网状结构，涵盖多个分布式、超大规模、可互操作的异构多媒体资源库群。用户经友好的界面引导，通过高速宽带网，方便地链入资源存放地，得到高效跨库、无缝连接的信息内容。

二、数字图书馆与传统图书馆的关系

数字图书馆是在传统图书馆的基础上发展起来的，因此，它与传统图书馆之间有许多相似之处，随着网络技术的发展，网络化的数字图书馆为传统图书馆的进一步发展提供了机遇，未来的图书馆将是一个数字图书馆与传统图书馆相互依存，互为补充的复合型图书馆。

（一）数字图书馆与传统图书馆的比较分析

尽管数字图书馆与传统图书馆的业务具有相似之处，但是由于操作环境特征的变化，使得完成这些业务的方式完全不同。相对于传统图书馆的各项服务功能，数字图书馆可以看作是其服务功能上的补充和延伸，具有实质性差距。数字图书馆与传统图书馆相比，无论在内容和形式方面都有很大的不同，数字图书馆中不仅收藏、流通纸型文献，而且也收藏非纸质文献。光盘、录音带、缩微胶卷、激光视盘、机读书目数据等电子出版物的入藏使得载体内容丰富、实用、生动、形象。文献存储向数字化的发展，使更多的文献信息以电子形式存取，大大拓展了图书馆的内涵和外延，使现代图书馆的藏书体系不再是封闭的自足体系。

此外，在传统的场地服务外，计算机所提供的多途径检索，也为读者提供了极大的方便。同时，随着网络建设的进一步发展，从根本上改变了文献信息传递、获取的速度和方式，通过互联网读者就可访问图书馆的信息资源。

总而言之，数字图书馆相对于传统图书馆，在文献载体、藏书目的、管理方式、服务观念与手段以及竞争能力等方面有了长足的进步与发展。

（二）数字图书馆与传统图书馆之间的联系

图书馆是历史连续中形成的一个很广的文化概念。在人类文明发展史上，藏书使得悠远的历史连成线索。在我国，图书馆最直观地体现了我们民族绵延了五千多年的传统文化，人们更多地将图书馆理解为传统文化的一部分。尽管数字图书馆与传统图书馆、现代图书馆存在诸多差异，且在很多地方优于传统图书馆，但是传统图书馆并不会退出历史舞台，它还将继续存在于现实中。传统图书馆中经几千年积淀下来的藏书就是现代图书馆的物质基础，在现代仍然发挥着巨大的作用。此外，传统图书馆的业务工作流程、规范、标准在一定意义上仍然影响着数字图书馆的发展方式和进程，其整体观念和群体意识在现代数字图书馆建设中仍然占有十分重要的地位。

未来图书馆的发展方向是图书馆界极为关心的问题，目前国内外已有许多不同的论述，并形成了理论上"消亡说"和"辉煌说"。尽管这两种说法极为对立，但是，图书馆作为搜集整理、保存并提供社会成员共同利用文献信息的社会机构，仍将会长期存在下去。而大量纸质文献的存在，也是一个极其重要的因素。

（三）数字图书馆的优势

在数字图书馆建设中，以传统图书馆为基础的数字图书馆将成为各种类型数字图书馆的主休，这是毋庸置疑的。因为以传统图书馆为基础构建的数字图书馆具有以下特征和优势。第一，经济性。如果没有传统图书馆对大量文献的收藏、组织加工和处理，数字图书馆在起步、维护、发展等各方面均需要巨大的投入。第二，公益性和服务性。在数字图书馆时代，以传统图书馆为基础构建的数字图书馆仍然具有公益性和服务性的显著特征，这保证了其在网络信息服务市场中，相对于各种以赢利为目的建设的"数字图书馆"具有较高的竞争力。第三，权威性。与虚拟的数字图书馆不同，传统图书馆拥有一套科学严谨的信息组织方法和专业干部队伍。因此，在信息资源的选择、质量控制、组织加工及传递等各个方面，可以确保所提供资源的"纯洁性"和服务的质量，具有较高的权威性。

从广义上看，数字图书馆是一个分布式的网络信息选择、采集、组织加工和传递的概念，它可以表现为一个网站、一个虚拟的网络资源集合乃至一个网络电子书电子期刊、数据库等。但是，这并不妨碍传统图书馆与数字图书馆理论和技术的融合，并且这种融合将具有巨大的竞争力。因此，数字图书馆并不是终结和否定了传统图书馆，相反在传统图书馆基础上建设的数字图书馆可以进入一个更加广阔的发展空间。

三、数字图书馆的作用

信息技术、通信技术、网络技术等的发展推动了数字图书馆建设的迅速发展，数字图书馆建设对一个组织、一个国家，甚至全世界影响重大。其作用具体可以概括为以下几点。

（一）数字图书馆是一个数字资源中心

传统图书馆在向数字图书馆转化的过程中，积累了大量的资源，为了能更好地保存资源，利用资源，资源的数字化是一种有效手段。经过几十年的发展变化，日积月累，数字图书馆拥有了海量的数字资源，此类资源包括卫星、遥感、地理、地质、测绘、气象、海洋等科学技术数据和人口、经济统计数据等。数字图书馆的建设很大程度上首先是一个数字资源中心的建设。数字图书馆的资源主要来源于早期的纸质资源数字化。近几年，随着网络技术的发展，电子出版物日益成为数字图书馆数字资源的主要来源。目前，互联网也是数字图书馆数字资源一个庞大的来源地，通过对网络资源的加工整理，有越来越多的资源可供数字图书馆使用。

数字图书馆首先是资源的数字化，只有充足的数字化资源，才能通过网络为广大用户提供优质的信息服务与知识服务。

（二）数字图书馆是一个教育平台

在现代社会工作生活环境下，人们需要进行终身学习。但受到时间等因素的限制，每个人重新进入大学学习是不太现实的。网络化数字环境下，数字图书馆成为业余教育中心、在职教育中心，甚至趣味教育中心。在这里，人们可以开展各种有益的学习与沟通，进行文化的、休闲的、娱乐的学习，从而丰富人们的生活，促进人们素养的提高，为整个人类发展做出贡献。

（三）数字图书馆是传承文化的平台

图书馆承担着保存和传承人类文明的重要职责。在人类社会数千年的历史发展进程中，图书馆随着社会的发展而发展。在我国，图书馆的发展已有百年历史，尤其是在改革开放以后，我国形成了相对完善的公共图书馆服务体系，为提升全民族素质、推动社会文明进步做出了重要贡献。

数字图书馆也是传承文化的平台，通过数字图书馆，各种文化在这里得以延伸，人们通过网络就可以更方便地了解和学习各国文化历史；它也为各民族、各国家的文化的继承与发扬提供便捷的工具平台。这里所指的文化平台，主要包括图书馆、博物馆、档案馆、大学、政府部门提供的各种文化资源。人们通过这些文化平台，可以便捷地获取相关的历史文化知识，加深民族认同感。通过该平台，可以向世界展示各自的经济、文化等各个方面的发展水平，为人类的文明进步和发展做出应有的贡献。

（四）数字图书馆是传统图书馆向现代化图书馆发展的必由之路

国家图书馆名誉馆长周和平较好地诠释了数字图书馆发展的必由之路。他指出，自 20 世纪 90 年代以来，计算机技术、网络技术和信息处理技术迅猛发展，深刻地改变了人们的学习方式、工作方式、生活方式和思维方式。20 世纪 70 年代，第一台个人计算机出现。此后，计算机性能不断提高，迅速普及。与此同时，互联网开始进入人们的生活。1994 年，中国正式接人国际互联网，网络作为一种新的信息交流和通信工具，成为人们获取信息的重要来源。信息处理技术和多媒体技术飞速发展，并且得到广泛应用，越来越多的文字、图片、声音、影像资料以数字形式出现，成为影响社会发展的重要力量。越来越多的国家开始认识到信息对于提高国际竞争力，增强综合国力的重要性，并且相继提出了"信息高速公路"计划，建立信息网络，支持国家创新与经济社会发展，人类社会快步进入一个前所未有的信息化社会。在此背景下，数字图书馆作为网络环境下一种新的信息资源组织与服务形式应运而生。数字图书馆是网络环境和数字环境下图书馆新的发展形态，它利用现代信息技术，对海量、分布、异构的数字资源进行整合，形成有序的整体，通过各种媒体提供友好、高效的服务，使人们随时随地获取信息和知识。数字图书馆具有四个显著特点：一是海量的资源规模；二是有序的资源内容；

三是基于多种媒体的服务；四是高度共享的平台。

正因为具有上述特点，数字图书馆作为图书馆发展的新形态，是图书馆在网络数字环境下的必然选择和必由之路，其迅猛发展为传统图书馆提供了新的发展机遇和广阔的发展空间，大大提升了传统图书馆的服务能力，拓展了服务范围，丰富了服务手段，由此深刻地改变了人们的学习习惯和获取知识的方式，因而越来越受到世界各国的普遍关注和社会公众的广泛欢迎。

（五）数字图书馆能加快全球信息化进程

数字图书馆可以实现知识共享，缩小数字鸿沟。数字鸿沟又称为信息鸿沟，它的本义是数字差距或者数字分裂。在互联网时代，个人计算机的主要用途已经由计算转化为信息搜索、信息交换和信息处理了。所谓"知识鸿沟"，就是一方面闲置着大量的劳动力；另一方面，这些劳动力却因为知识储备不足而无法被吸收到最具价值创造潜力的、占国民经济总额高于70%的经济过程中去，从而不得不拥挤在只占国民经济价值总额30%以下的传统农业和工业部门内。由于数字鸿沟的存在，造成许多不均等的机会，主要表现为三点：一是富国的先行优势；二是美国国内贫富分化的社会问题；三是工作学习和生活的分化。数字鸿沟即是数字机遇。

数字鸿沟实际上是一种创造财富能力的差距。中国如何抓住机会，实施方法得当的技术融入，跳过这一差距，直接进入信息技术和电子商务领域，是摆在我们面前的重要问题。在数字时代，计算机与互联网是日常生活中最重要的部分，图书馆特别是公共图书馆为公众开启了一扇通往全球的信息之门，将全世界的信息带到每个社区，使所有社区成员能获取电子资源并发展其技能，使之参与到全球经济活动中来，这是图书馆对社区乃至国家的主要贡献。

正因为数字图书馆对社会影响巨大，各个国家、各个组织都在加紧实施数字图书馆工程项目，希望借此来加速信息、知识的共享，实现经济的新一轮发展。

四、数字图书馆的功能

（一）透明的信息环境

像空气一样的方式存在的泛在知识环境可为人们提供透明的信息环境。

目前的数字图书馆以计算机为载体，以互联网为介质，在一定程度上限制了人们对信息的获取，而泛在知识环境将为人类社会搭建一个透明的、无处不在的信息环境平台，而数字图书馆将是保证此平台运转必不可少的工具与设施。透明的信息环境不但可使人们随处获取信息，而且还可将用户感兴趣的信息主动发送到用户身边，其实现方式类似于现在的手机定制业务。泛在知识环境下数字图书馆将信息环境透明化，这不但能大大缩小人与人之间数字的鸿沟差异，而且将彻底改变目前的信息获取不平等现象，实现国际图联所一直倡导的信息获取均等化。

（二）共享的知识空间

知识是信息的高级形式，是经验的固化，用作识别万物实体与性质的正确与否，人们对知识的掌握、理解与社会文化差异、个人智力水平差异和相关知识的表达、运用环境有直接关系。现在的数字图书馆在知识供给方面所营造的是一个封闭的知识仓库，所提供的知识均以数字图书馆内的数字知识资源和提供知识服务的馆员为中心，一方面，这样可能会由于其所存或所掌握知识不全，使用户未得到全面的知识内容；另一方面，这样单方面的只允许外面的用户去仓库中"拿"的单向交流方式不但会使用户在知识理解上产生障碍，而且会由于不了解用户所需知识的内在心理与外在环境产生所供知识的偏差。

（三）泛在化的智能服务

泛在知识环境下数字图书馆的服务功能将大大扩展和延伸，将突破馆员的"图书馆空间化""距离化"和工具的"体积化""机械化"的限制，实现馆员的"广泛空间化""零距离化"和工具的"随身化""智能化"的新服务功能。一方面，泛在知识环境下数字图书馆的馆员不能局限于一直在图书馆这一空间内为各个用户提供服务，尤其是学科馆员，要走出图书馆，到用户身边为用户提供那些深奥的难以理解的服务内容，这种走出图书馆的图书馆馆员，到用户身边的零距离的服务，不但有助于用户对所需服务内容的理解和掌握，而且还可增强馆员与用户之间的沟通与交流；另一方面，泛在知识环境下数字图书馆可脱离计算机这一硬件的限制，用户可随身携带小巧的智能终端设备，这样无论用户在什么地方都可获得数字图书馆的及时服务。

五、数字图书馆资源类型

媒体融合背景下，数字图书馆拥有的数字资源种类和数量众多。这些数字资源从形式、结构、用途和种类等方面来看是多种多样且复杂多变的。本书根据学者关于数字图书馆大数据的分类，将数字图书馆数字资源类型从结构形式上分为结构化、半结构化和非结构化进行阐述。

结构化数据是指固定的字段驻留在一个记录或文件内，它事先被人为组织过，依赖于一种确保数据如何存储处理和访问的模型。结构化查询语言通常应用于管理在数据库的结构化数据列表。非结构化数据与结构化数据的相反，指的是没有一种预定义的数据模型或者不是以一种事先已经定义好的方式进行组织的数据结构。半结构化数据是结构化和非结构化之间的数据结构，它是结构化数据但不适合正式的关系数据库模型或其他序列来源。对于数字图书馆建设资源来说，弄清楚每种类数字资源是结构化的、半结构化的或者非结构化的是十分有必要的。

数字图书馆结构化数字资源主要是指电子图书、电子期刊、电子报纸等电子资源（各种电子出版物）和传统文献数字化资源，以及购买的各种类型的数据库资源。具体包括各类电子资源、各类型书目信息资源、核心学术资源、辅助学术研究资源和数字图书馆特色馆藏资源等。数字图书馆非结构化数字资源主要是指音频影视资源、用户学习资源、记录图书馆信息资源建设与利用情况的大数据等。

（一）各类电子资源

随着缩微存储技术、磁性载体的出现和发展，计算机在信息存储领域的广泛应用，各种类型的数字化载体（电子资源）被图书馆大量收藏，并对这类信息资源专门加以组织，并配置以相应的设备供用户检索、阅读和利用。

（二）各类型书目信息资源

各类型书目信息资源涵盖了书目数据、电子书目数据、期刊目录数据、电子期刊目录数据以及数据库条目录数据等数据类型。可以说记录各类型书目信息的大数据包涵的数据种类基本上都是每个数字图书馆日常流通运营中最基本和必备的那些数据。书目数据资源全部是结构化的，产生源单一，增长速度比较有限。在数据的存储方式上，记录各类型书目信息的数据都是本地存储（其中属于例外的是数据库条目数据有可能是异地存储），在数字图书馆大数据保存价值方面，书目数据可以说是描述图书馆馆藏状况的一个重要指标。在大数据挖掘的难易程度上，由于书目数据数据量相对较小，加上都是结构化数据，因此容易进行数据挖掘，并且便于管理。

（三）核心学术资源

核心学术资源，涵盖了学术文献摘要数据、学术文献全文数据和学术文献数据库数据。由于核心学术研究资源在数字图书馆中是原始数据，因此核心学术研究文献资源数据量很大的，当前数字图书馆对这部分资源的投入比重最大，导致其增长速度也极快。核心学术资源主要是数目众多的实体出版商和各大中外文文献数据库。核心学术资源数据一般都是数据库数据，因此其资源结构通常都是结构化的，从保存价值上看，核心学术研究资源对于数字图书馆的保存价值是无可替代的。核心学术资源的保存地点通常是保存在数据提供商的服务器中，是异地保存。由于是数据库数据，所以数据挖掘和管理相对方便。

（四）辅助学术研究资源

辅助学术研究资源，包含免费数据、OA 数据、自建文献数据、共建共享文献数据以及特藏文献数据等数据资源。辅助学术研究资源相比于核心学术研究资源，它的主要特点是数据更分散，数据结构更多样化复杂化，数据的来源也很丰富，例如 OA 共享网站、数字图书馆自建的网站、区域文献资源共建共享项目等。最为主要的是辅助学术研究资源数据在数字图书馆中的利用率相比来说要低得多，但是像共建共享文献数据、OA 数据包括自建数据都是今后数字图书馆着力发展的方向。

（五）特色馆藏数字资源

特色馆藏数字资源，指的是在每一个数字图书馆中那部分属于本馆特有的、无法通过购买或者网络来源替代的数据资源。正由于数字图书馆特色馆藏资源对于每个数字图书馆独一无二、无可替代的特性，所以随着数字图书馆的发展和建设这部分特色资源变得更加珍贵和重要。特色馆藏数字资源包括了非物质文化数据、特色馆藏数据以及交流数据等，其中交流数据又可以细分为文献交流数据、技术交流数据、信息交流数据等。目前许多数字图书馆对于本馆的特色资源重视程度和资源投入都是相当大的，像很多大型图书馆的特色数据数据量上都已达到了 TB 级别，并且增长速度很快。特色数据产生源较广，由于特色数据的形式多种多样，有纸质文献、电子文献甚至还有实物藏品等，所以特色馆藏资源的数字化工作也是摆在图书馆工作者面前的一个问题。数字图书馆特色馆藏资源通常都是在图书馆本地保存。由于特色馆藏资源的特性，这部分资源一旦被损坏或者丢失将会造成无法通过其他途径或其他机构恢复的局面，因此它的备份工作是必不可少的。

（六）音频影视资源

数字图书馆音频影视资源，包括馆藏图片数据、馆藏影视数据、馆藏录音数据、馆藏摄影数据等。由于当今多媒体技术的飞跃发展和需求的急剧增加，数字图书馆音频、影视资源增长速度很快，其产生源繁杂，数据结构是非结构化的。在数据存储地点上，可以是本地保存，也可以是异地保存。对数字图书馆来说，数字图书馆音频影视资源的保存价值有待于在今后的研究和实践中进一步探讨。由于数字图书馆音频影视资源的特殊性和当前相关音视频数据处理技术的瓶颈，因此数据挖掘难度较大。

（七）用户学习资源

随着互联网多媒体技术的发展和应用，数字图书馆的服务内容更加多样化，这其中为新时代数字图书馆用户提供自我教育的资源支持和信息服务也在目前数字图书馆的日常业务方面占据了一席之地。数字图书馆用户学习资源包括读者入馆培训资源、各种课件资源、不同数据库使用指南、收录的随书光盘资源和当前热门的慕课资源等。这一部分数字资源，在数字图书馆中增长很快，产生来源相当广泛，数据结构上以非结构化为主。存储地点既有图书馆本地保存又有异地保存，进行数据挖掘受制于其非结构化的数据结构，数据管理难度较大。

（八）记录数字图书馆信息资源建设与利用情况的大数据

记录数字图书馆信息资源建设与利用情况的大数据，在目前图书馆中有着非常最重要地位。它是描述数字图书馆资源建设和利用情况的数据，具体包括各种检索发现系统、文献传递情况、文献借阅情况、文献阅览情况、文献被引用情况、单篇文献成本、纸质文献采购情况、数字文献资源采购情况、导航数据、下载情况等。从数据量上看，记录数字图书馆信息资源建设与利用情况的大数据数据量较大，其结构既存在结构化数据也存在非结构化数据，数据产生源比较多而且复杂，数据的增长速度很快；数据存储方面，它既有在图书馆本地保存的部分，也有异地保存的部分；在保存价值上，由于对记录数字图书馆信息资源建设和利用情况的大数据进行大数据挖掘会得到非常有价值的决策支持信息，因此它的保存价值很高。但是同时值得注意的是因为记录数字图书馆信息资源建设与利用情况的大数据的数据量较大、结构复杂，因此数据挖掘和日常管理有一定难度。

第二节　数字图书馆信息资源建设

一、数字图书馆的信息资源

数字图书馆信息资源是数字图书馆收集、创建、组织、存储、开发并提供服务的数字信息资源，它是一个既不断增长，又不断吐故纳新的高度组织化、系统化的发展体系，它是社会数字信息资源的重要组成部分。

（一）数字信息资源概述

数字信息资源是以数字形式创建、存储、传递的信息资源，是构成数字图书馆的物质基础。自从计算机用于信息处理以来，数字信息资源从早期的书目信息，到后来的全文本信息，到今天多媒体信息；从早期的电子型文献到今天的网络文献，经过了数几十年的发展，已成为现代社会重要的资源财富。目前，随着因特网的发展，越来越多的新出现的信息以数字形式创建，超过 90%的信息采用数字方式存取，这些数字化信息资源部分脱胎于传统文献，如图书、期刊、报纸、音像资料的电子版，更多的是各种类型的数据库和网络资源。

1. 数据库

数据库是计算机可读的、有组织的相关数据的集合，是随计算机应用而产生的信息存贮、处理、包装、开发和利用的一种现代化形式。从诞生至今仅仅三十年，已广泛地应用于各行各业，成为数字化资源的主体，其内容极其丰富，类型也很多。按数据库内容，总的可划分为文献型数据库与非文献型数据库。文献型数据库包括书目数据库、二次文献数据库、书目相关数据库与全文数据库等；非文献型数据库包括数值数据库、事实数据库、管理型数据库；依数据的媒体类型可划分为文字数据库、声音数据库、图像数据库、多媒体数据库等。数据库的存储量很大，只有少数以光盘形式存在，大多数为联机数据库，尤其是因特网发展以后，各出版商或数据库生产商纷纷利用因特网发行文献信息数据库，用户通过因特网访问使用。目前，很多重要的数据库都已连入互联网，仅 DIALOG 就有 400 多个。这些数据库包括各个学科，各种文献的信息。在我国，进入 20 世纪 90 年代，出现了万方数据公司、北辰数据公司等专门从事数据库开发制作的商业公司，图书馆也积极投入数据库的建设，建设了一批高质量的数据库，如中国国家书目回溯数据库（1949—1987）、中文科技期刊篇名数据库、中文社科报刊篇名数据库、中国企业、公司及产品数据库、中国学术期刊（光盘版）等。

2. 电子期刊

电子期刊包括以电子邮件等方式在网络上出版和发送的电子学术刊物和电子论坛，以及以磁盘、磁带、光盘等形式发行的电子刊物，包括印刷期刊的电子版。在形形色色的电子出版物中发展最快的是电子期刊，参与电子期刊编辑和发行的有专业学会、社会团体、商业出版社、书刊发行商、联机数据库、因特网信息服务商等，形式上有一部分电子期刊沿袭印刷版的格式体例，大部分采用自行创新的格式，与印刷版相差甚远。电子期刊的类型很多，大致可以分为联机服务型、CD-ROM 型、网络型等。从发展角度来说，电子期刊的真正发展今后应主要在于网上的电子期刊的发展，网络电子期刊的种类很多，按是否收费阅读，可以分为免费访问型和收费订阅型；按期刊内容组织形式，可以分为集中型和分布型；目前最常用的分类是以是否有印刷版分为期刊电子版和只在因特网出版的纯电子期刊。电子期刊具有许多印刷版期刊所无法比拟的优点，如价格低、出版周期短、期刊容量无限制、使用方便、灵活、具备检索功能、表现形式丰富，可充分利用多媒体技术、具备超文本（媒体）链接功能、内容修订方便、交互性强等。目前，在因特网上，已有上万种电子期刊向用户提供服务。世界上著名的《Times》《Forbes》《Science》《Nature》等都有网络电子版，我国的《海外星云》《大众摄影》等都已陆续上网。另外，通过中国学术期刊（CNKI）、万方数据系统等可以查阅大量的期刊全文。

3. 电子图书

电子图书的出现较电子期刊要晚，种类也比较少，有 CD-ROM 型、网络型和电子书三种形式。20世纪80年代初，全文检索技术极大地促进了电子图书的发展，尤其是近年来多媒体技术和超文本技术广泛应用于电子信息的处理中，使电子图书中可以增添图片、声音、动画、影像等多媒体功能，可以附加字典、电子书签、查询记录表、文字处理等功能，促使电子图书赢得了更多的读者，获得了广泛的发展。网络电子图书更是如此。近年来，网络电子图书获得了大规模的发展，早些年电子图书主要以百科全书、词典这类参考工具书居多，现在网上有了大量的文学作品等，涉及的领域非常广泛，包括文学、艺术、科学、人文等各个领域，并且越来越多。网络出版的电子图书具有多媒体、信息量大、出版周期短、成本低、价格便宜、传送方便等优点，是发展前景很宽广的新媒体。

4. 电子报纸

电子报纸是通过计算机网络以联机方式或在互联网上直接进行传递的报纸，也有用光盘发行的报纸全文数据库。在最近两三年，报纸上网成为了一股潮流，世界上主要的报纸纷纷上网，如美国的《纽约时报》、伦敦的《泰晤士报》、德国的《世界报》、法国的《世界报》、日本的《朝日新闻》及我国的《人民日报》《光明日报》等，形成了一股强劲的上网热潮。我国至今已有 70 余家报纸上网，约占纸质报纸的 3%，这些上网的报纸大多是全国性的报纸和地方有影响的报纸。目前，网络电子报纸种类越来越多，内容也越来越丰富，检索和浏览技术也越来越成熟。这些电子报纸不完全等同于其相应的印刷版报纸，在网上进行报纸阅读，需要根据设置要求进行操作。

5. OPAC

OPAC 即联机公共检索目录，是一种在因特网上对馆藏信息资源进行远程检索的工具，通过它，读者可以不受时间、空间限制从网上检索图书馆及情报机构的馆藏信息资源。20 世纪 70 年代初 OPAC 起源于美国的一些大学图书馆和公共图书馆，是传统的卡片式目录的计算机化，检索内容局限于图书馆的书刊目录。20 世纪 90 年代随着计算机技术、网络技术、多媒体技术等的发展和应用，OPAC 不断改进，基于因特网，Web OPAC 的用户界面更加友好，检索范围更广泛，不再局限于图书馆的馆藏目录，还可检索各类数据库和图像、声音、视频、全文等多媒体信息，检索功能更强，用户界面更加友好，非情报专业人员通过网络能方便地访问、检索，能实现全球范围的跨平台检索。目前，世界上传统文献信息收集服务单位，如各大中专院校的图书馆、公共图书馆、政府机构及所属的各种情报部门，绝大部分都通过局域网将本单位的节目资源及联机查询目录接入因特网，面向全世界提供 OPAC 查询服务，这是利用因特网获取文献信息的最有效途径。

6. 网络信息资源

互联网通过几十年的发展，已经成为一个国际性的信息宝库。网络信息资源在这里我们特指所有以因特网进行传递或发布的信息资源。互联网上的信息浩如烟海，据英国《金融时报》披露，在 2000 年，每天网上刊载的免费阅览的新的信息有将近 100 万页，其表现形式多样，有文本、图像、表格、声音、超文本等；信息层次多，包括一次文献、二次文献、三次文献；信息更新及时。其资源除了上面提到的网络版图书、报刊、数据库、馆藏书目信息等，还有网上电子信件、电子公告、专题讨论栏目、新闻、通告等形式的信息发布活动产生的大量信息内容。这类信息内容庞杂，涉及社会知识各个层面，处于无序状态，最不易了解和使用。互联网上信息资源可以从不同的角度进行划分和归类。从信息资源发布的形式上归纳，目前主要有这样一些类型：书目信息、数据库、电子报刊、文件文档、电子邮件、网上新闻、公告等。从内容范围上还可以分为五个大类，即学术信息、教育信息、政府信息、文化信息、有害和违法信息等。从学术角度来看，因特网上有包括社会科学、人文科学、自然科学在内的大量学科信息，有关专家和用户或通过电子邮件发布最新的研究内容及方向，交流各自的观点，或通过兴趣小组进行讨论，也可以检索、浏览或下载各类信息源。巨大的信息量在一定程度上满足了用户的信息需求，然而，由于因特网上的大多数信息比较分散、无序，信息规范化程度不够等原因，用户或者不容易查找到自己所需的信息，或者查到的信息不完整。

二、数字图书馆的构建体系

（一）智能传感系统

泛在知识环境下的智能传感系统主要由智能传感器节点、网关节点、路由器节点和智能终端设备构成。智能传感器分为用户思维感知传感器和周围环境感知传感器两种。用户思维感知传感器通过可穿戴在身上的传感器来感知用户的想法和感受，周围环境感知传感器则由分布在周围环境中的地点感知器和情境感知器组成。智能终端设备是指用户可随身携带的手机、MP3、MP4、PSP、PDA 等设备。

而路由器节点和网关节点负责将这些智能终端设备与用户思维感知传感器和周围环境感知传感器连接起来，再通过无线智能传感网络进行传输。

（二）开放的资源存取系统

泛在知识环境下数字图书馆对全球用户开放，任何用户都可平等的获取同等的服务。泛在知识环境下信息资源不但数量急剧增加，而且种类也将日趋丰富，同时用户对信息的瞬间获取要求增多，这给图书馆资源存取系统带来挑战。对此，泛在知识环境下数字图书馆的资源存取系统必须具备以下几个性能。

1. 海量数字资源存储

在信息数量迅猛增长的时代背景下，数字图书馆资源存取系统必须具有足够的存储空间以保证资源长久存储的稳定性与安全性。

2. 多类型数字资源存储

泛在知识环境下数字图书馆可为用户提供包括文本、图片、动画、音频、视频等多种类型的数字资源服务，而每一类型的数字资源又都对应多种格式，如图片的格式有 JPG、BMP、PSD 等格式。从方便用户的角度考虑，资源存取系统应提供满足多种类型和多种格式的存储要求，以减少用户下载各类阅读或浏览插件的麻烦。

3. 资源发送与接收的快速反应

信息的快速增长必将加快国家之间、行业之间和人与人之间的竞争，同时信息的时效性与准确性将决定着国家、企业、个人的生存与发展。泛在知识环境下数字图书馆不但要以其独特的"触手可及"方式存在，以其先进的"智能化"形式感知，而且还要以其优异的"瞬间"速度传收。因而，资源存取系统必须要快速的接收用户的信息请求和传送用户所需的资源。

（三）智能化的信息分析系统

泛在知识环境下数字图书馆的用户将大大增多，同时用户使用数字图书馆的频率也将加大，而数字图书馆的学科馆员和参考咨询员的人数和精力是有限的，面对用户的众多服务需求，他们很难做到快速而准确为用户提供满意的服务，为此，他们除了提高自身的专业素养外，还必须借助各种信息分析技术来提高分析的速度和准确率。在泛在知识环境下数字图书馆必须架构智能化的信息分析系统，从而辅助学科馆员和参考咨询馆员更好的为用户服务。可利用数据挖掘技术、概念格与本体互补融合技术构建智能信息分析系统。通过数据挖掘技术中的 DHP 算法、关联分析算法和云模型等挖掘出大量信息或数据的关联、层次、效用性等，为学科馆员和参考咨询馆员提供初步参考意见。概念格技术不但可识别出隐含在信息数据中的"外显知识"，还可通过智能终端设备识别出由用户行为模式"流露"出的"内隐知识"，甚至还可发现那些用户没有意识到的"内隐知识"，而将其与本体技术融合有助于信息数据分析的自动化、准确化，实现泛在知识环境下数字图书馆知识分析与服务。

（四）高效的资源组织系统

随着全球信息的快速膨胀和知识大爆炸，数字化的资源也必将越来越多，泛在知识环境下数字图书馆对海量资源的组织效率与水平将直接影响到用户对其的认可度与满意度，因而，泛在知识环境下数字图书馆必须构建效率高、兼容性好的资源组织平台。泛在知识环境下数字图书馆涵盖多种类型和多种格式的数字资源，如何将这些数量众多、类型多样、格式各异的数字资源有序化组织是数字图书馆要解决的一个难题，本书认为可通过开发、利用新技术来构建泛在知识环境下数字图书馆新的资源组织方法。元数据是数字资源组织的基本工具，在资源组织中占据重要地位，可通过建立多层次元数据模型解决泛在知识环境下数字图书馆资源种类和格式多样性的难题，该数据模型包括描述资源知识内容的描述型数据、阐述对象的结构及其关系的结构型数据、提供数字化过程和资源保护信息的管理型数据。知识泛在化是泛在知识环境的主要特征，如何对泛在化的知识进行有效地组织与分类是泛在知识环境数字图书馆与传统数字图书馆的不同之处。知识网格可通过本体、本体语言、描述逻辑推理等技术对分布式环境中的信息知识资源进行描述和组织，并且采用网格算法将这些以语义网为基础的知识构建在一起从而形成知识网格体系，使泛在知识环境下的数字图书馆成为一个智能化的知识互联环境。此外，泛在知识环境下数字图书馆还可利用概念地图来对知识进行组织，它可实现以图形形式显示某个学科的整体构造图和核心知识体系图，这种知识表示形式更加直观和易于理解。

（五）协同的资源发布系统

泛在知识环境是一个强调交流与互动的广阔空间，在此背景下的数字图书馆要在不同国家的数字图书馆、不同地区的数字图书馆和不同类型的数字图书馆之间搭建一个共同的协同资源发布平台，将全世界的数字资源整合在此平台上，实现信息与知识等资源真正程度上的全球共享。此外，无论是各个数字图书馆自身的资源发布平台还是全球数字图书馆共同的协同资源发布平台都需确立"交流互动"式的资源发布模式，数字图书馆不但要快速、准确地将资源发布在其平台中，而且也要设立专门的用户交流互动模块，允许用户在此模块中发表自己的观点、文章和其他个人创作成果等，为用户提供个人才华的发展空间，这也是数字图书馆发挥终身教育职能的另一形式。

三、高校数字图书馆信息资源建设策略

高校图书馆的数字资源建设不能单单在丰富数字资源数量方面下功夫，在数字资源选择过程中若没有经过统筹规划制定相应的建设原则和标准，将不可避免地导致本馆出现如数字资源内部比例失调、数据库重复购买等馆藏资源结构上的问题；对数字资源的组织管理即对数字资源导航建设、数字资

源嵌入式服务若跟不上图书馆的数字化进程，势必导致数字资源利用率低，若不了解用户需求，很可能造成用户需求与数字资源脱节，影响图书馆教育职能的发挥；只有数字资源得到有效利用，才不会造成数据库访问量、资源下载量低等问题。因此，各高校图书馆除了统筹规划本馆数字资源结构，以读者需求为中心来选择、采购数字资源之外，还要采取继续教育、更新服务理念等方式提高本馆馆员综合素质，同时辅以数字资源相关的培训来提升用户信息素养，提高其查找、使用数字资源的能力，对用户使用数字资源形成保障。

（一）构建符合本馆发展的数字资源保障体系

数字资源与传统纸质资源相比具有时效性强、更新速度快、易于检索、节省储存空间等优势，各图书馆应该加大对数字资源建设方面的投入。相较于传统印刷资源，数字资源满足读者信息需求的能力更强，与之相对的数字资源对图书馆整个建设过程以及信息服务水平要求也更高。数字资源的建设过程主要包括选择、采购、宣传、使用，数字资源在进行选择时需要针对本馆的发展目标，分析当前本馆数字资源馆藏结构存在的问题，考察已有数据库是否能满足本校用户在日常学习工作中的科研需求。如河南财政金融学院，要求专业课教师参与数据库采购，在广泛征求本校师生意见和建议的基础上，保证学校 30 多个数据库都与本专业相关。同时关注出版市场的最新动态，根据经费预算，了解适合采购的项目，将用户需求与资源进行匹配，确定试用评估的对象。如果符合需求，则向数据库供应商试用。数字资源的采购与传统印刷资源采购的区别较大，目前数字资源的使用权以获得网络使用权为主，这种模式就造成各高校必须连续采购才能形成数字资源的持续利用，同时大部分资源都存在价格上涨的问题，当某种资源采购多年后可能会出现价格翻倍的现象。除了保证数字资源建设投入外，在采购过程中各高校应充分了解资源的种类和学科分布，合理分配采购资金。在数字资源宣传推广阶段，对于已经购买的数字资源要加强宣传推广，对于试用的数字资源可以在本馆网站上进行介绍，鼓励学生试用，为下一次采购提供参考依据。在数字资源的使用阶段，通过问卷调查等方式了解用户常用的数字资源以及在使用过程中的困难，同时对网站数字资源的下载次数进行统计，为下一个阶段的购买提供依据。

（二）重视对网络免费学术资源的挖掘与整理

各高校应在数字资源栏目下明确设置免费学术资源专区，同时对免费学术资源进行整合形成导航。可以采用目前一些高校图书馆的方式，按免费电子期刊、免费电子图书、免费数据库、其他免费资源，或按国外、国内免费资源等表示，或者按资源的学科属性进行分类，把站点的链接和学科分类有机结合起来，方便用户查找。同时，作为免费网络资源中较为重要的外文学术资源，是对大多数高校用户来说非常重要的学术资料，这就需要高校图书馆加强对网络免费外文资源的挖掘与整理。同时，高校图书馆可以尽可能地组织具有英语学科背景的图书馆员对外文资源进行翻译并加以整合，使用户在最短的时间内获得更优质、更高效、更加便捷的服务。此外，由于网络资源具有更新速度快、互动性强等特点，各高校图书馆针对这些特点可以通过有趣的活动或奖励来调动全体教职工以及学生参与网络免费资源的开发工作，在本馆网站设置网络免费资源的讨论专区，教职工与学生充分互动，互相推荐好的网络资源，并对各种网络资源质量进行综合评价，以此挖掘出更适合本校师生、更优质的网络免费资源。

（三）加强共建共享体系中数字化技术与标准的建设

促进各高校数字资源相互融合是消除高校图书馆数字资源共建共享壁垒的关键因素，数字资源的有效融合需要高校在共建共享过程中建立科学统一的标准，然后依据标准制定详细计划，有效提高数字资源的质量及服务的效果。建立高校图书馆数字资源数字化标准，包括数字资源的质量控制标准，确保信息资源的真实和完整性；信息共享技术标准，如信息集成检索技术、可视化检索技术、语义检索技术、文献传递软件，保证信息资源在各成员馆之间正常传送、浏览；数字资源建设标准的统一对数字资源整理与共享大有裨益，使不同高校用户更加方便地查找与利用不同平台的数字资源。同时各图书馆在进行数字资源标准化建设过程中，还需要注意对软硬件规格的统一，同时通过加大资源平台的研发力度来完善图书馆的网络环境，提升运行软件系统的兼容性，确保读者浏览网站数字资源时畅通无阻。此外，各图书馆联盟要制定健全的体制管理制度并严格执行，根据整体规划的要求以及各馆的用户比例、馆藏基础、地方特色，有效组织各个成员馆的信息资源建设与布局，以及各种特色数字资源的建设、开发与维护。避免重复建设，真正做到各司其职、尽职尽责，共同保证共建共享事业健康发展。高校除了积极加入国家、地方图书馆联盟外还应发挥高校整体优势，秉持合作共享的资源建设理念，全面规划，通过资源共建和服务共享取长补短，优化资源配置，提高数字资源建设水平。

（四）多管齐下提升数字资源组织与管理水平

一个成功的图书馆不在于拥有多少资源，而是在用户使用数字资源的过程中是否采取了有效的组织和管理。通过组织和管理使本馆馆内资源得到最大化的利用从而有效提高数字资源利用率，在数字资源服务过程中，馆员需要及时更新服务理念，通过继续教育提升专业素质，拓宽资源宣传渠道，加大对数字资源的宣传力度。

1. 更新资源服务理念

在全球网络化的浪潮下，计算机因智能、快捷、高效、便捷等优势受到全球使用者的追捧。海量的数据与强大的搜索引擎丰富了信息的传递和接收渠道，迎来了崭新的互联网时代，因此，我国的高校图书馆必须及时适应全新的网络环境，不断完善和升级服务理念。

（1）变单项式服务为互动式服务

图书馆在数字资源服务过程中必须要与时俱进，采用实时参考咨询等交互服务可以有效克服传统的单项式服务的弊端，做好本校图书馆个性化定制服务有利于达成数字资源与用户需求高度吻合的愿景。积极打造互动平台，构建图书馆与用户直接无障碍交流的通道是提高数字资源使用率的有效途径。目前用户需求较大的数字资源服务有数字参考咨询、学科资源服务和数据库培训。数字参考咨询的服务方式有实时与非实时两种，高校通过社交媒体或本校自建的咨询平台与用户进行交互式的问答，有利于提升用户满足感。

（2）变被动式服务为主动式服务

在计算机日渐普及，网络应用度日渐提高的当下，社会各行业的发展模式都有了极大的变化。高校图书馆应积极创新，与时俱进变被动服务为主动服务，转变过去被动地接受读者反馈、机械回应的理念，这种被动式的服务不利于图书馆资源整合与升级，读者迫切的需求也很难得到满足。主动式的服务依赖于线上线下沟通交流平台的建立，图书馆员应肩负起时代文化责任，发挥自身优势，主动架起用户与图书馆之间的沟通桥梁，以饱满的状态主动地为用户服务。

（3）变大众化服务为个性化服务

图书馆在新的时代背景下要紧跟时代需求，推陈出新，对于千篇一律的大众化服务去其糟粕，取其精华，推行个性化服务，针对用户的个性化需求做到有求必应，以提高用户满意度为目标，高校的数字资源用户有两大类别，不同类别的用户发展目标也有所不同，因发展目标不同其在进行数字资源的需求内容、类型也有所不同，这就需要图书馆在进行数字资源服务时区别对待，为不同用户提供高质量、个性化的信息服务。图书馆员承载着高校图书馆服务转型的梦想，要善于向用户展示自己的专业特长，重视提高自身专业素质，通过服务展现馆员的专业价值。

2. 重视数字资源导航系统的建设

各高校图书馆有必要建设数字资源导航系统以满足读者使用数字资源的需求，提高馆藏资源利用率。当前各高校图书馆对数字资源导航的认识仍停留在建立资源关键字搜索、一般分类检索、学科分类检索、资源整合检索中的一种或几种就能满足用户需求的状态，忽视了对一体化数字资源导航系统的建设。数字资源导航系统的实质就是研发数字资源导航系统，该系统的基本功能包括资源的关键字检索、资源的整合检索、期刊导航检索，拥有统一的系统界面、资源介绍和资源阅读软件下载，以及更进一步期刊导航和数字资源使用情况的统计分析等功能。除此之外，研发过程中还应注重系统的专业性、功能性和易用性，系统可视化程度高，操作简易和方便等方面。数字资源导航系统的建立有利于读者查找数字资源，可以有效提高数字资源使用效率，也是各馆数字资源组织与管理能力的重要体现。

第三节　数字图书馆的服务与创新

一、数字图书馆服务创新的必要性

（一）数字图书馆服务创新是外部信息环境变化的要求

目前，以计算机技术和网络技术为代表的信息技术的飞速发展，对传统的图书馆服务环境产生了深刻的影响。首先，信息载体多样化，电子出版物发展迅速，数字资源在图书馆中所占的比例越来越大，数字资源的集成服务与利用成为信息服务的核心问题。同时，数字图书馆的建设使得图书馆的业务工作对象也发生变化，不仅仅是纸质的书本和文献，而是发展到与信息相关的所有载体，从而导致服务方式、服务流程和有关规章制度已不能适应变化。其次，受信息技术不断发展的影响，信息服务手段由手工方式向以计算机为主的自动化、网络化、数字化方向发展，数字图书馆服务突破了时空限制。最后，信息资源爆炸式的增长和方便快捷的网络信息服务环境，使得读者的信息需求已经从以往简单的借还书式的文献服务跳跃到以获取知识需求为主的知识服务，同时这种知识服务已经远远超过了单独某一个图书馆服务的范畴，需要图书馆的资源进行共享。

（二）数字图书馆服务创新是响应建立"创新型社会"的需要

创新已经贯穿于现代化建设的各个方面，创新将成为经济和社会发展的主导力量。图书馆尤其是高校图书馆作为知识、文化传播的中心，更应该顺应时代发展潮流，不断进行服务创新。现在社会竞争日益激烈，随着知识经济的发展，对人们的素质要求越老越高，终身学习已经成为时代主流，使得学校在继续教育、终身教育、社会教育中扮演着越来越重要的角色。但是由于师资力量、课程设置以及教学设施不足等因素的影响，学校在以上方面都显得力不从心，进而转向图书馆。因此，图书馆必须充分发挥其教育职能，服务于教学，使教育从课堂延伸到课外、从学校延伸到整个人生和整个社会，成为"没有围墙的社会大学"和"终身大学"。

二、数字图书馆服务创新的内容

数字图书馆服务创新应是全方位的，它包括服务观念的创新、服务内容的创新、服务手段的创新、服务范围的创新、服务人才以及组织结构的创新等。

（一）服务观念的创新

观念是指导行动的准则，只有不断地进行观念创新，才能产生新观念、新想法，真正做到适应或领先时代而不被时代淘汰。同样的道理，图书馆要寻求服务上的创新，首先就要树立新的服务观念，即信息服务的观念。这就要求图书馆必须抛开传统的读者服务观，实现从传统服务观到新的信息服务观的转变。

1. 从"大而全"的建设思想转化为"协作共享"的理念

传统图书馆是封闭型的，基本上是本着"自我完善、自我发展"的服务观念，馆藏建设追求"大而全""小而全"的意识，服务对象局限于特定的服务群，业务工作都是围绕着本馆的资源和服务对象而开展的，缺乏全局观念。图书馆仅靠自己有限的馆藏信息资源来提供广泛的信息服务是不可能的。在新形势下的图书馆，通过数字图书馆的建设已经成为世界信息网络上的一个节点，既是信息的发布者，又是信息的接受者，资源共享正在成为现实。因此，各个图书馆应该本着资源共享的发展策略，根据自身和周围环境的实际情况，调整馆藏结构，深入开发和利用馆藏资源，形成具有本馆特色的信息服务，并通过网络平台实现各馆之间的资源共享，达到互通有无的目的，而不是片面地提高文献资源收藏的完备程度，导致资源的浪费。

2. 从"藏书楼"转化为以提供高层次、全方位服务为中心的"用户中心"

图书馆的传统服务模式中，一切工作都是以藏书为中心，读者仅仅是客体，到图书馆寻求自己所需的信息资料，读者服务的范围与水平受藏书规模与结构的影响，具有很大的局限性。在网络环境下，随着信息网络技术的发展，数字图书馆信息资源的内涵增大了，不仅包含本馆馆藏，还包括可通过信息网络技术所能获取的一切信息。由于信息获取途径的多样化，使得图书馆作为最大信息资源存取地的地位发生了动摇。要改变这种状况，数字图书馆应该利用自身资源丰富、更新及时的优势，以满足读者需求为宗旨，切实把握读者的个性需求，注重在细节上形成优势，以吸引具有特定需要的个体读者获取和利用图书馆的特色信息资源和特色服务，即根据信息接受者的各自特征和具体需求为他们量身订制（或由读者自己定制）个性化的信息产品并提供一对一的服务。

（二）服务内容的创新

传统信息服务主要体现在信息的收集、组织、检索和传递，较难体现服务的知识含量，难以适应知识经济发展和知识创新的需求。在新形势下的信息服务将面向知识，通过对知识信息的分析、组织、整合而形成含有新知识的信息，甚至创立品牌信息服务，为读者提供个性化、专业化的知识信息服务。

1. 信息资源的收藏应密切配合科研机构的科研方向和企业的发展方向

图书馆应多收集与经济发展相关的信息资源。图书馆承担着信息的收集、整理和传播的任务，要服务于创新和实际应用。目前，我国处于科技、经济高速发展和转型的重要时期，因此，图书馆应积极参与其中，开展互动服务，与各科研机构、高新技术企业密切联系沟通，紧紧把握科学技术和经济的发展动向，及时提供科研和企业发展所需要的信息，为科研和企业发展指明正确的前进方向。

2. 利用数字图书馆的信息资源，开展网上教育培训服务

图书馆可以利用数字图书馆的信息资源，打造属于自己的"品牌服务"。传统的图书馆文献信息服务通常是等读者上门查询相关的文献信息。如果图书馆联系专业人士，依据某种方法，对馆藏信息资源进行挖掘、加工和重组，按照读者需要的方式或学科设置成各类专业信息库，发布到图书馆的网站上，供读者订阅或查看，使得读者不必到馆或重复查询数据库就能得到相关的有用的信息。这能够满足读者从课堂到课外学习，继续教育和终身教育的需要。

3. 开展专题咨询服务

针对社会非专业人员不善于查找文献的问题，图书馆应该紧密联系读者，开展专题咨询服务，使得读者能够将精力集中在本职工作上，服务方式如下。第一，网络环境下的个人通知服务。根据读者制定的检索策略，动态地从读者使用信息资源的记录中获取读者的真正信息需求，然后通过推送技术将信息传递到个人的计算机中。第二，建立咨询中心，及时跟踪学科的前沿动态，为企业提供有偿服务，以企业化或半企业化的运行方式发展信息中介咨询服务，这样既可以募得资金用于数字图书馆的自身建设，也可以为企业的发展提供信息服务，达到"双赢"的局面。

4. 开展面向社会大众的服务

目前，在我国定期光临图书馆寻求服务的人数占总人口很少的一部分，图书馆收藏的资源大多理论性和学术性较强，满足不了普通大众一般性的需求。另外学校图书馆的服务对象只限于围墙之内，基本上都不对公众开放，图书馆的社会教育职能得不到体现，这与开放的知识经济社会很不协调。因

此，面向社会大众开放，满足普通大众的一般性信息需求也应是数字图书馆服务创新的一个重要内容。收集、加工网上丰富的信息资源，对这些信息资源和网络上的网站，根据普通大众的需求进行分类，建立相关信息指引库或主题指南库，以方便读者能通过指引库获取自己所需要的信息。

（三）服务手段的创新

数字图书馆将告别多年的手工操作的服务手段，转而采用现代化的便捷的服务的手段。要积极利用现代信息技术，促进服务手段创新，同时还要充分利用网络设备，对馆藏资源和网上海量的信息进行加工、整理和开发，使图书馆的文献信息服务逐步走向信息数字化、手段自动化、服务网络化，以适应信息快速发展的需要，使得读者即便是在家中也能访问到所需信息。

1. 从被动服务方式转变为主动服务方式

随着互联网的普及和信息咨询业的发展，图书馆不再是唯一的信息源，读者获取信息的途径可以有多个选择。因此，图书馆必须从"坐、靠、等"的被动服务方式转变为主动服务方式，吸引读者利用图书馆的信息服务。一是深入调查研究读者的信息需求特点，在此基础上，适时调整服务策略，满足读者的特殊需求；二是主动了解读者获取信息的能力和水平，重视培养读者运用信息技术获取和利用信息的能力，培养读者对信息的分析开发与利用能力，"授人以鱼，不如授入以渔"，让读者掌握获取信息的技能，以便读者检索利用图书馆的信息资源。例如本校图书馆每个星期都开展专题讲座，培养读者利用数据库检索信息的能力，提高读者在网络信息系统中的自我服务能力。

2. 新型参考咨询服务

现行的参考咨询服务，只是图书馆馆员辅导读者查找有关的文献信息资料，向读者提供个人帮助，解答咨询问题，提供参考数目等活动。这种服务属于被动服务，图书馆员只是坐着等读者的问题过来，而不是主动出击。而且在所有的参考咨询问题中，大部分的问题都是一些浅显的常见问题，并占据了参考咨询员的大部分时间和精力，却没有太多实际价值。在主动服务的环境下，应当将参考咨询的问题根据问题的难易程度划分等级。低等难度的问题，可以集中建立一个常见问题库，在网上发表出来，这样可以减少大量的时间和精力；中等难度的问题，可以由专门的参考咨询馆员通过电子邮件、电话等方式回答；高等难度的问题，由于其学术性较深，可以通过与各个方面的资深学者、专家合作，由他们解答这些问题，也就是在普通读者与专家之间建立一个沟通的桥梁。

3. 建立集成化服务体系

以网络为中心的现代信息技术的发展，形成了一个信息服务网络，因此读者对图书馆服务的评价，取决于图书馆能否提供他们所需的全方位的知识信息。集成化信息服务包括：第一，信息资源的集成，现在，提供给读者的数字化信息资源越来越多，但是不同类型、不同载体的数字资源采用的检索平台各不相同，可以将原本分散的、各自独立并以多种载体形式存在的资源有机地进行整合，构建统一检索平台；第二，信息内容的集成，传统的图书馆服务是孤立的、分散的、脱节的，读者享受不同的服务要经历多个环节，影响了服务的效率和质量。在数字图书馆时代，读者对图书馆服务的需求是集咨询服务、信息检索服务和文献提供服务于一体的信息集成化服务。因此，必须通过系统集成技术，整合各类网络在线服务，使读者在利用信息集成服务体系，通过计算机"一站式"的界面，能利用到后台的整个信息资源保障体系。

4. 开拓新的读者访问方式

现有的读者访问方式就是读者到图书馆借书或者电子阅览室查询数据库。但是通过数字图书馆的建设，非到馆服务和网络服务将成为图书馆服务的主流访问方式。读者可以在图书馆的网站上查找所需的文献，进行阅读和下载。同时，新型的数字图书馆访问技术可以满足读者校外或通过无线设备访问数字图书馆，使用各类服务系统的要求，而不是将访问局限于校园网内。

5. 资源共享，强强联合

数字图书馆为最大限度地满足社会的需要，实现广泛的资源共享，打破由于地域、经济等原因而产生的信息鸿沟，提供了契机。以网络技术和计算机技术为代表的信息技术的高速发展，使得数字图书馆之间的合作成为可能。读者可以通过本馆的外部链接，登录到其他馆，获取本馆没有的信息资源，这样一方面方便了读者，可以解决资金问题，另一方面又可以促进图书馆管理体制的转型，优化图书馆的组织结构。

（四）服务人员和组织结构的创新

实施图书馆可持续发展的关键是人才，提高图书馆服务质量的关键也是人才。在互联网日益普及，读者自我服务能力日益增强的今天，信息服务的知识性、技术性和社会性要求越来越高，对信息服务人员的素质也提出了更高的要求，对图书馆的组织结构也产生了影响。

1. 提高馆员队伍的创新能力

创新的根本就是培养创新型人才，图书馆要生存就在于培养创新人才，也就是说要有一个具有创新意识和创新能力的图书馆员队伍。首先，图书馆员要具有竞争意识和进取态度，不断提高自身的综合素质，完善自身的知识结构，除承担传统的文献服务工作外，还必须通过选择、收集、加工评价有用信息，使之有序化和数字化，以方便快速的方式传递给读者。据有关资料表明，在图书馆馆员中虽然大学毕业生不少，但经过严格系统培训的人却不多，这就要求大部分馆员要加强理论技术学习，不断提高业务水平。其次，在人事选拔上要重视选拔具有高素质、高水平的优秀人才，重视引进真正热爱图书馆工作、具有创新精神，又攀握计算机技术、图书情报知识的复合型人才，发挥每个人的专业特长，不断优化馆员队伍结构。

2. 组织结构的调整

随着数字图书馆的建设，以及图书馆中数字资源和计算机设备所占比例的不断增大，原有的图书馆组织结构已经不再适合新形势下的发展现状和要求，因此图书馆的组织结构也需要进行调整。信息技术水平已经成为衡量一个图书馆绩效的重要评价指标。设立 IT 部门或增加 IT 部门的人数和投入，是数字图书馆发展的一个重要举措。

三、高校数字图书馆的服务创新策略

（一）高校图书馆服务环境的变化

随着数字技术、网络技术的快速发展和广泛应用，各种数字资源的广泛形成，高校图书馆服务对象和服务需求多样化，这些因素促使其服务环境发生着深刻的变化。

1. 数字化、网络化技术的发展

以数字化为前导的计算机、网络通信技术发展迅猛。数字化生存成为自人类有史以来一场最为广泛而深刻的技术革命，网络已深深融入日常工作和生活的方方面面。高校图书馆摆脱了传统文献处理的限制，在信息的采集、加工、组织、服务方面，面向网络环境，以新的方式组织、控制、选择、传播信息，建立了辐射型的开放服务系统。

2. 服务需求多样化

随着数字化、网络化的发展，高校图书馆读者的信息需求结构也发生了变化。从过去单一的文献借阅服务，转向既要有书本式文献借阅服务，又要有联机检索和光盘检索服务，还要有信息咨询和培训服务等一整套信息服务。读者从图书馆提供的服务中所获得的信息，亦不再仅满足于印刷型文献，而是希望尽可能多地获得网络信息和多媒体信息，如数值型、图像视频型、软件型等各种数据库等。读者信息需求和信息资源的多样性，带来了高校图书馆信息服务方式的多元化。这种变化要求图书馆信息服务工作不能只限于传统的工作方式，停留在传统的水平上，必须探索基于网络咨询服务的服务模式，针对读者的需求，提供全程性、全方位的信息服务，包括信息内容和信息获取的技巧、方法等多方面的服务。

（二）服务创新的关键在于了解读者需求

在现代化社会中，个人的自我意识有了提高，对高校图书馆的要求也不再千篇一律，人们希望得到最符合自身需要的信息，并以自己最喜爱的方式接受。以人为本的思想在现代高校图书馆中最明显的体现，就是高校图书馆要考虑广大师生的个性化需求，并通过采用现代化信息技术实现。高校图书馆的核心价值就在于为不同的师生提供各异的信息资源，高校图书馆必须充分发挥信息资源优势，根据当代科学的发展趋势，注重增加交叉学科、综合学科文献的比重配搭，从而满足广大师生对各学科门类学习研究的需要。

只有不断地探索研究读者特点和服务规律，不断提高服务意识和道德规范，才能在读者服务方面求新、求变、求发展，组织管理和开发利用图书馆资源，充分有效地满足读者需求。图书馆工作人员担负的信息责任是读者获取信息的向导，帮助读者用最短的时间找到相关资源。图书馆员要熟练地掌握分类数据，科学地编制各种导读系统或向导系统，有针对性地定期分学科把资料搜集整理起来，方便读者查询浏览，起到导航的作用。图书馆要积极主动地和院校各系、各教研部门沟通，全面了解学科建设的开展情况，客观地提供学科发展的动态信息，充分了解师生对图书馆建设方面建议，努力满足学校发展、学科建设以及学生借阅的需求，从而实现图书馆"有限空间，无限服务"的工作目标，极大地提高用户的满意度。

（三）高校图书馆服务创新的建议

1. 加强图书馆文化建设，提高馆员业务素质

数字环境下对高校图书馆的服务提出高水平、高质量的要求，必然对图书馆员的知识结构提出新的更高的要求。

首先，加强馆员的职业道德观念建设，使得馆员热爱和忠诚于图书馆事业，具备勤奋努力工作的献身精神。一切为了读者，千方百计地为读者服务是图书馆的根本宗旨。要求馆员应具有唯读者至上的服务意识，树立全心全意为读者服务的思想，这也是图书馆员职业道德的核心。其次，馆员必须掌握广博的科学文化知识和图书馆专业技能，掌握扎实的基本功，还必须注重对图书资料本身的研究。要提高服务质量，满足读者的各种需要，必须以科学文化知识为基础，熟悉馆藏，熟悉目录，熟悉服务技能和工作规律。

从读者的需要和利益出发，使人文关怀成为图书馆员工的行为准则和自觉行动。图书馆应制定馆员服务规范，对员工的用语、举止、服务流程等做出明确规定。同时图书馆员还应加强业务培训，努力提高工作人员的信息素质。图书馆的功能和目标是要通过培养高素质的、具有创新能力的、能够自我超越的馆员来实现。图书馆员在掌握专业知识的同时，要有娴熟的现代化信息技能，有丰富的网络信息知识，这样才能为读者提供优质服务，做读者的良师益友，在尽职尽责地为读者提供优质的信息服务中实现自我价值。高素质的馆员是高校图书馆实现人文关怀的保障。

高校图书馆管理者，除了应具备的政治态度、远大理想、高尚风格和正确的人生观、价值观、道德观外，还必须有默默无闻、甘为人梯的精神，读者至上、服务至上的精神，在平凡的岗位上不怕苦累、淡泊名利的精神，热爱图书馆事业的爱岗敬业的精神。为此，高校图书馆的馆员们必须做到为广大师生读者服务热情主动、耐心认真、文明。所谓热情主动，就是做到对广大师生读者的文献需求要积极主动，乐于为广大师生读者服务，不做与服务

工作无关的事。不是对广大师生读者不理不睬，而是做到有求必应、有问必答，主动为广大师生读者服务。所谓耐心认真，就是对广大师生读者的需求、疑问，要做到百问不厌、态度和蔼、语气温和并且认真细致、一丝不苟地去对待。

所谓文明，就是言谈举止必须表现出应有的文明素养，在工作中形成使用文明用语的良好习惯，而不能冷言冷语，更不能挖苦师生读者。这样，使广大师生读者感到图书馆的确是他们学习知识、获取知识的好地方，而对高校图书馆员在为他们提供服务过程中所表现出来的热情、文明、耐心、敬业的精神感到温暖和钦佩，认识到高校图书馆员确实是他们在知识海洋遨游的导航人，从而获得美好的、深刻的精神体验，在不知不觉之中受到大学图书馆员服务育人精神潜移默化的影响。大力提高高校图书馆人的服务育人精神，只有具备了"知识导航"能力的高素质图书馆员，才可能去"揭示"各种科学知识，才能够更好地为广大师生读者服务，利用高校图书馆的教育资源为高校的教学和科研服务，为培养学生终身学习能力服务。

2. 服务内容的创新

（1）开展虚拟参考咨询服务

高校图书馆在做好传统参考咨询服务的基础上，即以口头、书面、电话解答读者常见问题咨询，为用户代检、代查、代译，跟踪课题、编制索引、文摘综述、述评等知识情报服务，还应利用图书馆现有的资源、技术和人力优势，设立网上参考咨询平台，开展虚拟参考服务。虚拟参考服务是一种主要运用网络和计算机技术，对网上提问给予直接回答或数字化信息回答的运行机制。它以邮件、实时咨询、博客等非面对面的网络方式实现咨询平台上知识的开发、管理与共享，它的开展推动了高校图书馆参考咨询业务的深化。

（2）建立重点学科导航库

如何充分发挥网络及网络资源的功能，对网上资源进行整合，满足网络条件下用户的需求，让教学科研人员通过网络获得相关文献信息及服务已成为高校图书馆服务发展的方向。重点学科导航库是高校图书馆利用现代化手段，以学科为单元，对互联网上与高校重点学科相关的信息资源进行集中、分类、评价、组织和有序化整理，按照方便用户检索的原则建立起的资源组织体系。用户通过对其访问，可以到特定的地址获取所需信息。高校图书馆工作人员应利用导航库的功能，为学校重点学科的建设开展深层次服务和特色服务，如建立考研导航库等。

（3）开展馆际互借

在当前网络环境下便利的通信条件基础上，高校图书馆还应积极探索开展馆际互借服务，如通用借阅方式和直接互借方式。通用借阅是美国大学提供的一种图书馆服务，任何一个用户都可以从各高校图书馆借阅资料。直接互借是以用户为主导的馆际互借服务方式，用户自己查询联合目录，联机提出请求，借阅后直接把书送到图书馆流通台。这样既减少了图书馆员的参与和处理时间，也方便了读者的使用，从而使资源互通有无。

（4）提供远程信息服务

远程信息服务主要是通过网络通信功能传递需求信息，为用户提供远程信息服务。它的独特优势是对资源跨时空共享，从而降低成本，提高社会效益。如高校图书馆开展的远程信息教育服务，它以计算机技术、多媒体技术、通信技术等高新技术为主要教学手段，通过多种多样的信息传输方式、灵活多变的学习场所，极大地方便了读者获取网络教育资源。

四、数字图书馆服务创新注意事项

（一）提高馆员科研能力

为读者提供服务的是图书馆的馆员，而优质的服务来源于图书馆的馆员对读者的尊重及恰当的个性化服务等因素的综合，以及馆员的服务能力和业务水平。馆员要想为读者提供优质的服务，就必须首先了解图书馆的信息资源，熟练地掌握图书馆提供的服务平台和深入了解服务对象的科研内容。在数字图书馆建设过程中，广泛应用了先进的信息技术，如推送技术、个人门户网站的建设等，馆员只有积极参与到研究开发过程中去，才能深刻了解和掌握这些服务的本质和内容，并且馆员也了解服务的流程和服务开发的真正需求，避免了因设计人员不了解实际情况而导致的设计错误，这对馆员的科研能力提出了更高的要求。

（二）树立整体服务创新的意识

数字图书馆中的各部分是相辅相成、紧密联系的，资源是基础，技术是重要手段，人是关键，因此应该平等地对待各个方面的创新，而不能顾此失彼，应该以提高整个数字图书馆的整体服务水平为核心，而不是孤立地对数字图书馆的各个服务方面进行创新。将数字图书馆各方面的服务创新当作是一个有机整体，通过服务观念的创新，促使服务内容和服务手段的创新；服务内容和服务手段的创新，对服务馆员提出了更高的要求，推动馆员和组织结构的创新；馆员能力的提高和用户需求的不断变化，使得服务观念也不断地得到更新，从而形成一个良性循环的发展模式。

第五章

高校图书馆学科服务

第一节　高校图书馆学科服务平台建设

一、学科服务的概述

（一）学科服务的内涵

学科服务，也称学科化服务，就是按照科学研究（例如学科、专业、项目）而不再是按照文献工作流程来组织科技信息工作，使信息服务学科化而不是阵地化，使服务内容知识化而不是简单的文献检索与传递，从而提高信息服务对用户需求和用户任务的支持力度。从学科服务的定义可以看出，学科服务是图书馆服务科学研究方式的转变，是由变提供信息资源供用户利用的被动服务模式，到深入科研一线，面向科研过程的主动服务模式。

（二）学科服务的发展

高校图书馆学科服务的主要方式是建立学科馆员制度，学科馆员面向特定学科领域或研究机构，作为教师、科研人员的合作伙伴，主动了解学科需求，并负责组织协调基于需求驱动的学科资源采集整合、知识组织以及情报研究等活动，提供个性化学科研究指导服务以及专业参考咨询服务。但是随着网络环境的变化，学科服务需要有以下改变。

1. 由以资源为中心到以用户为中心的转变

这个转变对于当今的互联网时代尤为重要。如今的互联网正朝着物物相连、人物相连、人机一体的全互联方向发展。全互联时代的特点是人是网络的中心，各行各业提供的不再单是产品，而是充分挖掘服务对象需求的服务。图书馆已经不再单纯是信息提供者，而是服务提供者。以用户为中心就是面向用户科研过程为用户提供所需即所得的服务，而不是将用户淹没在信息海洋中。

2. 由以学科馆员为主体向以学科服务平台为主体的服务模式转变

学科馆员制度的一个缺点就是人力资源的浪费和学科专业知识学习的成本，只有依靠集成数字化科研环境下大量应用的服务平台，充分培养科研用户的信息素养，在统一的服务平台下开展科学研究，并能从平台上直接快速准确的获取所需资源，才能使科研用户专注于科研创新，支持科研决策，缩短科研周期，学科服务的价值才能充分展现，进而提高图书馆的科研影响力。

3. 由以信息单向主动服务向多向协同组织服务模式转变

学科馆员制度是为某一学科提供专业化信息服务的，尽管有可能学科馆员服务多个学科，但在逻辑上是一对一的主动服务模式，对图书馆信息服务是一个重要的补充。随着学科服务平台协同化发展，可以变单向服务为多向协同服务，借助服务平台可以发现学科间潜在的联系和需求，有效组织学科间的协同研究。

总之，学科服务要面向科学研究过程，面向科学研究任务，变资源提供者为服务提供者，变提供信息资源为知识资源，这些都需要一个专业化、个性化、知识化的学科服务平台的支撑。

（三）学科服务系统的构成要素

高校图书馆的学科馆员、学科用户、学科服务平台以及资源信息库构成了完整的信息服务系统，系统中的各要素互相联系，互相配合通过一定的科学合理的模式结合打造出学科服务系统。

1. 学科馆员

学科馆员是学科服务的发起者，也是学科服务过程从组织到实践到维护管理等各个环节最为主要的参与者，高素质的学科馆员团队是高校学科服务工作的根本保证，新形势下的高校学科服务系统中的学科馆员，应该重点以学科服务平台为中心进行人才的选拔与培养，除了传统意义上的在所负责的学科学术领域有所建树之外，关于图书情报方面的信息收集与网站维护的能力又要重点加强，要有针对性地培养其收集处理信息方面的职业技能。

2. 学科用户

通过各种形式的学科服务媒介获取到有利于自己知识信息的人或组织团体被称为学科服务的用户，高校图书馆的学科服务对象多为教师和学生，而在学科服务过程中高校图书馆也要注重分角色的学科服务，教师在教学和科研双重要求下更多的信息需求是专业的学科化的需求，而学生的信息需求大多是所学专业的学科知识。高校学科服务工作的一大特点就是要面向学科用户需求来改变服务方式，因此学科用户在获取知识信息的同时也促进了学科服务的发展，当然学科用户的研究成果也是学科服务产品的提供者。

3. 学科服务平台

学科服务平台是学科服务系统各要素的枢纽，学科服务平台的性质与功能决定了其能够将学科服务系统中的其他要素很好的连接在一起，是学科服务外在表现的具体形式，有了学科服务平台，极大地扩展了高校学科服务工作的形式与手段。

4. 资源信息库

资源库除了本校图书馆的馆藏数字资源之外，还应该尽量购买专业机构的数据库，以及联系其他院校争取以合作共享的方式来引入其他高校的特色数据库。学科服务平台功能的开发，学科服务模式的拓展离不开强大的学科资源库的支持。没有学科信息资源，再好的建设与服务模式都无从谈起。

二、高校图书馆学科服务平台概述

首先就学科服务而言，是指一种带有创新理念和开拓理念的由用户主动参与的服务，服务的开展过程是由各图书馆的学科馆员在所需用户的相关科研领域和教学的物理及网络环境中进行深入发掘，收集归纳，从而转化为专业的信息资源以及相应的学科信息导航，以帮助需要的用户能够获取到有用的资源和相应的服务，是一种相对高效的服务模式。而对平台的概念，就目前有关计算机平台的概念中，学科服务平台应该属于基于系统自维护、自扩展的计算机应用型平台，通过对相关学科服务平台的文献期刊研究，认为高校图书馆学科服务平台是指利用数字出版平台中的资源、学校自有资源和其他网站上与学科服务相关的内容进行搭建的，以计算机软硬件系统为依托，从而实现学科资源和服务的组织、揭示与发布，使用户与学科馆员在平台中进行双向互动与沟通的同时让用户体验到方便快捷、个性化、一站式的信息环境。学科平台要具有扩展性，能够将本校图书馆的馆藏资源、知网、万方、维普等机构数据库资源集合起来，为学科用户提供学科导航、投稿指南、学科相关的培训与讲座信息等在内的资源及服务。

学科服务平台是整个学科服务系统中必不可缺的一部分，未来学科服务工作的开展依靠的就是学科服务平台，学科服务系统中各要素通过学科服务平台得以集中展示，紧密联系。学科服务平台在提高学科信息的系统性和时效性，学科服务的标准化和个性化的同时，通过个性化服务的设计与管理，更利于图书馆将学科服务渗透到具体的工作中，融入学科用户的科研活动当中，还可以促进学科馆员的学科需求分析，辅助其专业化信息的采集和揭示。

1. 学科用户信息需求的改变

学科用户对信息需求变得日益复杂化、综合化和深层化，过去那种直接从网络资源、传统数据库和图书馆电子文档中获得的未经过加工整理的，存在大量冗余数据的信息资源的方式已经无法满足用户的需求，当他们在科研教学过程中遇到问题时需要通过各种渠道，利用多种搜索引擎来获取信息资源，而不能及时将无序化的信息变得有序化，从而已经厌倦解决问题。

高校图书馆学科服务平台服务的学科用户对象主要是师生个人和院系研究所、课题研究小组等科研团队，这些学科用户的主要需求就是希望可以在第一时间获取到其所研究学科的最新动态、科研立项、相关机构的会议安排、本学科领域的学术发展的趋势等内容，从而为自己的学术研究提供帮助，为自己科研过程中遇到的问题提供解决方法，学科用户希望能有一个可以交流互动的平台来与世界各地的不同研究机构团体或个人就目前大家所共同研究的主题项目进行广泛的交流探讨，取长补短并将所得到的研究成果共享到知识库中实现共享，他们也希望能够有一个平台可以及时获得专业学科馆员的指导帮助。学科服务平台基于其强大的功能、友好的界面，结合学科用户的学科背景以及平日的使用习惯建立学科用户档案，通过智能化的信息技术建立用户获取学科服务行为的模型，主动地为学科用户在日后的平台使用中提供资源信息推荐，提高用户的满意度。

2. 高校学科服务平台的作用

学科服务平台的出现可以在一定程度上改善高校学科服务工作中存在的

问题，通过学科服务平台的应用将会让学科服务工作提升到一个新的高度。

（1）有效整合人力物力和资源

现有的技术所建立的学科服务平台的出现大大提升了学科服务工作的深度。以现在推广比较广泛的数字图书馆的建设为例。数字图书馆的推广大大节约了人力和物力的成本。极大地提高了学科服务工作的效率。不但降低了馆员的劳动强度，减少了重复的劳动，而且优化了获取信息的方式，拓宽了获得资源的渠道，增加了增值型创作。

学科知识服务在统一的平台上，利用网络中知识的灵活性、渠道多样性，吸引多方参与，从而有效且广泛地整合人力资源，从原来只由学科馆员负责的任务到现在的整个平台多头参与，甚至可以说是整个平台所有用户。

（2）图书馆员服务更加便利

学科服务平台可以组合多类型的学科信息资源，来解决学科多元化、地域多方位、读者多层次化的问题。通过学科服务平台将多种服务方式整合在一起，来满足不同类型的用户需求。有了学科服务平台，可以更加方便快捷的收集、整理、发布和分享信息，可以为用户提供更为全面的服务。基于学科服务平台，可以大大降低学科馆员在服务中出现的不确定性和随意性，使得馆员可以及时和用户进行交流和沟通，解答用户的问题。为用户提供及时高效的知识信息服务。

而且基于学科服务平台，可以动态地监管学科服务状况。促进各相关部门积极整合资源、优化工作流程。为用户提供专业化、标准化以及深入化的服务。积极促进高校的学科发展，为学科成果的转化提供基础。

（3）促进学科馆员关键能力的提升

学科服务平台可以帮助学科馆员从基本的网站开发技术、项目管理技术、系统开发技术和系统应用技术中解脱出来。从单纯的被动服务，转变成一个学科服务的专家。从单纯的检索，转变成科研追踪、整合学科资源、不断提高服务满足用户多层次、专业化、个性化需求的学科馆员。从学科馆员入手，全面提升图书馆的核心竞争力。从而提高高校科研研究能力，推动学科发展。

三、目前我国高校学科服务平台类型

目前我国高校图书馆学科服务平台的搭建类型上大致有以下几种类型。

（一）学科博客

在我国的高校图书馆当中，清华大学、北京大学、哈尔滨工业大学等院校都建有学科博客，将博客作为院系师生互动交流的新方式。博客是一种交流互动成本较低的平台，同时又不失个性化，针对性，大众化，因此也是适合学科服务工作的一个平台。高校图书馆员通过在个人的学科博客上发布相关学科信息，图书馆更新内容，学科会议，学术论坛，参考咨询等内容，通过师生访客留言来达到互动交流，并做有针对性的改动更新。学科博客的建设方式也分为两种类型：一种是借助第三方的博客进行搭建，还有一种就是完全的自建。对于高校自建学科博客的学科服务平台，其优势在于可以根据本学校的学科自身特点设置栏目，但是其难度在于平台后台管理维护等方面都需要图书馆自身来进行操作，需要较强的技术保障的同时要求博客圈的推广。而借助第三方博客来进行学科服务平台的建设其优势在于博客拥有一定的规模，有着广泛的用户基础，而且平台的建设管理维护等工作均有第三方人员来维护。

（二）商业学科服务平台

商业化的学科服务平台是指由专业的信息公司或单位开发，整合高校学科服务所涵盖的内容功能，以商品的形式出售给图书馆。美国 Spring Share 公司开发的 Lib Guides 平台、湖南纬度信息科技公司的纬度信息共享空间系统以及重庆维普公司的 LDSP 平台，这三家平台是目前主流的商业类学科服务平台。其中 Lib Guides 的应用数量最多，这是由其方便的特性所决定的。

Lib Guides 的优点主要在于：第一，Lib Guides 可以将图书馆的馆藏资源与其他数据库或者网络上的资源进行有效集成组织，图书馆可以更具学科自身特点，集中某一领略的所有相关资源，建立任意数量的 Guides；第二，Lib Guides 汇集了 Web 2.0 的所有元素，因此更方便学科用户、学科馆员的互动沟通，共建共享；第三，Lib Guides 操作模式简单，容易学习掌握，该系统是模块化的设计，即使不会设计网页或是计算机编程也可以完成操作。

Lib Guides 的不足之处主要表现在：第一，其平台只是一个单一的学科资源与服务导航的平台，更多深层次的信息资源分析以及其他的学科服务功能无法提供；第二，虽然 Lib Guides 能够整合不同的检索系统，例如本馆的馆藏资源检索、Google 搜索引擎、夸资源库的检索平台以及各类专业数据库的检索系统，但是也仅仅是将这些系统嵌入到平台的检索界面，没有真正做到完全的集成与融合，难以称得上是一站式的学科服务平台；第三，平台内的资源选择和组织基本依靠学科馆员的经验与个人学科素养，不能直接从现有的数据库中收集整合这些数据，这很容易造成平台资源的质量低下；第四，由于 Lib Guides 是基于云计算的软件营运式的服务模式，它的服务器设置在国外，所以在国内访问时的访问速度也受到较大限制。

（三）静态网页

目前，我国除部分高校图书馆一个学科服务平台都没有搭建外，部分搭建有少量或部分学科服务平台的高校，为其使用人数较少或是可用资金有限等客观因素限制的学科建设的学科服务方式，主要就是介绍该校此学科的情况，教职工信息，相关的学科馆员，联系邮箱等内容，但此类方式基本起不到实质性的学科服务作用。例如清华大学的人文学院所建立的清华大学人文社科图书馆学科服务平台，其主要栏目设置为馆藏资源、新书通告、特色资源、专题书目、图书借还、自助服务、参考咨询、研读间预约、座位预约、网络服务、规章制度、馆藏布局、馆舍馆貌、本馆简介、真人图书馆、公告消息、资源动态、馆藏目录、电子资源、咨询台；法学院的学科服务平台主要栏目设置为首页、学院概况、师资情况、科学研究、教务教学、国际交流、招生信息、人才引进、学生工作、培训工作、校友工作首页内容；法律图书馆（图书馆动态、本馆概况、馆藏资源等）、图书馆动态；医学院的医学与生命科学图书馆学科服务平台的主要栏目设置为公告栏、链接、查找馆藏、电子资源、小助手（馆际互借、资源建设等）、读者指南（本馆简介、馆藏布局、开放时间等）、健康园地（甲型 HIN1 流感的防护措施、甲型 H1N1 流感认知、141 条健康小知识等);清华大学建筑学院图书馆学科服务平台的主要栏目设置为首页、新进图书、馆藏资源、学术成果、服务导航、馆藏珍品、本馆概况、读者指南、联系我们；《文渊阁》首页内容、公告栏、馆藏资源、数字资源、服务导航、支持我们、特别推荐（期刊目录、书刊推介、建筑学导航、开放文库）、馆藏珍品、入馆指南、图书馆导航。

（四）自主建设

近年来，随着学科服务逐步受到国内高校图书馆的重视，有些高校率先开始尝试利用本馆的特色数据库来建设有本馆特色的学科服务平台，从而更好地满足本校师生的学科服务需求。例如同济大学、南京大学以及华南理工大学的自建学科服务平台比较有代表性，其中华南理工大学图书馆以本馆特色数据库为依托为本校的土木交通工程等学科搭建了服务平台，以数据库搭建的方式对有关的学科资源和服务重新进行了整理组织，来方便用户使用。再例如南京大学，在 2012 年该校图书馆与其能源科学研究院借助图书馆的"Subject+学科知识服务平台"，一起开发出了叫做"全球能源科学信息平台"的学科服务平台。该平台汇集了南京大学图书馆所有能源方面的学科资源，逐步形成了包括相关学科的专利、文献、专家以及新闻等多个资源知识库，学科用户在有关能源科学研究的科研活动中能够通过该平台了解到许多专业化的知识，也有助于整个科研活动的进行。

该平台的优点在可以总结为以下四点：第一，学科专业知识涉及面广，包括了和该学科相关的多个资源知识库，并有着清晰的模块分类；第二，对于不同类型的资源知识库，有着清晰的逻辑指引和组织，方便用户可以清楚、准确、快捷地寻找需要的信息资源；第三，可以提供的情报服务为可视化的，具有一定的数据分析的功能；第四，该平台还能提供个性化的订阅服务功能，可以从用户角度自定义关注主题。

但是"Subject+"的缺点在于：第一，只能在各单个的数据库中进行检索，无法整合进行检索；第二，尽管学术资源发现系统 Find+比较全面地汇集了不同类型的资源，为其平台的文献库提供资源，但是也导致其他分类资源的采集及组织整合无法从现有的数据库中整理，需要靠学科馆员的个人工作来进行组织整理，这就会影响到资源的查准率等。

四、目前我国高校学科服务平台内容

尽管由于每个高校图书馆的实际情况、客观因素、学科特点以及需求不同建设不同类型的学科服务平台，但是归根结底学科服务平台具体的内容建设才是关键，而通过对各种学科平台的调查总结，目前我国高校学科服务平台在内容建设上主要是以下几种类型。

（一）本校图书馆的学科服务相关内容

高校学科服务平台上的内容包括了本校图书馆的馆藏资源、学科服务工作相关的新闻、图书馆的各项规章制度、VPN 使用等重点服务内容、学科馆员的职责与联系方式、学科服务内容。这里值得注意的一点是，图书馆学科服务的重要内容之一是信息素养教育，因此基本上这些学科服务平台都提供了本校图书馆的培训课程安排计划，以及与本学科相关的讲座音视频资源，比如北京师范大学图书馆的学科服务平台上推出了可供下载的素质教育微课程。

（二）学科导航

学科服务平台的最基本的部分就是学科导航，学科导航决定学科服务平台的最大使用价值，学科导航的工作就是将特定的学科相关资源，比如馆藏资源以及互联网上大量非馆藏类资源，从海量的资源中抽取出来，统一整合之后来为学科用户提供服务。学科导航类似于学科信息门户，与之不同的是学科导航要涵盖一些常用的学科数据库，电子类期刊、中外文核心学科期刊、讲座的音频视频等。比如哈尔滨工业大学以及浙江大学的图书馆学科服务平台都开设了有关学科专家的专业名人版块的内容；武汉大学图书馆的数学专业学科服务平台则推出了有关菲尔兹奖和沃尔夫奖的专业奖项类版块以及南开大学图书馆的医学专业学科服务平台推出关于诺贝尔医学奖的内容；中国人民大学图书馆的哲学系学科服务平台整理了全媒体资源，即微信公众号、微博、微视频等关于专业新媒体的资源；东南大学以及清华大学则直接将一些学科数据库检索的入口端链接到学科服务平台之上。

（三）学科资源

学科导航的对象是各种网站以及数据库中内容资源的组织与揭示，而学科资源的相关内容针对在学科知识层面上。我国大部分高校的学科服务平台在学科资源方面的内容包括整合不同网站的学科相关新闻、发布一些数据库所提供的学科发展态势分析、ESI 学科的评估分析等。其中武汉大学的图书馆学科服务平台则借助 EBSCO 数据库的相关功能来发布英文学科热点；中国人民大学图书馆在其建立的学科服务平台中借用中国知网的雪客馆来对学科文献内容进行抽取展示；相当一部分数量的学科服务平台的学科资源内容中也涵盖了学科工具，如武汉大学图书馆化学学科服务平台 ACD/ChemSketc、Origin 等常用的化学专业软件放置在平台之中。

五、高校学科服务平台建设策略

（一）重视学科服务平台建设

1. 树立平台建设意识

图书馆应具有学科服务平台建设意识，保证正确的平台建设方向，指导平台稳步健康发展。首先树立信息公平意识，高校图书馆的学科资源应该在保障教学科研任务的基础上最大限度向社会开放。信息是为社会服务的，学科服务平台是一种教育工具，而不是一种社会压迫工具，学科服务平台的存在应该带来的是变革性的教育体验，而不是造成越来越严重的信息不平等。其次树立一流学科意识，"双一流"战略背景下高校图书馆在建设学科服务平台应坚持学科的主体地位，保证一流学科服务平台的数量和质量，积极发展本校优势学科，增加优势学科指南数量，精准满足用户学科信息需求。最后树立共建共享意识，发挥图书馆的主动性，加强与其他国际国内图书馆的交流与合作。各高校独立建设学科服务平台必然会导致平台搭建质量参差不齐、资金浪费严重和服务效果不理想等问题，只有共建共享才能极大地提高我国高校学科服务平台的建设效率。

2. 明确学科服务平台定位

首先明确平台战略定位，图书馆应将学科服务平台建设定位在比较高的起点上，着眼于社会教育、科技与经济发展。"双一流"战略决策的提出使学科服务平台建设具备了基础性、专业性、战略性，这为学科服务平台建设的战略定位提供了重要依据。其次明确平台功能定位，一个完整的学科服务平台应该具有信息发布与推送功能、资源整合与检索功能、参考咨询功能、教学培训功能、用户参与功能、统计分析功能等。最后明确平台内容定位，细化学科分支。按院系分成不同的学科大类，大类之下分成若干重点建设学科，将每个重点学科细化为若干个主要的研究方向，对每一个学科研究方向建设相应的学科网页，形成"院系—学科—研究方向—学科网站"逐级细化的学科服务平台。每个学科网页应为学科用户提供具有针对性、有效性的学科信息资源，而不是某种消息通知或新闻报道。

3. 根据实际情况合理选择平台类型

一方面，高校图书馆应充分利用国内外免费学科信息门户，将其分门别类链接在学科服务平台中。另一方面，不同形式的学科服务平台有不同的特点，图书馆应根据自身实际情况选择合适的平台类型。如学科博客具有互动性、及时性、零技术性等优点；学科网页具有制作成本较低、快捷性等优点；Lib Guides 平台导航性较好；Subject+分析功能较好；Note First 先知信息学科资源导航的优势在于团队科研协作；纬度学科信息服务平台的资源聚合重组能力高，方略学科导航平台对灰色文献资源的搜集全面等。综合实力较强的图书馆可以使用 Lib Guides、纬度学科信息平台等国内外较为先进的学科服务平台；实力较弱的中小型高校图书馆，前期可以使用学科网页或学科博客的方式搭建学科服务平台，后期再根据自身发展情况选择其他类型的平台。另外图书馆还可以根据高校学科建设目标与商业机构合作，建立拥有自身特色的学科信息服务平台，如学院数字图书馆、学科特色数据库等。总之图书馆不应盲目跟风，应该根据实际人力、财力、物力条件选择合适的学科服务平台。

（二）加强学科资源建设

1. 丰富学科资源内容

图书馆应丰富学科服务平台内容，加强对各种类型资源的整合与重聚。将各种类型的学科信息资源按照一定的规则与方法进行选择、分析、描述与揭示，建立合理的学科资源分类体系。图书馆学科服务平台的资源类型应包括以下七种：文本资源、教学资源、交互资源、行业资源、参考工具、网络资源、其他资源。文本资源主要以馆藏文献资源为主，包括纸质资源和电子资源等。教学资源是根据学科教学计划及相关课程产生的学科信息资源，可供学生自主学习，提升教学效果；行业资源是包括学会协会、实验室等在内，以行业为核心的各种社会组织所拥有的资源；交互资源是图书馆与用户相互交流过程中积累而成的资源，信息的单向交流如新闻动态以及信息的双向交流如疑难问题解答等；参考工具是辅助用户学习学科信息的资源，如工具书、软件等。网络资源主要包括互联网上一些免费的学术信息资源；此外还有政府出版物、相关学科知识产品等其他资源。目前我国高校图书馆学科服务平台主要以文本资源、行业资源为主，应进一步加强对教学资源、交互资源、参考工具等其他类型资源的建设，形成全面的学科资源内容体系。

2. 深化学科分析与学科评估

高校图书馆应深化学科分析与评估，运用网络计量学方法，结合教育部学科评估标准，利用 ESI 学科评价分析体系、Web of Science 平台的引文分析工具、Histcite 引文网络分析工具以及 Citespace 引文分析工具等，对学科信息进行深度挖掘与多维度评价分析，提供包括学科结构、学科前沿主题、学科期刊及影响因子、学科热点、学科机构合作、学科热点人物、学科发展态势等信息，为用户提供高价值的精准化服务，从而为高校学科发展与决策提供可靠依据。

（三）加强国内外图书馆之间的合作

1. 促进区域共建与行业共建

一方面，图书馆应充分利用地域优势，与本地区的其他科研中心、大专院校图书馆、公共图书馆等联合建设区域学科服务共建共享平台。一是完善共建共享制度，规定各个图书馆应履行的义务和行使的权利。二是发挥区域优越性，在学科服务平台共建共享过程中，根据各个图书馆的学科资源特色进行分工协作，把最具优势的一流学科资源集中整合，鼓励跨学科资源的收集、整理与研究，从而形成内容全面、系统的区域性学科服务平台。三是成立区域学科建设小组或委员会，负责学科服务平台的合理规划与长远发展，从可持续发展的角度规划本区域各图书馆的学科馆员岗位、工作职责、相关服务等，保证学科服务平台的良性运营。另一方面，图书馆应积极推动行业学科服务平台共建，突破院校层次、地理位置等局限，打破信息壁垒。如医学类、财经类、艺术类、体育类等不同行业性质的高校图书馆应合作建立学科服务平台，制定统一的行业管理机制，基于各自高校的学科优势分工协作，细化学科服务分支，划分为若干学科研究方向进行重点建设，为用户提供更加专、精、深的学科信息服务。通过区域和行业共建形成一种学科共建共享网络，拓展学科服务广度，增加学科服务深度，完善学科服务体系。

2. 深化国际交流与合作

首先图书馆应关注国际学科服务消息，了解国外学科服务动态。其次充分利用国外免费学科信息门户为用户提供学科服务，如英国的社会科学信息门户 SOSIG（Social Science Information Gateway），德国的地理学科门户 Geo-Guides、澳大利亚的法律信息门户 Weblaw，美国的综合性学科门户 IPL（Information You Can Trust）等。再次加强与国外知名大学、科研机构的合作与交流。访问国外图书馆的官方网站及其学科服务平台，了解其学术资源的资源揭示与组织方法，通过电话、邮件等方式咨询学科馆员相关学科信息，发现国内外图书馆在学科服务平台建设中的不同之处，汲取其优秀的学科建设经验。同时结合实地考察，派学者到国外参观访问、参加大型的国际学科建设论坛，借鉴世界一流大学先进的学科建设经验，开展学科服务平台再造，推动学科服务转型升级。最后实施灵活的人才引进政策，引进全球学科专家、优秀学科馆员等高层次人才，提供良好的政策支持及教育科研条件，开展图书馆人才交流互通工作，支持我国图书馆员到其他国家进行课程学习、工作实践，也支持他国图书馆员来华交流。

第二节　高校图书馆学科性服务模式

一、学科化服务模式的构建原则

构建学科化服务体系应遵循以下原则。

（一）资源特色化、功能化

图书馆应以"质量立馆，人才兴馆，特色强馆"为开展工作之基石，特别是要形成自己的特色，找到自己存在的特殊价值。资源建设是图书馆工作的物质保障和重要基础，因此馆藏资源特色化建设就显得非常重要。实体资源采购要与时俱进，及时收集学科用户的需求信息、科研动态，以重点学科建设为契机，不断丰富馆藏实体资源。另外，在虚拟资源建设方面，要有一个长期的规划，开发、挖掘特色资源，使其有序化，做到人无我有，人有我优，形成有较高共享价值的特色化资源。另外，要加大特色数据库等功能库的建设，跟踪学科国内外发展动态，及时整理、分析、组织数据，为学科用户的教学科研提供便利的有特色的资源平台。

（二）服务人员专家化、团队化

学科化服务对学科服务人员的要求非常高，除了必须的深厚的学科专业知识外，还要求必须有较丰富的图书馆情报专业知识、计算机网络知识、人文知识，外语等知识，成为综合性的专家型人才。同时，还能综合利用自己所掌握的知识给服务用户提供问题的解决方案。

学科馆员单枪匹马地提供服务已经不能满足用户的较高需求，这就要求树立团队意识，加强团队合作，协同完成较大较难项目，充分发挥每个成员的能力，将复合的知识产品提供给用户或者组织。

（三）服务内容知识化、创新化

学科馆员在开展学科化服务时，要用最快、最短的时间提供给用户最新、最具知识性的服务内容。专业化的学科馆员根据用户的需求，有针对性地搜索、提炼各种相关信息，经过不断的创造、加工、提炼、浓缩，并结合自己的专业知识，注入新的思维和想法，形成创新性的知识内容提供给学科用户。

（四）服务过程全程化、一体化

学科化服务的过程中学科馆员从用户需求的调查分析到最终的提供解决方案需要学科馆员与用户之间相互融合，融为一体，全程参与，全程跟踪，发现问题，解决问题，学科馆员急用户之所急，想用户之所想，在自己服务范围内与用户协同配合开展学科化服务。

（五）服务人文化、个性化、多元化

学科化服务必须体现"以人为本"的服务理念，以用户为核心，最大限度地挖掘满足用户的需求，针对用户因个人的习惯、癖好、行为、特点等诸多个人不同的实际情况及个人的研究项目特点、进程和方向，采取主动式、引导式、创新式、多元化的学科服务方式，彻底改变传统、单一、被动的服务方式，极大地满足用户多样化、个性化需求。

二、高校图书馆学科化服务模式的构建

高校图书馆学科化服务模式应该是将图书馆的信息资源、学科馆员的优势结合起来，提供以用户需求为驱动的动态、个性化服务，树立图书馆全新的形象，更加充分地发挥图书馆的作用。

（一）高校图书馆学科化服务模式构建思路

学科用户通过在信息资源库和知识库中检索到的信息和知识无法满足个人需求的情况下，需要与学科馆员进行沟通交流，叙述自己的需求和存在的问题，学科馆员成为解决问题、知识产品的提供者。这个解决问题的过程就是一个学科化服务的过程。

1. 服务用户提问

首先，学科化服务用户可以从信息资源库和学科知识库中通过检索手段获取所需要的各种相关信息，这种属于最基本的服务层次，用户只要具备信息检索的基础知识就可以自行获取。

但当遇到较为复杂的学科专业的信息需求时，简单的检索是无法满足用户自身需求的，这个时候就要通过在学科化服务平台上获取，可以采取EMAIL、实时咨询、MSN 等参考咨询方式向学科馆员提问，二者进行沟通交流，学科馆员为用户提供解决问题的信息内容。这个过程是学科馆员提供重点层次学科化服务的过程。

2. 用户需求分析

分析用户的信息需求是学科化服务的基础，针对不同科研人员信息需求提供个性化、学科化、知识化的服务可以说是学科馆员的工作重点。学科化服务的顺利开展必须建立在对学科用户信息需求正确分析的基础之上，根据国内外高校、科研院所等单位开展的工作实践总结，可以通过问卷调查、引文分析、走访科研人员三种方式互补准确了解用户的信息需求。

学科馆员在接受用户提问后，要先确定课题所处的研究阶段，在不同的研究阶段学科馆员需要确立不同的服务策略。在课题的立项阶段，分析课题所涉及的学科专业知识和研究背景、综述及国内外研究的现状，为开题做好充分的准备；在课题的进行过程中，及时地跟踪国内外研究的动态和进展情况，做好充分、准确、翔实的研究工作；在课题的验收结题阶段，组织、整

理课题的研究成果，并开展科技查新和信息检索，顺利通过鉴定验收结题。

在上述课题开展研究的过程中，学科馆员要不断加强与用户之间的沟通和交流，也可以通过到学科博客、用户博客、学科社区等处深度挖掘用户的隐性需求，在与用户的深入探讨研究中，将用户的隐性需求变为显性需求。这样，学科馆员就能更加明确地了解用户的目标和需求，分析策划出更加适合用户的学科化服务策略。

3. 制定服务策略

在完成用户需求分析工作后，学科馆员为学科用户制定服务策略。根据对用户的需求分析结论学科馆员可以通过已有知识库查找相关信息，或者通过与项目组人员沟通交流，选择合适的工具及信息资源库获取所需资料，经过筛选、整理、组织、分析、定型后，把最终的知识产品提供给用户。

4. 用户信息反馈

用户意见反馈对图书馆学科化服务的可持续发展具有重要的作用，只有通过意见反馈才能不断完善服务。在收集反馈意见的基础上，再进行分析、调整、修改，使服务更加令用户满意。

用户收到学科馆员提供的服务产品后，需要对学科化服务进行意见的反馈。若对结果满意，本次服务暂时结束，之后学科馆员要对项目进展等情况进行跟踪服务；若对服务不满意，学科馆员还要针对用户的意见和建议再次制定服务策略，与用户加强沟通交流，提供更加适合用户的服务产品。

5. 记录结果，存库更新

用户对学科馆员提供的个性化服务给予肯定后，学科馆员整理、组织、分析学科化服务后的知识结果，并对其进行分类归纳到学科知识库当中，随时对学科知识库进行更新、完善、补充、优化，以便今后更方便、快捷地为用户提供相关信息。该模式可以作为高校图书馆学科服务的基本模式，是引入 LIBRARY2.0 理念、应用 Web 2.0 技术、以用户个性化需求为驱动力，以提高用户满意度和用户信息素质为目的，以解决用户学科专业问题，促进知识创新为最终目标，开展个性化、集成化、多层次的学科化服务。

（二）学科服务平台服务模式优化

检验学科服务平台服务水平的核心点就是用户的反馈，用户是整个高校图书馆学科服务工作的重心，只有了解用户的需求，才能高效地开展学科服务工作，搭建出使用价值最大化的学科服务平台。高校图书馆学科服务对象主要分为学生和教师。不同的用户角色对信息的需求不同，而他们的信息需求、信息行为直接影响着学科馆员的学科服务模式。因此，只有在充分了解了不同用户的信息需求的前提下，才能进行学科服务平台的创新与完善工作，才能开展出真正意义上的个性化学科服务工作。由于不同学科具有不同的学科特点，不同学科用户在学习科研阶段、学术能力和信息用途等方面也都存在着不同程度的差异，因此要分角色地了解用户的信息需求。此外，不同的高校所处的地域不同，师资力量不同，本校的不同学科的科研水平层次不同，所以尽可能详细地了解高校学科用户的信息需求来提供分层次的学科服务工作。

1. 分层次的学科服务模式

最初的 Lib 1.0 时代高校图书馆学科服务的主要内容是提供学科信息资源，之后随着 Web 技术的进步和学科服务理念的变化，学科服务从以为用户为中心的 Lib 2.0 时代步入到信息智能化和专业化的 Lib 3.0 时代，高校图书馆的学科服务工作更加注重图书馆员参与下的基于用户需求的服务工作。借助学科服务平台，进行分层次的学科服务工作符合新时代学科服务工作的要求。分层次的学科服务模式主要由学科服务内容、学科服务团队、学科服务对象以及学科服务目标四部分构成。

（1）分层次的学科服务内容

分层次的学科服务内容应该细分为常规学科服务和深层次学科服务两个部分，常规学科服务内容如学科导航、科技查新等，深层次的学科服务内容如用户科研课题的全程追踪服务等。

（2）分层次的学科服务团队

分层次的学科服务团队，该团队可以按照工作水平的不同分为学生顾问、学科顾问、咨询馆员和学科馆员。学生顾问和学科顾问由该学科所在院系的优秀教师及学生担任，咨询馆员由具备有关该学科知识背景的图书馆员担任，学科馆员则由长期从事该学科专业的专家来担任，学科馆员在学科服务团队中具有主要的决策作用。

（3）分层次的学科服务对象

分层次的学科服务对象，即一些面向全校师生的常规性服务工作由咨询馆员通过静态服务方式来完成，同时咨询馆员可以为学科馆员的工作提供辅助性的帮助；学科馆员要深入到学科院系当中，基于学科顾问和学生顾问的帮助，针对所负责学科的重点用户来提供深层次的学科服务工作。

（4）分层次的学科服务目标

分层次的学科服务目标，应以促进学校科研发展、学科建设和人才培养为主要目标。

2. 与慕课资源结合的推广模式

慕课，即大型开放式网络课程，近年来发展呈现越发兴旺的态势，国内多所高等院校比如北京大学、清华大学、复旦大学等在众多世界名校如斯坦福大学、哈佛大学、麻省理工学院等加入慕课之后，也纷纷选择加入。

慕课是一种新型的教学模式，由于其课程注册无人数上的限制，对于学科用户没有年龄、职业、性别、学历要求，同时还不受时空空间的限制，可以随时随地借助网络学习等特征，其影响也是十分显著的。美国教育委员会于 2013 年宣布 Coursera 的 5 门课程学分获得大学承认，这一宣布意味着慕课正式成为高等教育体系的一部分。2014 年 5 月，中国大学慕课正式上线运营，随后在深圳大学的牵头下，优课联盟于同年 5 月 13 日正式成立。

慕课有其自身的优势，并且是一种非常显而易见的优势，这种优势首先体现在资源的海量上。以目前世界上最著名的免费在线课程平台 Coursera 为例，其目前在线课程为 1 465 门，合作伙伴超过 133 个，在这 465 门课程中，几乎包罗万象，涵盖了所有的学科门类，可以说是集中地展现了世界顶级课程。其次就是慕课学习的便捷性，无论何种类型的学习者都不受时间或是空间的限制，网络加设备即可登录平台进行在线学习。当然这其中不得不提到的就是慕课学习者的广泛性，不受年龄、性别、职业、身份的限制，注册平台之后即可参与到在线学习当中，因此也为学科馆员收集资料提供了很大的方便。最后则是慕课学习的灵活多样性，在学习过程中遇到有疑惑的地方可以随时暂停，查阅资料或者请教他人，也可以反复多次学习观看。

学科服务是图书馆未来发展的重心，在慕课的快速发展下，图书馆员依托学科服务平台将高校图书馆学科服务工作与慕课相互渗透结合的模式，能够使得各高校图书馆开展出以慕课为中心的个性化学科服务。各高校的图书馆学科馆员凭借自身的知识储备和专业技能，通过查找自己所负责学科的相关资料，在经过自己自身对慕课课程的学习之后，与熟悉该课程的教师共同合作编写该慕课课程的学习指南、课程难度，以及学习过程中可能会需要到的参考资料和获取这些参考资料的途径，然后将其发布在本校的学科服务平台上。同时学科馆员还可以依靠自身学科服务经验，将慕课课程嵌入到本校学生已有的课程体系当中，起到互补作用，一来可以为学生学习本校已有课程做指导，二来也可以提高慕课课程的教学质量，通过与本校专业教师合作交流，发布慕课课程与专业课程的联合学习指导。在教授方法方面，学科负责人以及学科馆员在其所负责的院系中积极推荐优秀的慕课课程，组织慕课学习讲座，知识竞赛等活动，让更多的师生在了解使用慕课课程的同时起到宣传学科服务平台的用户推广作用，从而丰富本校学科服务形式。

由于慕课对于在线课程的学习用户没有严格的限制，虽然为不同受教育程度的用户提供了非常好的提高自己的方式，但是不可忽视的是正是因为没有门槛的限制，所以基础较差，学习能力较低的师生在慕课的学习过程中遇到各种问题，最终无法继续进行学习。这些人群大多数缺乏信息素养培训，面对现如今高速发展的网络世界，纷繁复杂的海量信息资源，不能有效地掌握信息收集、整理分析的能力。而在学科馆员在建设维护本校学科服务平台的过程中，积累了丰富的收集整理信息的经验技能，除了将自己收集整合的信息资源发布到学科服务平台上，学科馆员还应该深入到各个院系，通过专题讲座，课外教学等形式将自己的信息收集经验、收集渠道、收集方法教授给这些需要的用户。当然学科馆员也可以将这些培训课程做成慕课课程加入到学科服务平台的信息素养培训模块，从而丰富学科服务的信息素养培训模式。

3. 微信嵌入学科服务

微信作为移动新媒体推广以来，目前已拥有超过 7 亿的用户。据微信官方统计，微信 App 已覆盖了 90%的智能手机，其中 80%的用户为企业职员、自由职业者、学生、事业单位员工。为此作为高校的工作人员自然不能忽视微信这种"随心所欲"的服务方式，应将学科服务嵌入到读者的社交工具中，当读者有需求的时候能够做到"随叫随到"，使微服务深入人心。"微学科"服务主要包括信息发布、参考咨询、表单处理、在线课程学习。信息发布主要是推送高质量的学科信息资源到朋友圈、群发信息、微信群聊；参考咨询主要是挖掘读者隐性需求，利用关键词自动回复功能，与 FAQ 结合，自动返回答案，对于一些无法自动回答的问题则单独创建人工留言或人工实时咨询；

表单处理是指读者可以通过简单提交表单方式进行预约；文献传递、课题查新、检索报告、培训讲座，与相应平台对接，能随时看到预约请求的受理进度；在线课程学习主要针对资源培训，图书馆提供相关的视频课程、培训课件，利用读者的碎片化时间对其进行培训。

4. IM 学科信息服务

（1）IM 学科信息咨询服务

图书馆在开展学科化信息服务时，需要选择采用何种方式与用户交流沟通，其中较为常用的有 IM。利用 IM，图书馆可以实现实时地与用户交流，进行学科化信息服务，其在表现形式上主要有两种方式。

第一，嵌入用户环境。图书馆面向学科领域和科研机构，组建一个个灵活的学科单元，将资源采集、加工、重组、开发、利用等工作融于每个学科单元之中，每个学科单元由若干名学科馆员负责，并将学科馆员的 IM 联系方式提供给用户。在用户与学科馆员建立联系之后，用户登录 IM 工具即可向学科馆员进行咨询，以获取帮助。通过学科馆员专业化的知识重组，使信息服务由粗放型管理转向学科化、集约化管理，从而为用户提供更深入、更精细、更个性化的服务。例如宁波大学图书馆以馆藏资源为基础，将学科分为人文社科、工程技术、人文语言、生命科学等，每个学科由专门的学科馆员负责，并提供 QQ 或 MSN 联系方式。

第二，嵌入学科信息服务平台。为了更好地发挥图书馆在网络环境下的作用，许多图书馆为学科化信息服务搭建了专门的服务平台。学科信息服务平台是联系用户和学科馆员的媒介，是学科知识服务系统的外在表现形式。学科馆员通过学科信息服务用户平台向用户提供服务。学科化信息服务的各个组成部分均可在此平台上以醒目、有序、便捷的方式展现。在学科信息服务平台上，利用网页嵌入技术将 IM 嵌入平台，加强了服务平台与用户的互动，改善了用户的服务体验。

（2）IM 学科智能推送服务

针对学科的信息推送是高校图书馆的重要工作之一。学科服务作为高校图书馆一项重要的对外服务项目对馆员的要求很高，工作量也很大，需要即时获取学科最新信息和动向，并将收集到的信息加以整理并发布到网络上。

高校图书馆在开展学科化信息推送服务时，可将 IM 即时通信工具引入创建 IM 智能机器人平台，作为分发平台。读者可以在平台上定制自己关注的学科内的细小分类，这样就保证了读者接收信息的质量，又释放了学科馆员的基础工作量。IM 机器人可以根据读者定制的条件将学科馆员的最新信息进行筛选分级，并发送到读者的即时通信工具上。应用 IM 机器人代替学科馆员发送学科化信息，它可以取代人的部分工作，可以将工作时间从 5×8 小时拓展到 7×24 小时。它是一种便于管理和维护并且低成本的解决方案，是基于人工智能技术的应用，可以针对服务对象以及业务类型的不同进行分类处理，对通信的内容进行智能的分析，从中提取指令内容，并根据指令的内容获取服务对象需要的信息并予以回复。利用 IM 开展学科化信息推送服务，可以让更多读者定制学科信息，而不受时间、空间、人员的限制。例如，上海交通大学图书馆 2009 年推出的 OPAC 机器人服务，以及后续设计开发的百科机器人、信息导航机器人、新书通报机器人等。

IM 智能机器人服务开发方案主要包括学科信息推送服务流程和系统建设两方面。一方面，根据用户需求确定业务的主要流程。基于该用户建立自己关注的学科以及学科下面的详细方向分类，并提交其常用的 IM 工具联系方式，将系统的 IM 机器人加为好友。学科馆员在管理后台将收集到的最新学科资讯进行分类并批量导入平台数据库，IM 机器人每天定时从数据库中获取最新的学科资讯，并根据读者定制的分类，将信息发送到读者的 IM 即时通信工具上，读者登录后即可看到最新的学科信息，并可以通过发送指令的方式向 IM 机器人请求其他学科的信息，IM 机器人根据请求的条件获取信息并发送到读者的 IM 即时通信工具中，并在此基础上形成了学科信息推送服务模型。另一方面，是系统建设，即根据 IM 推送机器人具有多用户数并发、响应读者命令及时、7×24 小时服务等特性，设计定时推送和根据用户指令，获取两部分主要功能进行学科信息库和用户信息库建设。

第三节　高校图书馆学科性服务体系

按照系统论的观点，学科服务系统属于人为系统。人为系统里有施动方与受动方，即学科服务主体与学科服务客体；主体依靠一定的平台为客体提供服务；人为系统的运行离不开科学的管理；同时，系统的优化还须依赖一定的评价手段去促进。因此，整个学科服务体系至少应具备这些要素：学科服务主体、学科服务客体、学科服务平台、学科服务管理、学科服务评价。这五个要素组成学科服务系统有机整体，但不是各要素的机械组合或简单相加，而是有机的，具备各个要素在孤立状态下所没有的整体功能。同时，系统中的各要素也不是孤立地存在着，每个要素在系统中都处于一定的位置，起着特定的作用。要素之间相互关联，构成一个不可分割的整体。关于学科服务主体、客体以及服务平台上文已有详细论述，因此，本节重点分析高校图书馆学科服务体系中的学科服务管理和学科服务评价两大要素。

一、高校图书馆学科服务管理体系

（一）宏观层次的管理

宏观层次的管理主要是指高校管理者对学科服务的管理及高校图工委管理者对学科服务的支持，它们是学科服务工作得以开展的坚强后盾。

1. 高校管理者对学科服务的管理

高校图书馆作为高校的直属单位，在人、财、物等方面并不独立，需要服从学校的分配与调度。学科服务体系涉及到的馆舍布局、资源调整、设备购置、人力支持等都需要得到学校的批准与投入。因此，学校对学科服务的重要性认识程度与定位是影响学科服务体系构建的关键因素。学校领导应充分认识开展学科服务为教学和科研带来的巨大潜在价值，鼓励图书馆开展学科服务，对学校的建筑（含馆舍在内）使用作总体规划，提供足够的馆舍供图书馆开展学科服务，并从资金和人力上给予大力支持，保障下属的图书馆有足够的空间、资金、人力运作学科服务。

2. 高校图工委对学科服务的支持

教育部高校图工委是高校图书馆的名誉领导，对高校图书馆工作具有指导作用。面对各高校越来越大的学科建设呼声，高校图工委应顺应形势，大力倡导学科服务，开展一些实质性的工作支持学科服务，如举办各种与学科服务相关的专家交流会、学科馆员交流会、学科馆员培训班等。将学科服务概念深入人心，在高校图书馆之间交流成功开展学科服务的经验，提升已开展学科服务学校的学科服务水平。与成功开展学科服务工作的院校联合举办学科馆员培训班，聘请优秀学科馆员授课，带领受训学科馆员实践，让参加培训的学科馆员亲身体验学科服务。为高校图书馆担负起培养优秀学科馆员的重任，为提高全国高校图书馆学科服务的总体水平作出应有的贡献，推动全国高校图书馆学科服务向深入发展，进而达到推动全国教育发展的目的。

（二）中观层次的管理

中观层次的管理是指高校图书馆管理者对学科服务工作的具体管理以及接受学科服务的院系对学科服务的协作管理。高校图书馆管理者是学科服务的规划者与组织者，是学科服务管理的核心力量，对学科服务工作的开展起着至关重要的作用。

1. 高校图书馆管理者对学科服务的管理

高校图书馆管理者对学科服务的管理主要是通过公关运作、制定学科服务规划、对学科馆员进行管理、制定相关的规章制度等来实现的。

（1）公关工作

图书馆管理者的公关运作对于学科服务的开展非常重要，可以说是整个工作能否顺利开展的决定因素。图书馆管理者的公关工作主要包括向学校管理者提出开展学科服务所必需的馆舍、资金、人力等资源的请求，获取学校管理者对学科服务的支持；向高校图工委提出学科服务工作指导、培养人才等请求；与服务对口院系商议学科服务的内容与范围等，争取对口院系在馆舍、资金、人力等方面的支持，与对口院系协商解决学科服务平台（资料室型学科服务平台）的管理以及在开展学科服务过程中的合作事宜等。

（2）制定学科服务规划

学科服务规划是图书馆依据学科服务的发展要求，通过翔实的调研分析和部署，以正式文本的形式，确立服务的远景目标和预期效果，科学划分发展阶段，制订的具体行动举措。

为了确保学科服务有目标、有步骤、按计划地运行，保证服务的效果与连续性，同时也为了让用户与工作人员更清晰地了解学科服务的目标和计划，图书馆管理者通常会制定学科服务发展规划。

制定学科服务规划首先要考虑的是学科服务环境、拥有的资源、人力、资金来源等多方面的筹备与支持，不能让学科服务成为空中楼阁，空有蓝图，不能实践。规划的具体内容应涵盖学科服务的背景、内涵与意义；学科服务的目标、任务与近景、远景规划；学科服务的框架、服务方式与政策规范；学科服务的队伍建设，具体包括岗位职责、资质能力要求、认证与考核、培训计划与培训制度等；学科服务的组织与管理，具体包括组织结构、工作流程、管理制度与管理办法等。规划一般分为短期和中长期，短期规划也叫年度规划，一般为 1 年，中长期规划一般为 3 至 5 年。制定学科服务规划能使全体学科服务人员统一思想和行动，对服务的原则、目标、任务、意义、组织、管理等达成共识，迅速进入工作状态，促进工作顺利开展，较快取得预期成果。

（3）对学科馆员队伍的管理

图书馆管理者对学科馆员队伍的管理主要包括学科馆员的选拔、任免、考核、培训、队伍建设等。

管理者为了把学科服务搞好，达到规划的学科服务目标，必须选拔任用一大批合格的学科馆员去执行学科服务任务。众所周知，并不是所有的馆员都适合担任学科馆员，必须选择思想素质好，积极肯干，具备学科服务能力的馆员去担任学科馆员。在学科馆员的工作过程中，注重对学科馆员能力的考查，检查学科馆员的任务完成情况，注重收集学科用户对学科馆员的评价等。奖励那些任务完成好、受用户欢迎的学科馆员，同时免去那些用户反响差、没有尽到学科服务责任的学科馆员。

注重学科馆员的交流、培训。建立馆内学科馆员交流机制，同时让学科馆员有机会参加各种馆外的交流会、报告会、培训班等，提升学科馆员的学科服务能力，使其更出色地完成学科服务工作。

注重学科馆员队伍建设，做好人才储备工作。在学科馆员队伍配置时注意老中青结合，在引进人才时，注意引进具有学科服务潜质的馆员，平常也多注意让有经验的优秀学科馆员教导后备的学科馆员。尽早做好人才储备工作，培养好学科服务的接班人。以便在需要时，能顶上去，使学科服务工作不致中断。

（4）制定各种规章制度

制定学科馆员岗位职责。对学科馆员的工作任务、职责范围作出明确的界定。让学科馆员清楚地知道自己该干什么，并依据岗位职责作出工作计划与总结，作为领导层考核任务完成情况的重要依据。

学科服务平台服务承诺。即图书馆管理者根据学科服务平台的职能，将学科服务平台的服务内容、标准、程序、时限等向用户公开作出承诺，在用户的监督下实施服务，以此来主动接受用户的检验和监督。学科服务平台的服务与图书馆的服务不尽相同，是图书馆服务的延伸和提升。因此，学科服务平台新的服务项目如何开展，老的服务项目如何升级，有必要做出相应的服务承诺。

制定学科馆员激励制度，激发学科馆员服务热情；制定学科服务平台咨询台首问责任制等。

2. 院系对学科服务的协作管理

学科服务平台的建立，需要得到对口院系的人力、物力，特别是财力的支持，希望对口院系能对学科建设资金进行合理规划，将一部分资金投入到学科服务平台的建设中，同时也希望得到对口院系馆舍、文献信息资源等方面的支持。在学科服务平台的建设过程中，图书馆还希望得到对口院系关于平台规划的提议，以便更科学、合理地规划学科服务平台。这些都需要对口院系管理者的决断、组织、协调与参与。

对口院系的师生是学科服务的对象，在学科服务过程中也经常需要得到对口院系的支持与参与。比如学生课程信息的提供、教师科研信息的提供、师生学科用户档案的采集、机构知识库的建立等都需要得到院系的配合与协调。另外，学科服务平台的日常管理与建设也需要得到对口院系的配合与协调。基于资料室型的学科服务平台本身的一部分管理人员就来自对口院系，接受院系的管理，只是在业务方面服从图书馆的安排。此外馆藏资源建设、师生信息素养课的安排、学术、专题讲座的设置等都需要得到对口院系的组织与协调。

（三）微观层次的管理

微观层次的管理主要是指学科馆员对学科服务工作的具体操作执行，即对学科馆员工作职责的执行，是学科服务工作施行好与坏的直接决定因素。同时微观层次的管理还包括其他工作人员对学科服务工作的协作。

1. 学科馆员职责

（1）联络与宣传

学科服务是针对用户需求的服务，学科馆员必须先了解用户需求才能够提供服务。要了解用户需求就必须先和用户建立联系，走到用户中间，与用户交谈，了解对口院系师生的根本需求，更有针对性地将图书馆服务送到有需要的师生身边，促使师生及时了解服务内容，在有需求时能够首先想到利用图书馆。为读者找到可利用的服务，为服务找到可应用的对象，在两者间发挥纽带与桥梁作用。同时，经常与用户保持联络也是收集用户学习科研档案的主要渠道，是融入用户与用户保持良好关系的重要途径。与用户联络的方式很多，比如参加教研室或院系与教学、科研相关的会议、活动，听取服务学科主干课课程参与用户讨论，在咨询台值班接受咨询，通过电话、QQ、电子邮件等直接联络用户等。每一个学科馆员都需面对众多的学科服务用户，学科馆员不可能对每一位用户都走访到位。在这种条件下，宣传的作用就大了，宣传到位了，用户会主动找上门来要求提供服务，大大地提高学科服务的效率与针对性。因此，学科馆员要随时随地宣传学科服务，宣传图书馆的资源与服务。在与用户的联络过程中，也要尽力宣传推广学科服务。常见的宣传方式有在对口院系网站上设置学科门户网站链接、发放介绍图书馆资源与服务的宣传册、创办并发放帮助读者了解图书馆及学科服务的馆刊、举办各种大型的专门宣传活动、在对口院系摆放学科服务宣传板报、在学科服务平台张贴学科服务简介、将宣传材料制作成电脑保护屏在学校多媒体教室的电脑上播放、组织图书馆资源与服务的问卷调查等。

（2）参考咨询

学科馆员在信息服务平台咨询台接受读者咨询，方式包括面对面咨询、电话咨询、QQ咨询、电子邮件咨询等。学科馆员应耐心倾听师生问题，仔细分析咨询内容，交流互动探讨用户真正的信息需求。能及时解答的及时作答；不能及时解答的知识性咨询，在最短的时间内检索、加工、整理形成产品呈交用户；专业性强的深度咨询转给对口的学科馆员处理。实行首问责任制，也就说第一个接受咨询的学科馆员一直要将问题解决全程负责到底，直到用户获取满意答案。

同时，负责新书推荐、学科专家库信息整理、编写投稿指南、课程参考书目、FAQ、与学科专业相关的站点导航等放在学科信息门户供用户浏览、查阅。

（3）信息素养培训

信息素养的培训内容可根据读者的实际需求设定，信息素养的培训形式可灵活多样，专题讲座、短期培训、带领参观、网上教学、发放专题资料等。美国康奈尔大学的信息素养培训课非常有特色：在课程中安排一两节课由学科馆员主讲，内容根据课程对文献资源的需求定制，同时制作针对课程的指南网页供学生参考；举办一些实用软件如网页制作软件、个人文献管理工具、图像处理软件、Office 软件等和专题数据库的培训讲座；举办多场面向新学生、新教工的迎新活动，主要形式为馆舍参观、图书馆讲座、欢迎会、午餐会等，边参观边讲解资源与服务，或在电子教室中深入介绍图书馆门户网站及电子资源利用方法，向新教工发放附有学科馆员名单的图书馆资源与服务的宣传材料等。

（4）学科资源建设

学科资源建设对于学科服务工作的开展非常重要，没有高质量的学科资源体系不可能有高质量的学科服务。学科资源体系一般包括传统文献信息资源、数字资源、隐性知识开发等。传统文献信息资源建设即传统意义上的馆藏资源补充。学科馆员在深入了解现有馆藏资源的基础上根据用户的要求、学科学术发展动向及学科发展规划（如开设新专业）选择购买所需资源补充馆藏。数字资源建设不仅包括学科数据库的采购与自建，还应包括网络学科资源的导航、学科机构知识库建设、学科新闻报道等，对学科数字资源的挖掘、组织、评价与推送。学科隐性知识开发一直以来都是一大难题。上海交通大学图书馆举行的"鲜悦"活动对隐性知识开发很有启示。图书馆联合研究生总会、图书馆学生管理委员会，从学院中选拔各方面都很突出、被誉为"牛人"和榜样的高年级学生当作"书"，通过面对面或虚拟网络向"借阅者"解疑答问，第一时间分享头脑中激活的智慧，愉悦地进行"阅读"。图书馆学生管理委员会为每次活动配备秘书，负责对交流内容进行记录并整理、汇总和提炼。在征得同意后将这些资料对全校读者开放，成为人人可以参阅的"校园手册"，实现分享效果的最大化。

（5）定题服务

这里的定题服务不同于传统的图书馆参考咨询部门根据用户请求一次性或定期地将符合需求的最新信息传送给用户的服务模式。而是一种全新的学科馆员完全融入科研团队，全程跟踪项目进展状况，主动、适时地提供有针对性的基于知识单元的服务，是一种专门针对学科建设重点项目的需要定制的服务。学科馆员从课题前期调研、开题立项、研究中期、直至成果发表验收及报奖阶段提供全程服务。立项前，为课题查新，参与课题策划，为立项工作作准备，协助开题立项；立项后，参与课题内容分析，与科研人员共同制订文献检索方案，对所检信息进行收集、评价、分类、组织、有序化整理，为课题的创新性论证准备材料，做好文献需求保障；论文写成后，进行投稿指引，报道各学科期刊的影响因子，便于用户选择；课题验收报奖阶段为课题查新，为课题成果的新颖性提供证据；成果发表后，查收查引，跟踪课题影响力；继续追踪学术前沿，用情报学方法对科研热点进行前瞻和预测，为申请下一课题作准备。在整个科研活动过程中，学科馆员全程参与课题研究，全程跟踪用户的信息活动，把学科服务嵌入到用户的科研活动过程中，深入到知识需求的解决过程中，为科研课题提供研究策略和解决问题的方案，进行知识捕获、分析和应用。

2. 其他相关人员的协作

学科服务并不只是学科馆员的工作，它是图书馆的创新服务，需要得到其他相关人员的支持，必须有强大的学科服务团队做后盾，才能把学科服务工作搞好。学科馆员就好比军队中冲锋陷阵的战士，其后必须有强大的后勤保障团队。学科服务团队由学科馆员、馆员、计算机专家、多媒体工作者甚至部分院系的师生组成，但服务团队不是固定不变的，而是根据学科馆员的工作按照服务需求灵活组织。比如在学科服务物理平台里，学科馆员和其他馆员、多媒体工作者、信息技术专家甚至部分用户一起为用户提供服务；在学科服务虚拟平台里，学科馆员需要信息技术工作人员对学科信息门户技术上的支撑；在宣传工作中，需要取得图书馆行政工作人员及院系的帮助与协作；在资源建设工作过程中需要图书馆采编人员的配合；在定题服务中需要参考咨询部的协助、支持；在学科信息收集过程中，需要得到教务处、科研处相关人员的支持与配合等，总之，学科馆员的一切工作都离不开相关人员的支持、参与、配合与协助。"没有完美的个人，只有完美的团队"，事实上，正是由于集体智慧和群策群力，才使学科服务在高校中迅速深入人心。

二、高校图书馆学科服务评价体系

（一）学科服务评价的目的

图书馆服务评价是在一定的价值观指导下，用一定的技术和方法收集图书馆服务的全部信息，并依据这些信息对服务过程和效果做出客观衡量和价值判断。它是图书馆战略规划中一个重要目标。评价本身并不是目的，而是图书馆管理过程的一个环节，是实现图书馆服务目标的重要手段。评价的根本目的如下。

1. 凝练服务方向、创新服务理念

学科服务的方向概括地说就是从学科管理运行机制到服务内容和服务方式都必须体现为高校学科建设服务，为高校发展服务。学科服务方向是否正确，理念是否具有创新性，主要通过评价来进行判断，这种判断必须对学科服务的目标、规划和计划的方向性认定，对学科服务管理过程分析，对服务效果检验，以及学科服务的思想情况进行了解。通过评价，纠正其不合适的方面，促使其向着正确的方向前进和发展。

2. 改善服务条件

高校图书馆学科服务条件是指学科服务的场所、设备、人才和经费，这是学科服务活动实施的物质基础。服务条件的好坏直接关系到服务工作的水平和质量。一般情况下，条件优越，服务水平和服务质量相对要高，反之亦低。当然不同的高校由于其学科建设的现状各异，图书馆学科服务的情况也不同。因此，我们对学科服务的条件并非无限地改善，还得强调工作和条件的相适性，即条件的改善要与工作开展同步。学科服务的基本条件超越工作需要也是一种浪费，工作的必要条件都不能满足，势必影响工作的开展，而条件和工作如何相适应，这就需对其相关要素作出科学的评判，找出其中的薄弱环节，并依此提出改善措施。对各个图书馆而言，学科服务的条件中哪方面薄弱，应优先改善，也只有通过评价，才能作出科学判断。

3. 优化管理过程

学科服务管理是学科服务能否正常运行和有效实施的关键，是学科服务的重要保障与可持续发展的支持。学科服务评价包括对图书馆学科服务管理过程的评价。在评价中，对学科服务管理过程进行系统调查形成数据资料，通过对数据资料进行统计分析，同时，对学科服务管理过程进行定量和定性的分析，使学科服务管理更加合理化，还可对学科服务管理过程起优化作用。

4. 提高服务质量

图书馆服务质量是指图书馆服务过程及其最终提供的服务产品的优劣程度，具体体现为服务取得的效益大小、达到目的的程度、问题解决的结果状况，最终反映在用户和服务机构双方的满足或满意程度。服务质量的高低，不仅取决于图书馆服务能力的强弱，而且体现于用户在接受服务过程中的感知等。也就是说，服务质量是用户主观感受到的质量，服务质量的最终确定需要依靠用户，要是用户难以感知到或仍旧不满意，那么服务质量就不高。学科服务是因学科用户的需求而产生的，同时伴随着学科用户的需求而发展，没有学科用户或者学科用户不满意的学科服务是无法生存的。因此，学科用户及其满意度是检验学科服务质量重要标准。同时，以用户对服务过程和效果的满意度来评价学科服务也更科学、客观和公正。一方面，减少了图书馆管理者对学科服务评价不可避免的主观性，更具可信度。另一方面，能全面暴露学科服务体系中存在的问题，评价结果更具针对性，对学科服务的发展更具引导性。另外，让学科用户成为学科服务的评价主体，还能扩大学科服务的宣传，更多地了解学科服务；激发学科用户参与学科服务的积极性，体现其主人翁地位；同时还能增强学科用户对学科服务的监督作用，促进学科服务的发展，提升学科服务质量。

5. 提供决策依据

学科服务评价可了解用户对学科服务及其过程的感知、体验和期望，从而进一步了解学科用户对现有学科服务的内容、规范、标准、要求的期望。关于学科服务的规范、标准等应有利于学科服务的健康发展。学科服务的管理、范围、内容、模式、发展速度等应与各高校的学科建设的客观需要相适应。这就要求图书馆在进行学科服务决策时，必须充分调查研究和科学论证。而学科服务评价，可以对主客观情况和供需情况进行分析、评判和预测。利用评价结果可以改进现有的服务并确定新服务，进而推进图书馆在馆藏发展、网络服务、研究支持和学科载体建设以及其他潜在服务方面的有效投入，为学科服务的深度发展提供依据，为馆领导决策提供可靠的依据。

（二）高校图书馆学科化服务评估实施

按照学科化服务评估实施的过程，能够把学科化服务评估分为组织与执行两个部分。

1. 学科化服务评估的组织

大体上，学科化服务评估可以分为准备、实施与总结 3 个阶段。各个阶段之间既密切联系又相对独立，3 个阶段循序渐进地完成，保证评价工作的有效性和科学性。

（1）准备阶段

首先，成立评价考核小组。该小组负责对学科馆员的相关工作在服务质量、服务效果等方面给予客观公正的评价。

其次，制订评价方案。结合实际情况和学科服务评价范围，设计评价指标体系，选择评价方法。其中，指标的选择必须是非常明确的，可以衡量学科化服务的效果，同时注意非量化因素的影响。

（2）实施阶段

首先，搜集评价信息。从学科服务体系方面全面收集评价信息。

其次，处理评价信息。评价小组应对收集得来的信息进行核实，务求全面、真实可靠。并综合各方面情况和指标进行归纳与总结，对学科服务从总体上进行客观评价，并撰写评价报告。

（3）总结阶段

考评小组及时反馈评估进展，公布评价结果。评价结果要与评价目的及指导相结合，通过评价及时确认工作中存在的问题，有效减少工作中的差错，从而达到通过评价改进工作，提高学科馆员服务质量的目的，促进学科化服务成效的改进。

2. 学科化服务评估的执行

（1）立足现状，坚持科学性和客观性

学科化服务评估是对当前学科化服务状况的客观反映，所以学科化服务评估过程中，需要立足于本馆学科化服务现状。通过科学的评价方法，客观真实地反映学科化服务中的成绩、不足和差距，以便为学科化服务改进和提升提供有力依据。

（2）面向未来，注重导向性和前瞻性

学科化评估固然要立足现状，然而从学科化服务长效发展考虑，需要对学科化服务评价的组织和结果进行导向性和前瞻性的规划和指引，保障学科化服务评估体系的发展性和兼容性，使得学科化服务能够通过评价，寻找到更广阔的发展空间。

（3）阶段推进，保持整体性和长期性

学科化服务本身是一个长期的不断完善的过程，在不同的阶段，学科化服务将表现出不同的内容和形式。因此，学科化服务的评估工作需要根据学科化服务的不断推进，实施不同阶段和层次的评价判断。坚持对学科化服务进行长期评估，体现学科化服务改进和提升的整体性，实现对学科化服务的整体发展评估。

第六章

高校图书馆阅读服务创新

第一节　高校图书馆阅读服务分析

一、阅读相关概述

（一）阅读的概念

阅读是读者从视觉材料中获取信息的过程。视觉材料主要是文字和图片，也包括符号、公式、图表等。首先是把视觉材料变成声音，后达到对视觉材料的理解。阅读是一种主动的过程，是由读者根据不同的目的加以调节控制，陶冶人们情操，提升自我修养。阅读是一种理解，领悟，吸收，鉴赏，评价和探究文章的思维过程。

（二）阅读的构成要素

阅读包括三个因子，包括本体，主体，客体。主体是指读者，客体是指读物，本体是指两者之间的现实统一。而常规的阅读活动主要围绕主体和客体进行。

1. 阅读主体

阅读主体即读者，在一定的社会条件下，属于同一类的读者往往会产生相同的阅读需求，多个不同种类的读者共同构成了读者群体。在信息化的环境下，通过阅读器和库之间的交互生成的数据，被叫做"small data"，也就是"个体资料"。

2. 阅读客体

"阅读客体"是指与阅读材料相关的重要实体。"阅读主体"和"阅读对象"是通过媒介进行交互的，从某种意义上说，阅读对象实际上包含四个方面：设备、场所、时长、目标。

阅读环境和阅读活动是整合在一起的。没有环境的存在，就不能实现阅读。环境可以是有形的，但是也可以是无形的，包括情感、身心、外在的环境、文明的环境、观念的环境。

阅读工具是实现读者和读物相联系的媒介，也被称为"阅读载体"，读物依赖工具呈现，读者依赖工具开展阅读活动。

3. 阅读环境

在阅读的目标之外，环境也在很大的程度上决定了使用者的阅读质量和效果。好的环境可以促进使用者的主观感受，并且为行为本身带来益处。这里所述的环境，一般可以视为影响阅读的各种因素，按照影响因素的大小，可以将阅读环境分为宏观阅读环境和微观阅读环境。前者，是基于历史和社会现况的，包括生产关系；社会制度；观念、价值取向；道德及伦理。而后者，是基于使用者的场所和场景的，包括学习环境，如课堂和家中，生活空间。物理环境，即为阅读者展开阅读行为时，所在的地点，置身的场合等，除此之外，也包括了设备等其他硬件设备。制度环境，即为阅读者在进行阅读时，必须予以服从的相关要求，比如行为准则，或者约定的规定等。校园环境，即为大学的场所，以及它所包含的价值和道德规范。

二、高校图书馆移动阅读服务

（一）高校图书馆移动阅读服务的内涵

总结诸多学者关于图书馆移动阅读服务的概念界定，现将图书馆移动阅读服务的内涵总结以下三点：第一，图书馆移动阅读服务的主体是图书馆，图书馆移动阅读用户是服务的客体，与图书馆移动阅读的内容、服务模式等组成了图书馆移动阅读服务的要素；第二，图书馆移动阅读服务的实现以无线网络、多媒体技术等为技术依托，同时要有接收阅读信息的设备，以保证图书馆用户的移动阅读需求，并会随着移动技术的更新而发展；第三，图书馆移动阅读服务是图书馆服务的重要组成部分，图书馆移动阅读服务连同图书馆其他服务共同繁荣发展图书馆建设。

（二）高校图书馆移动阅读服务的内容

鄢小燕等人认为"高校图书馆移动阅读服务的内容，不仅包括传统的阅读内容在移动设备上的移植，还包括利用新兴的信息获取方式获取并阅读的各类信息"；茆意宏也对图书馆移动信息服务的信息内容进行了界定，"既包括直接采用传统文献信息服务的内容和互联网信息服务的内容，也包括立足于移动用户的独特需求和移动信息技术的独特功用开发新的信息服务内容"。可见，对作为图书馆移动阅读服务的重要组成要素——图书馆移动阅读服务的内容的分析是至关重要的。以高校图书馆为研究对象，高校图书馆移动阅读服务的内容大致可以分为以下几个部分。

1. 馆藏数字信息资源

作为高校图书馆移动阅读服务的基本组成部分也是重要的服务内容，主要包括可供移动环境下适用于阅读终端的电子图书、期刊、报纸等；多媒体资料如图片、音频、视频等；电子文献、期刊数据库，常用的如 CNKI 中国学术文献总库、人大复印报刊资料全文库、万方数据库、爱迪克森网上报告厅、国研网、EBSCO 数据库等；各类讲座、学术报告、专题会议的资料、视频资源等；高校特色化的数字馆藏资料，如本校硕博士学位论文库、古籍文献、根据课程设置开设的读书工程资料、外文文献等。

高校图书馆馆藏数字信息资源是高校图书馆依托数字图书馆系统进行移动阅读服务的主要内容，也是用户在移动阅读行为中最普遍的选择。多数学者认为馆藏数字信息资源是将传统阅读资料在进行数字化加工、处理后"平移"给移动阅读用户，是对图书馆服务的扩展与延伸。高校图书馆用户可选择通过移动阅读终端在线阅读或下载到阅读终端中进行阅读，也有部分高校图书馆实现了根据不同读者的需要，将读者所需的馆藏数字信息资源发送到读者的电子邮箱或其他接收地址。

2. 图书馆基础服务内容及相关活动通知

高校图书馆通过移动网络技术发布以图书馆服务信息以及活动通知等为主的移动阅读内容，包括图书馆概况，如馆情简介、机构设置、馆藏布局等；服务通知，如读者通知、咨询解答、开馆通知、基本借阅服务、馆际互借服务、新生培训导航、新书通报等；网络导航，如学科网络资源导航、国内外图书馆导航、优秀站点推荐等；常用学术网站链接指引；图书馆举办学术讲座通知、专题会议通知、读者活动通知等。

以上这些内容，是图书馆服务的基础内容，在全媒体、移动互联网的时代，高校图书馆更是应顺应网络发展趋势，将图书馆服务的基本内容通过移动网络与移动设备来实现发布，向读者以信息阅读的形式提供移动阅读服务。目前绝大多数高校图书馆都能实现图书馆服务及活动通知发布网络化，部分高校能够通过短消息、微信推送等形式实现服务通知。

3. 用户借阅信息的通知与传达

在用户借阅信息的通知与推送过程中，以高校图书馆为主体，对用户借阅信息的发布方式可划分为主动通知和被动推送两种。主动通知是高校图书馆及时向用户发送借阅信息，主动通知的内容包括新书公告、到期提醒、逾期通知、预约文献到馆通知等，是图书馆主动发送给用户以实现图书馆移动阅读服务。被动推送是用户向图书馆进行查询、预约等行为后，图书馆通过整理、协调、安排，向用户以回复的方式进行图书馆移动阅读服务。被动推送的内容包括书目查询结果、续借允准、预约图书回复、读者的参考咨询回复等。值得一提的是，以黑龙江大学为例，为维护学生进馆自习的秩序，规范图书馆自习区域的管理，黑龙江大学图书馆实行了图书馆自习区座位预约服务，而将预约结果发送给学生也是图书馆移动阅读服务内容。

（三）高校图书馆移动阅读服务的模式

高校图书馆移动阅读服务的模式直接关系着用户体验的满意程度。坚持以高校图书馆为研究主体，高校图书馆用户为研究客体，根据研究主体提供移动阅读服务的状态，可以将高校图书馆移动阅读服务模式分为主动服务模式、被动服务模式以及交互式服务模式。

1. 主动服务模式

高校图书馆移动阅读主动服务模式是指，图书馆通过主动了解、掌握用户需求，主动发布、推送、提供服务内容，开展图书馆移动阅读服务。现阶段高校图书馆主动服务模式主要包括发送短信、将馆藏资源以及服务内容发布在公众信息平台、设置覆盖 Wi-Fi 的阅览室、提供电子书借阅机等。

（1）短信服务

2003 年，北京理工大学图书馆率先通过短信和电子邮件提醒的方式通知学生借阅到期、新书提醒、借阅预约等，开启了高校图书馆移动阅读服务的短信服务模式。高校图书馆通过图书证或"一卡通"获取用户联系方式，并关联至图书馆服务系统中，以主动为用户发送短信的方式为用户提供书目到期提醒、预约到馆提醒、新书上架公告、开馆时间通知、数据库开放通知等服务。开通短信服务的高校图书馆近百家，包括电子科技大学图书馆、浙江大学图书馆、香港教育学院图书馆、四川音乐学院图书馆等。

（2）发布公众信息平台

高校图书馆借助网页、公共信息门户、博客、微博、微信订阅号、手机App 软件等方式，主动发布或推送图书馆服务公告、讲座等活动通知、图书馆文化动态信息、推荐书目、或是可供阅读的电子文摘等内容，以供读者通过移动终端进行移动阅读。这种服务模式是目前高校图书馆广泛采用的主动服务模式，可操作性强，同时也方便用户随时随地查询、阅读。

（3）设置覆盖 Wi-Fi 的阅览室

高校图书馆移动阅读服务要依托移动互联网技术得以实现，多数用户在进行移动阅读时或将阅读内容下载到终端中进行阅读、或采取在线阅读的方式，都要耗费一定流量。根据用户所处环境的变化情况，可将用户进行移动阅读的环境分为稳定阅读环境及移动阅读环境。移动阅读环境如旅途中、交通过程中等；稳定阅读环境如身处图书馆、教室、宿舍、食堂等。高校图书馆为读者设置覆盖 Wi-Fi 的阅览室，有的高校已能实现 Wi-Fi 覆盖整个图书馆，使读者方便下载或进行在线阅读，这也是高校图书馆在稳定阅读环境下，主动开展的图书馆移动阅读服务。

（4）电子书借阅机

北京大学图书馆引入试用三家公司的 4 台数字图书借阅机，分布在图书馆的各个楼层为师生提供电子书刊、报纸、视频资源等的借阅服务。另外，武汉大学图书馆安装了两台超星电子书借阅机，读者们只需要在手机上安装超星移动图书馆客户端软件，扫描借阅机上图书的二维码，即可以下载电子书到手机里阅读。

2. 被动服务模式

被动服务模式是相对主动服务模式而言，以高校图书馆为研究主体，当接收到用户的移动阅读需求（如咨询、预约）时，通过信息处理、整合，进而为用户以回复的方式提供移动阅读服务的模式。高校图书馆移动阅读被动服务常见的形式有回复用户的书目查询结果、对用户提出的图书续借进行结果回复、预约到馆图书通知、回复读者的参考咨询、图书馆自习区座位预定结果反馈等。基于位置的图书馆移动阅读服务也是图书馆被动服务模式的一种实现方式，图书馆根据用户的位置定位及查询问题，提供相应的位置信息，或推荐用户与位置附近的用户进行联系、沟通。

3. 交互式服务模式

交互一词来源于计算机用语，指参与活动的对象，可以相互交流，双方面互动。高校图书馆移动阅读交互式服务模式的交互双方是高校图书馆与用户。在图书馆 3.0 服务理念下，用户通过图书馆提供的交互式服务模式参与图书馆建设，与图书馆互动的同时，促进高校图书馆移动阅读服务发展。

（1）微信公众号

高校图书馆建立微信公众号，以订阅推送的形式发布服务内容，包括图书馆服务信息、推荐阅读书目、学者介绍、短文精选等，同时用户可根据公众平台的建设与自身阅读需要，查看最新消息、资源动态、读者培训等，还可以通过回复关键字或日期的形式查看历史消息。而且有些高校图书馆的微信公众号直接与图书馆门户网站对接，读者可通过微信直接进入高校图书馆系统进行书目查询等服务项目。微信公众号服务是最接近图书馆 3.0 服务理念的，服务过程在用户参与互动的基础上，更加强调技术智能。

（2）微博公众号

微博公众号的实现模式是基于图书馆 2.0 服务模式的，更多地强调用户的参与。高校图书馆通过微博公众号发布移动阅读服务信息，图书馆用户可根据微博内容进行评论或表示需求，微博的维护者可以通过回复评论或私信的方式与用户进行沟通交流，进而有针对性地进行图书馆移动阅读服务。

开通微博公众号的高校数量要比开通微信公众号的高校数量略多，整合新浪微博、腾讯微博数据，有近 400 所高校图书馆开通了微博公众号。综合粉丝数量与查询次数，清华大学图书馆、武汉大学图书馆、厦门大学图书馆、复旦大学图书馆、华东师范大学图书馆、同济大学图书馆、北京大学图书馆、广东外语外贸大学图书馆、南京大学图书馆、深圳大学图书馆位列前十。

（3）独立 App 服务

独立 App 服务模式与微信公众号服务模式相类似，也是基于图书馆 3.0 服务理念，发展目标是实现图书馆与用户的完美互动，展现更加智能化的高校图书馆移动阅读服务。微信公众号是基于微信平台而存在，一个微信软件能支持无数所高校图书馆的公众号。与微信不同，部分高校图书馆还建设以自身为主的移动阅读 App，独立存在，进行图书馆移动阅读服务。

三、高校图书馆数字经典阅读服务

（一）数字经典阅读的概念

数字经典阅读是指数字出版商借助信息化的手段向网络用户提供内容丰富、制作层次高、针对性强的数字读物。健全数字出版产业标准，提高行业执行的标准。然而，这种阅读方式也有其局限，一是完全依靠电子产品，并且在数字平台上才能实现，此外，获得的信息较为片面，受到通信、电力、电脑等诸多因素的影响；经典阅读可以随时随地进行，自由发挥，尽情享受。二是不是所有的文献资料都适合数字化，有些在数字化后不能保持原样，典型的如书法、绘画类的文献；三是电子阅读器不能和传统的纸张进行匹配；而纸质阅读的介质足够纤薄，在阅读中不会产生任何功耗。

（二）数字阅读的特征

数字阅读核心特征表现在以下几个方面。

1. 不受地理环境限制

这种阅读方式的革命在于不再受困于地理和时间的约束，这让它和此前的阅读有很大不同。传统的阅读方法要求读者在特定的位置阅读，例如图书馆或书店。由于地理环境的影响，读者不得不花费大量时间从图书馆借书和归还书籍。图书馆拥有丰富的馆藏资源，因此读者选择需要书籍时需要很长时间。随着阅读数字化的普及，上述弊端便不再存在。如今，使用者能够在任何一部电子设备上实现所有的操作，包括检索、查阅等信息的获取。除此之外，这种阅读方式还提供了各项增值服务，给予使用者乐趣，帮助营造阅读的良好氛围。无论环境如何，都可以随时使用电子设备阅读。

2. 省时省力

在云科技高速成长的背景下，信息已经不再局限在单一的空间，或者物理设备上，而是畅游于网络、被使用和再次传递。当下，云科技正在以从未有过的方式演变，新技术不断出现、进化，可以在这里方便地找到参考。读者只需在搜索栏中输入所需信息，即可在 1 秒内查看与该主题相关的数字信息，读者可以直接在百度中搜索所需的信息。而这种查找信息的方式在图书馆是无法实现的。随着生活模式和形态的改变，阅读的数字化已经成为了趋势，在任何一部智能终端上，读者只需要花费少量的时间成本就可以获得所需的阅读资源。

3. 选择空间大

传统的阅读其所设定的格式和排版都有着一定的准则，在提供便利的同时，却完全摈弃了消费者的个性化需求，没有考虑到消费者的实际需求。然而，阅读的数字化改变了这一现状。消费者自行选取阅读的模式，并且当需求改变时，进行重新的选择，对内容进行调整，还可以设定线上阅读模式和线下阅读模式。

4. 从点到面

在传统的阅读形式中，读者的阅读行为局限于个体之中，书中有价值的信息都是被读者独自消化，而无法和外界进行交流。而在数字阅读中，读者的阅读需要通过网络链接，这就为数字化衍生出分享的功能，满足了不同使用者之间的互动，实现信息的传递。

（三）高校图书馆数字经典阅读服务发展策略

1. 加强图书馆数字资源建设

创建图书馆资源应侧重于创建多样化的资源，例如纸张资源，数字资源和签名资源，以满足大学师生的教育和学习需求。

（1）传统资源与数字资源并重发展

首先，重视传统资源建设规划。在当前的信息社会，互联网资源利用已然受到了相关人员的重视。每个图书馆都会智能地配置财力来充分利用资源，而且会根据实际情况设立资源购买计划。建立并优化图书馆图书资源的有效手段是既购买纸质图书，又购买电子图书。纸质图书资源建立倾向于建立特色馆藏，但这与"两条腿"的并行发展需求是分不开的。为了提高图书使用效率，提高其发行率，相关人员应当根据用户的需要，在购买书籍之时发展以读者为主导的购买形式。加入资源配置过程，不只是能够激发用户热情，也能够使得用户在获得新书之时产生幸福感，而使用该种手段还能提高图书的利用效率，也能提升其发行量。当前纸质图书资源建设财力较为缺乏，因此，大学图书馆在建立纸质图书资源之时，应当购买各式各样的图书，特别是在当前中国每一年发行 50 万余本书的情况。

其次，转变数字资源建设方式。因为电子图书的种类众多，只是让读者在图书馆参阅图书往往无法满足用户需要，因此，电子图书资源的建设要更加全面广泛，将各平台的数字资源进行建设是实现这一目标的重要方式。

所有文学艺术相关机构应当创建资源共享机制，如要实现此目标，所有机构应当相互配合，形成共享思维，并且应当实现义务和权益的统一。应当改进总体的管控机制，从而保证能一同建设，形成共享思维。这就需要创建一个数字阅读平台标准体系。高校图书馆有很多方法可以整合数字阅读资源。一种是通过在线公共搜索目录系统，即在线公共访问目录。这是基于传统书目管理的集成方法。库外和库内集成是根据各种集成对象执行的，库的外部集成允许在库与各种库的相互对接，进而能使得在建成接口后，整合相关资源。

（2）兼顾体系化和特色化

首先，是读者知识资源建设。高校图书馆建设读者知识资源应当考量如下几个要点。第一，确定用户资源建立的目标。第二，组建专门工作成员。第三，规范资源建设流程。

其次，是三维信息资源建设。此种资源往往对于解决碎片化具有重要作用，为了满足用户沉浸式阅读需要，应当建立三维信息资源。VR/AR 图书是读者用特定的设备，通过扫描实体图书，扫描完之后就会在电子设备上显示出来。

2. 构建多样化阅读空间

（1）功能化阅读空间

一方面，是主题空间。图书馆在设计主题空间的时候，首先有良好的可行性高的理念。其次是将这些理念通过具体措施进行落实，可以考虑环境布局、服务内容等方面。最后，根据主题观念打造适合读者阅读的舒适的阅读环境。

另一方面，是三维立体空间。在设计三维立体化的时候，首先应多次与出版社进行沟通交流，提前了解一下出版社的情况还有调查读者的反馈情况等。然后根据三维信息资源建设的实际情况来进行这个三维立体空间的有效设计。

（2）智能化阅读空间

图书馆阅读空间服务在考虑阅读空间的同时，也要注重空间的智能化打造。24 小时自助服务和图书馆 ATM 自助服务，这两个是图书馆自助服务的主要形式。智能化阅读空间主要是通过记录、统计和分析读者的阅读行为，根据收集到的数字来给读者提供更需要的资源。再者，智能机器人、智能语音助手这样类似的技术可以引进到图书馆内，在实现智能化服务的基础上能够给读者带来更好的体验感。

3. 注重数字经典阅读宣传推广

（1）扩大微信平台的宣传力度

大学图书馆通常是利用其自有网站渠道发出信息的，从而能够及时了解读者意愿，而读者往往也能够通过此种方式向图书馆反馈其意愿，这就提升了图书馆给读者供给的电子阅读服务水准。

如若有大学图书馆未曾建立属于自身的网站发声渠道，应该在给读者提供服务的过程中将平台建设执行到位，在平台刚刚建立之时，相关人士应当使用多中国手段通知大学师生，方便读者查找。另外，对于那些未能利用好其平台的大学图书馆，应当及时找到其问题所在，学习高校中做得好的经验，进而为读者提供高质量服务。

微信是当前电子阅读传播的重要手段，具备了多种多样的功用，可以满足读者方便简洁的需要，不过建立此种平台往往需要克服诸多困难，相关人士应当提升其有关技术水平，了解当前中国一流大学此平台建立情况，从而发挥此平台的传播功用，做好经典电子阅读推广工作。

（2）利用微博通讯工具发声

高校图书馆利用微博通讯工具发声的具体内容，一是图书馆相关信息，二是讲座信息，三是专题活动信息，并且能够跟读者即时互动、微博能提升大学图书馆电子阅读宣传水平，这也是当前大学紧跟新媒体潮流的具体表现。

读者是影响大学图书馆电子阅读传播能力的重要因素，因此大学图书馆应当维护好跟读者的关系，在跟读者进行互动之时，如若收到读者的点赞或者评论，应当及时予以反馈，回答读者疑问，解答读者困惑，从而使得图书馆跟读者更加亲密，并且应当积累粉丝数，强化微博对大学电子阅读传播所起到的作用。为了充分发挥微博的传播功用，大学图书馆能够依据当前情况建立图书馆微博相关机制，并且组织专门队伍对其进行管理，设计出具体计划，充分发挥微博所具有的相关功用，提升内容品质、控制消息发布频次、安排负责更新的工作人员。就拿发布消息作为分析案例，何种消息应当及时发出，何种消息能发出，哪些消息在微博官方机构受到密切关注时发出能起到最大效果，都是有学问的，因而需要招募并培养专业人员。

第二节 高校图书馆阅读服务评价

一、图书馆阅读服务评价概述

（一）图书馆阅读服务特点

1. 以用户阅读需求为中心的针对性服务

阅读是人们认识事物、获取知识的重要手段。图书馆担任着社会教育的职能，其基本的服务内容就是满足用户的阅读需求。用户阅读需求从广义上讲，是对图书馆资源的需求。包括对图书文献资料、设施环境和服务人员的需求。从狭义上讲，用户阅读需求就是对图书文献资料的需求。图书馆阅读服务对象是全体人民，用户群体的庞大决定了用户的阅读需求是多种多样的，按照不同的划分标准会得到不同的需求类型。从用户的阅读动机来看，主要可分为以下四种类型用户需求，图书馆应根据不同阅读需求类型用户进行有针对性的阅读服务。

（1）大众型阅读用户

大众型阅读是指在某一种社会背景下，用户阅读需求相同，阅读倾向一致。总体上随着社会潮流的变化而变化，这类用户的阅读需求并非主观阅读倾向在先，而是国家或社会的政治、经济、环境或某些大事件发生变化后才产生的阅读需求。针对这类用户的阅读需求，首先，图书馆应密切关注国内外发生的大事件和社会的微妙变化，善于捕捉新事物的信息，及时把握社会的潮流。其次，分析用户对这类信息需求的特点，包括对信息需求的时间持续性、事件类型的关注度等。最后，及时准确地将新事件、新信息按照用户的个性化特征传递给用户。

（2）专业型阅读用户

专业型阅读用户需求是指从事某一行业领域的用户为了从事其专业活动

而产生的阅读需求。这类用户的阅读需求经常与本专业领域密切相关，阅读需求比较固定，有较明显的针对性。针对这类用户的需求，图书馆要明确用户的专业领域，并由专业图书馆员对该专业进行分析，将该领域的文献信息准而全的传递给用户。

（3）科研型阅读用户

科研型阅读用户需求是指为了研究某一主题，为了完成某一研究任务而产生的阅读需求。科研人员需要阅读大量的文献资料来掌握本领域的知识。这类用户所呈现的阅读需求对专业性需求较为强烈，信息的需求有较高的质量要求。同时，进行科研项目研究的用户对时间有一定的要求，并在不同的研究阶段呈现不同的需求特点。针对这类用户，图书馆服务人员应跟踪用户的科研进程，准确全面的对新颖及时的科研信息进行搜集、加工、整理并提供给用户。帮助科研用户克服研究中遇到的困难，完成科研任务。

（4）业余型阅读用户需求

业余型阅读用户是指在学习、工作之余，从个人的兴趣及爱好角度出发，自发产生的一种随机性阅读需要。这类用户群体的需求比较庞杂，主要受个人心理因素影响较为明显。在全民阅读的环境下，这类用户普遍存在，由于个人兴趣爱好、性格特点不同，其呈现的阅读需求也千差万别。图书馆应把握不同用户群体特点，比如针对已婚女性，应提供一些关于婚姻、家庭和教育孩子方面的文献信息；针对上班族，应提供一些缓解压力、放松心情的书籍；针对老年人，应提供养生保健、健康锻炼方面的图书等。

2. 以用户阅读行为变化规律为视角的灵活性服务

人类的阅读行为伴随着文字的产生而出现，自文献产生以来，人类获取信息的主要方式是以纸质文献资料为主，并持续成为人类阅读的主要方式。随着信息社会的到来，网络信息资源已经成为一种重要的信息资源而存在，人们的阅读行为发生了变化，网络阅读已成为一种新的阅读方式走入人们的生活。

网络信息资源以其丰富性、多样性、动态性和可交互性等特点，给传统的纸质文献资源带来了一定的挑战与冲击。面对用户阅读行为的变化，图书馆的阅读服务方式也发生了转变。从对纸质文献的指导性服务转变成对网络信息资源的指导服务。图书馆积极加强网上图书馆建设，将传统文献资源数字化，集图、文、声、像于一体，为用户创造一个便于浏览、检索，界面轻松友好的虚拟阅读环境。网上图书馆能真正实现 24 小时的全天候服务，能够满足读者多元化、纵深化的阅读需求。面对浩瀚的网络信息资源，用户难免会不知所措，迷失方向，图书馆在了解用户的阅读需求基础上，积极主动地开展网络阅读指导，一方面指导用户如何有效阅读，提高用户的阅读素养；另一方面努力培养不善于阅读的群体阅读兴趣，提高阅读意识。此外，图书馆编制各种网络推荐书目、网络书评，向用户推荐优秀的网站、电子报刊、杂志等，引导用户阅读向积极健康的方向发展。

随着 5G 时代的到来和手机软件技术的不断更新，新时代的网络阅读不仅仅局限在以计算机为载体的阅读方式，还包括使用手机、PDA 以及各种移动阅读设备进行阅读。针对这类移动用户，图书馆专门建设各种适合其移动载体的阅读软件，使阅读设备与图书馆进行虚拟链接，用户可以在上班途中、在家中、在闲暇之余满足自己的阅读需求。"移动图书馆"能够实现新书查询、预约服务、续借功能，新书推荐等，图书馆通过移动设备为用户提供个性化定制服务，随时随地的满足用户的阅读需求。

3. 以提升全民阅读素养为宗旨的普及性服务

图书馆的阅读服务宗旨是提升全民的阅读素养，提高全民的文化素质。图书馆举办各种各样的阅读推广活动，如读书征文大赛、新书推荐、知识讲坛、亲子阅读室、世界读书日等，这些活动的根本目的就是提高公民的阅读意识，引导公民热爱读书，指导公民正确阅读。力图通过开展阅读促进活动来启迪公民心智，满足公民的精神生活，扩充视野、增长公民见识、丰富学识，提高公民的思想道德和文学修养，全力打造全民阅读的书香社会，推动社会文明进步。只有公民素质上升，社会的发展、国家的经济在能得到进步。

图书馆本身是个公益性组织，本着"公平""公益""开放""共享"的理念，普及知识服务。图书馆的阅读服务对象面向全体人民大众，一方面图书馆开放面向全体公民，任何身份、地位，只要有阅读需求的人都能进入到图书馆阅读，图书馆员都能以饱满热情的态度对待每一位读者。另一方面，图书馆开展主动服务，关注弱势群体阅读、送书下乡、村镇流动图书馆、关注青少年儿童的阅读、鼓励老年人走进图书馆阅读等。服务范围遍及全国，让阅读服务普及全社会，对偏远山区人民、残障人群以及无法得到保障的农民工子女送去精神食粮。这些服务措施都是体现着图书馆的服务是公益性、共享性、普及性的服务。

（二）图书馆阅读服务评价的必要性

1. 图书馆角度

服务一直是图书馆的核心内容，图书馆阅读服务方式和内容与以往的服务大不相同。图书馆阅读服务主要以普及知识和提高全民阅读文化素养为宗旨，通过举办各种各样的阅读推广活动来开展阅读服务。而图书馆阅读服务的效果如何，是否真正起到了促进全民阅读的作用，尚没有一个完整的评估体系来进行评价。所以，目前有必要建立一个图书馆阅读服务评价标准，从读者感知的角度来评价目前图书馆阅读服务效果。旨在于图书馆从用户的评价中认识自身开展的情况，发现不足，总结经验，扬长避短，为图书馆进一步完善自身，更好的开展阅读服务，构建书香社会提供借鉴。

2. 读者角度

读者是图书馆阅读服务的对象，图书馆阅读服务评价是从读者感知角度进行评价的，读者亲自参与到图书馆阅读服务中来，读者可以将自己的真实感受表达出来，读者提出的意见与建议能够被反映到图书馆中去，能够促使图书馆的阅读服务更好地满足读者的阅读需求。

二、高校图书馆阅读服务分析

（一）高校图书馆阅读服务的特点

1. 针对性

与公共图书馆相比，高校图书馆读者的身份、职业相对单一，主要是教师、学生、科研人员及其他相关人员。从阅读的动机和阅读的目的这两个层面来划分，高校图书馆的读者多为科研探索型读者和学习求知型读者，其中科研探索型读者以承担教学和科研任务的高校教师为主，而学习求知型读者则大多为高等学校的在校生。高校图书馆提供的阅读服务往往针对这两大类读者的阅读需求而开展，例如高校内承担科研任务的教师对于外文期刊和数字资源等更新速度较快的学术信息资源的需求较为强烈，高校图书馆针对这类型读者的阅读需求，在外文期刊的采购以及数字资源的整合等方面有针对性地开展工作，以满足读者的阅读需求。

2. 灵活性

随着科技的进步，文献阅读的载体正在不断地发展变化，阅读的方式不再局限于对纸质文献的阅读，电子阅读器、平板电脑、智能手机等移动终端都相继成为文献阅读的载体，读者通过这些移动终端可以访问图书馆内海量的数字信息资源。高校图书馆的阅读服务也不再只有以往单一的"阵地式"服务，移动阅读服务应运而生，越来越多的高校图书馆选择与电子书出版商合作，开发本馆的移动阅读数字资源平台。通过该平台读者的阅读行为可以不受时间地点的限制，实现对馆藏资源进行实时更新与访问。

3. 无形性

无形性作为服务本身最基本的特性，同样也体现在高校图书馆的阅读服务上。阅读服务不同于实物产品，读者在接受图书馆所提供的阅读服务之前无法通过形状、颜色、重量等标准来判断阅读服务，但读者走进图书馆的那一刻起，就已经在接受图书馆提供的阅读服务了，而一般情况下读者是很难感知阅读服务的存在的。

4. 异质性

异质性是指阅读服务的构成要素及其质量水平受多种因素的影响，经常波动变化，很难统一界定。阅读服务的异质性是由阅读服务人员与读者两方面因素决定的。一方面，由于阅读服务人员能力、态度、专业程度的不同，其所提供的服务是不同质的，即使是同一个服务人员，由于人作为自然人，受心理状态和生理状态的影响，也很难提供始终如一的阅读服务。另一方面，由于读者的年龄、阅历、知识水平和兴趣爱好的构成千差万别，即使在感受同样水平的阅读服务时，每个人反馈的服务质量也是有差异的。

（二）高校图书馆阅读服务的类型

1. 文献借阅服务

文献借阅服务是图书馆的最基本服务，它是以满足读者阅读需要为目的，将馆内文献资源提供给读者的一种服务形式，其表现形式通常为外借和阅览。作为图书馆基本服务的文献借阅服务同时也是阅读服务中最为基础的一个服务类型，它是移动阅读服务和导读推广服务的基础和前提。作为高校图书馆实施阅读服务的前沿阵地，文献借阅服务在满足教师、科研人员和在校生的科研需求，促进馆员与读者间的信息沟通以及为读者提供良好的阅读体验等方面起着重要的作用。

2. 数字阅读服务

数字阅读服务指的是图书馆针对读者的数字阅读行为所提供的服务。数字阅读服务由于其自身形态的特殊性，与文献借阅服务和导读推广服务相比，具有实时性的特点。随着数字化图书馆的迅速发展，图书馆与出版商合作将数字化的文献资源存储于馆内的移动阅读数字资源平台中，确保了数字资源的实时访问。因此，在未来的发展过程中，数字阅读服务会逐渐成为高校图书馆阅读服务中不可或缺的重要一环。数字阅读服务作为高校图书馆阅读服务的中坚力量，起到了承上启下的作用，为读者全天候的阅读需求提供了有力的保障。

3. 导读推广服务

导读推广服务是高校图书馆以培养和推动高校的读书气氛为目的，向读者宣传图书、引导阅读而开展的服务。其表现形式丰富多样，常见的形式有故事会、推荐书目、名家讲座、读者俱乐部、书展等。导读推广服务以其多样的形式和丰富的内容在阅读服务中起着辅助作用，导读推广服务的深入开展可以促使更多的图书馆潜在读者走进图书馆，从而间接的推动文献借阅服务和数字阅读服务的开展。

三、高校图书馆阅读服务评价的影响因素

（一）阅读服务资源与环境

阅读服务资源与环境是高校图书馆开展阅读服务的前提和条件，也是高校图书馆开展其他业务的基础和载体。该因素包含两个方面的内容，一是阅读服务资源，二是阅读服务环境。

阅读服务资源是指高校图书馆内的纸质信息资源与数字信息资源的总和。高校图书馆不同于公共图书馆，其服务的对象对于信息资源的需求量大且学科种类范围广，特别是在数字信息资源的建设方面，资源的专业性、实时性以及多样性能否满足读者的阅读需求都影响着阅读体验。

阅读服务环境既包括高校图书馆内的阅读设施，也包括馆内的建筑格局、装修风格、光线明暗、通风情况等所营造出来的阅读氛围。阅读设施的人性化与阅读氛围的舒适度可以带给读者良好的阅读体验，开馆时间是否充裕、

图书排架是否规范、网站界面是否简洁、阅览座位是否符合人体工学设计、阅读空间的装修风格设计是否能够激发读者的阅读兴趣等细节问题都需要引起图书馆的重视。

（二）阅读服务人员

阅读服务人员是开展阅读服务评价的关键因素，是连接高校图书馆与读者的桥梁，也是读者与高校图书馆沟通的纽带。

阅读服务人员的专业性与否，在一定程度上反映了图书馆的阅读服务水准，而阅读服务人员的专业性由阅读服务人员的学历水平与知识储备两方面构成。具备图书馆学相关专业学历是一名专业的阅读服务人员的必要条件，在阅读服务的工作中，具有专业知识背景的阅读服务人员可以调动所掌握的专业知识，满足读者的阅读需求，提供优质的服务。阅读服务人员丰富的知识储备则是作为阅读服务人员的充分条件，丰富的知识储备不仅仅来自书本所学，更大程度依赖于从长期的图书馆工作中积累起来的实践经验。

阅读服务人员的态度好坏也是阅读服务工作中十分重要的一个环节。阅读服务人员以亲切友好的态度接待每一位读者，对读者的提问耐心解答，可以增强读者对图书馆阅读服务的依赖性。

（三）阅读服务推广

阅读服务推广指的是高校图书馆为激发读者的阅读兴趣，促进校园阅读精神的形成，以一系列主题丰富的阅读推广活动为中心而开展的推广活动。阅读服务推广作为高校图书馆阅读服务最重要的表现形式，是读者了解图书馆阅读服务最直观的途径。阅读推广活动的主题是否新颖鲜明，是能否吸引读者的首要条件。一个特色鲜明的阅读推广主题可以成功的吸引读者的目光，而能否将读者"留在"图书馆，还要从阅读推广活动所持续的时间这一方面进行考量。阅读服务推广作为高校图书馆的一项基础业务，更应该常态化，让读者感到"常来常有，常来常新"。目前我国高校图书馆的阅读推广活动则多集中在每年4月23日的"世界图书日"前后，持续时间大约为一个月左右。此外，阅读服务推广要吸引读者，还离不开数字化科技手段的支持。近年来随着移动信息技术的发展，数字阅读在青年学生群体中越来越普及。以往以纸质文献资源为中心的阅读推广手段难以适应高校图书馆读者的阅读需求，提高阅读服务推广中的数字化程度，建立统一的数字化管理平台，为读者提供个性化定制服务等，不仅可以激发读者兴趣，还大大节约了图书馆进行阅读服务推广的各项成本。

（四）阅读服务研究

阅读服务研究是高校图书馆开展阅读服务的重要保障。一个只有先进技术和优秀资源却没有科学管理理念的图书馆是无法运转的，具体到高校图书馆的阅读服务工作中，若没有阅读服务研究的支持，其他工作的开展无异于盲人摸象。在高校图书馆开展阅读服务研究，首先要解决谁来研究、怎么研究的问题。一个独立的阅读服务组织能够承担馆内相关阅读服务的研究工作，为阅读服务的改善提供智力支持，对促进阅读服务创新起着推动作用。

除此之外，阅读服务研究是否贴近读者需求、相关研究是否活跃也是影响阅读服务研究的重要因素。近年来，高校图书馆逐渐从"书本位"的观念过渡到"人本位"的观念，从读者需求出发成为高校图书馆开展各项工作的基本出发点。相应地，阅读服务相关研究也应从读者出发，在贴近读者需求的同时最大程度的发挥研究热情，确保阅读服务的相关研究紧密围绕读者需求的开展。

（五）阅读服务效果

阅读服务效果是高校图书馆阅读服务评价的终极目标。高校图书馆阅读服务效果的好坏，直接影响着整个阅读服务质量的好坏，是反应高校图书馆阅读服务工作状况最直观的标准。具体来说，阅读服务效果主要体现在对读者阅读动机、阅读习惯、阅读能力这三方面的影响。

高校图书馆的读者多为在校大学生，正处在世界观、人生观、价值观的探索与形成阶段，阅读则成为这些青年学子认识世界、体验人生的一种重要方式。因此，一个正确积极的阅读动机的形成，对高校图书馆的读者来说是受益终身的宝贵财富。

阅读习惯与阅读能力的培养同样离不开高校图书馆的参与。通过图书馆开展的一系列阅读推广宣传活动，唤起广大读者的阅读兴趣，进而循序渐进地帮助读者形成良好的阅读习惯、不断提高阅读能力，不仅有助于读者提高自身素质，更有助于形成"全民阅读"的社会风气。

四、高校图书馆阅读服务评价的意义

（一）对高校图书馆的意义

可以改普高校图书馆的阅读服务现状，有助于发现当前阅读服务工作中的不足之处，从而有针对性的解决问题。最大限度的优化组织性能，提高阅读服务的工作效率，促进阅读服务工作的可持续发展。阅读服务评价的开展是一项针对图书馆工作的微观评价，与 SERVQUAL、LIBQUAL 等从整体角度出发的宏观评价不同，二者是相互补充，相互促进的关系。高校图书馆各项工作的开展离不开这两者的相互配合，宏观评价测度的是系统的运行状况，其结果通常可以定量的表示出来；而微观评价探讨了一个系统是怎样运行的以及它为什么会这样运行。宏观评价有助于了解和掌握图书馆整体状况处在什么位置上，但本身并没有指明该系统为什么会以此状态运行以及今后为了改进系统的性能需要采取什么措施。微观评价则恰好补充了宏观评价的不足，它考虑的是影响系统性能的各种因素，从具体的工作环节查找原因，提出相应对策和方案，因此如果要求改进系统的性能必须对系统进行微观评价。

（二）对读者的意义

高校图书馆通过阅读服务评价有针对性地开展工作，改善服务状况，将给读者带来更好的"用户体验"。高校图书馆开展阅读服务评价，读者无疑是最大的受益者。服务的根本目的是用户满意，阅读服务的根本目的也是读者满意、促进阅读，阅读服务评价的根本目的也是以读者为中心，传播阅读文化，促进阅读推广。每当读者走进图书馆，感受着阅览座位的舒适度，文献借阅的便利度，图书馆馆馆员服务态度的亲和力等状况的改善，在无形中就会影响到读者，良好的阅读体验会带来良好的读者评价，而良好的读者评价不仅会带来更多的读者，也在潜移默化中影响着读者的阅读习惯。大学生作为高校图书馆最大的读者群体，在良好的阅读习惯影响下，可以从中受到思想的教育和情感的熏陶，也必然会是一笔受益终身的人生财富。并且有助于校园阅读文化的形成，对建设书香校园具有重要意义。高校图书馆作为高等学校的信息保障中心，在校园阅读推广活动中起着至关重要的作用，而阅读服务评价本身就是用来测评校园阅读推广活动的成效如何，是否真正起到了促进阅读的作用。

第三节 高校图书馆阅读服务创新策略

一、注重阅读服务效果的持续性反馈

阅读服务效果作为检验高校图书馆在阅读服务工作中的核心指标，是当前提高高校图书馆阅读服务质量的首要任务。高校图书馆应本着以人为本、以读者为中心的原则，提供真正贴近读者需求的阅读服务。

（一）缩短服务半径

要提升阅读服务效果，高校图书馆应当结合自身情况，适当延伸服务触角，缩短服务半径。在校内图书馆以外的地点，如学生公寓、学生餐厅、综合教学楼等人流量较大的地点，设立图书借阅站，提供与图书馆同等质量的阅读服务。同时，也应当根据所选地点自身区位优势的不同，对图书借阅站的服务内容进行适当调整，突出每一个图书借阅站的服务特色。例如在学生公寓内设立的图书借阅站，在文献资源的内容与类型的选择上，应侧重文学类，以丰富读者的课外生活。而在学生餐厅附近设立的图书借阅站，则应当将服务重点调整到图书归还、阅读推广宣传等方面，以贴近读者生活的方式，将阅读服务推送至读者身边，达到提升阅读服务效果的目的。

（二）保持读者联系

长久以来，高校图书馆与读者始终没有形成积极地互动关系，高校图书馆作为阅读服务的提供者，应该不遗余力地推广各种形式的阅读服务，然而由于所提供的阅读服务形式雷同、缺乏创造性，常常无法真正吸引读者，导致阅读服务的效果不甚明显。而读者作为阅读服务的接受者，则更显被动，缺乏参与积极性。因此，若要唤醒读者的阅读积极性，提升阅读服务效果，就需要高校图书馆主动地深入读者，保持读者联系，促进读者身份由阅读服务被动接受者向阅读服务主动需求者的转变。

高校图书馆可借鉴市场营销领域的客户关系管理（CRM）理论，CRM 通过开展系统化的客户研究，有效管理客户资源，更有针对性地提供给客户满意的产品和服务，并和客户建立起长期、稳定、相互信任的密切关系，为企业吸引新客户，锁定老客户，提高效益和竞争优势。并且 CRM "以客户为中心"的理念正与图书馆"以人为本"的理念不谋而合。将客户关系管理理论应用于对阅读服务效果的考察中，建立读者回访制度，通过对读者的跟踪回访，深入了解读者对于阅读服效果的感受与需求，与读者形成良性的互动关系。通过对读者反馈的持续性追踪，从而不断改进高校图书馆的阅读服务。

二、阅读推广常态化发展

阅读推广作为高校图书馆阅读服务的关键环节，其开展程度直接影响着阅读服务质量的高低。阅读推广常态化不仅能够增进图书馆与读者的交流，培养读者黏性，还能够在丰富读者精神世界的同时促进全民阅读校园文化的形成。

（一）多渠道开拓阅读服务

随着 Web 2.0 时代的到来，阅读推广早已不再局限于传统的读书会、主题征文、图书漂流等方式，微博、微信等公共社交数字平台为高校图书馆阅读推广提供了更多的创意与吸引力。

在阅读推广过程中，可以考虑将以往单一的活动平台改为"双平台"模式。顾名思义，"双平台"即两个平台，在这里主要指线上平台与线下平台。线上平台的主要工作内容包括：一是承担阅读推广活动的宣传任务，借助微博、微信、博客等公共社交网络，将有关信息推送给广大读者，为阅读推广活动的深入开展打下坚实基础；二是与读者交流互动，解答读者疑问，并负责活动结束后对读者进行回访。线下平台则主要负责资源的优化与整合，结合活动主题，将纸质文献资源、数字文献资源以及与主题相关的影音资源等整合在一起，增加阅读推广活动的吸引力。

由于高校图书馆的读者绝大多数为在校大学生，而这些人又恰恰是社交网络最主要的用户。因此，国内外高校图书馆都十分重视移动阅读推广在读者群中的影响力，积极投身于新兴阅读推广方式的研发与推广中，丰富阅读推广活动的多样性。比如同济大学图书馆开展的"立体阅读"推广活动，新加坡南洋理工大学推行的"口袋图书馆"等活动，都在读者群中取得了良好反响。

（二）提高阅读推广频率

在今后进行阅读推广时，高校图书馆可以适当的缩短阅读推广时间，提高阅读推广频率。阅读推广活动不必集中在每年的"世界读书日"前后举办，而应当常办常新，每周一个主题，结合校园读者关注的热点，在短时间内调动读者的积极性；同时阅读推广活动频率的提高又能够确保高校图书馆长期保持与读者的联系。从长远来看，阅读推广活动周期的缩短与阅读推广活动频率的提高，二者相辅相成，互为补充，在培养读者黏性方面起着十分积极地作用。

三、提升阅读服务指导的科学性

阅读服务指导在阅读服务中起着至关重要的作用，科学专业的阅读服务指导能够带给读者良好的阅读体验，间接影响着阅读服务的质量。

（一）重视组织建设

早在 2009 年 9 月中国图书馆学会就成立了阅读推广委员会，该阅读推广委员会致力于加强图书馆学中关于阅读文化和阅读服务的研究，推进全国图书馆服务工作和阅读活动的开展。阅读推广委员会共设立了阅读文化研究委员会、推荐书目委员会、藏书文化研究委员会、图书馆与社会阅读委员会等 15 个专业委员会，它们引导着全国图书馆界广泛而深入地开展全民阅读活动。高校图书馆可借鉴此种方式，在本馆内部设立阅读推广委员会，负责阅读推广计划的制订与宣传，阅读服务项目的策划与监督以及读者评价等相关工作。

需要注意的是，由于阅读推广活动是在多种因素共同参与下开展的，并非图书馆一己之力就能胜任的。因此，在高校图书馆内部成立的阅读推广委员会并非是一个静态的职能部门，阅读推广委员会应当是一个组织程度相对松散的项目团队。这样在阅读推广的过程中，就可以最大程度地发挥灵活性，吸纳更多人才参与到阅读服务的过程中去。

（二）构建新型管理模式

我国高校图书馆内现行的管理体制大多为垂直式的管理模式，上级对下级领导，下级对上级负责。这就导致各平行部门之间缺乏有效的沟通，存在重复劳动或者管理盲区的问题，从而影响着图书馆整体功能的发挥。

要提升阅读服务指导的科学性，就需要引进科学的管理理念，广泛的将各部门联系起来。有学者提出构建"矩阵型"交叉管理模式，在传统的按图书馆的职能或功能形成的部门基础上，辅之以按项目划分的小组，结合而成一种全新的组织结构管理模式，呈现纵横交错的矩阵型。它在传统的垂直管理模式的基础上，增加了数条水平管理链，矩阵结构中的人员在执行任务时，主要服从横向领导，行政上仍是原单位成员，任务完成后归队，项目小组撤销，其成员回到各自的岗位。完成任务所需人力、物力、财力、设备、技术手段等均由横向领导统一管理，纵向系统应给横向系统创造完成任务的必要条件。这样，图书馆在项目任务的过程中，不需要把该任务从一个部门转到另一个部门，而是更换有关人员即可。利用此种管理模式，能够最大程度地增加组织的灵活性，充分发挥馆员的个性与专业技能，达到优势互补的效果，真正意义上提升阅读指导科学性。

第七章

高校图书馆服务创新发展

第一节　高校图书馆服务个性化发展

一、个性化信息服务概述

（一）个性化信息服务的含义

个性化是使事物具有自己独特的特征，或使自己的个性脱颖而出。个性化主要包含两个内涵：第一，人格需要通过一个过程逐步发展，即个性化过程；第二，每个个体都是具有自己的一个个性，但是在发展过程中，能够使人们逐渐了解并认可这种个性，而且通过在一定的时间和空间中去体现或者展示从而使得人们了解到这种存在于个体的内在需要，这称为个性化的过程。

个性化信息也可以从两个方面来解读。一方面，它意味着反映个性化特征的所有信息都是个人所有属性的描述性信息；另一方面，由个体的个性决定而产生的个体信息需求的组合，对于个体来说，这些信息都是十分有效的。

根据上文提及的两种个性化信息，不难发现图书馆个性化信息服务的精准定位。它包括两个含义，第一个含义是"个性化"服务，第二个含义是"信息"服务。传统信息服务层次浅，网络环境下用户的差异性产生了不同的特定需求等这些原因决定了高校馆有必要提供更加符合实际情况的个性化信息服务。该服务可有效发挥现代先进信息技术的作用，使之与用户构建高效的互动交流机制，以动态的用户信息库来更好地收集、组织和分类信息资源，并根据用户需求进行更新，积极向用户推荐所需信息，建立一个组织良好的个性化信息服务渠道。

个性化信息服务是利用互联网技术为用户提供自己的个性化数字信息资源，以满足个性化专业服务的需要。基于时空的变化，对不同组别的用户采取不同的服务模式。个性化的内容包含以下几个方面：第一，个性化的定制信息，结合用户的个性化需求，大学图书馆为之提供所需的信息服务，反映出了大学图书馆对各类用户都很重视；第二，服务模式的个性化，当用户向高校图书馆发送信息请求信号时，图书馆将迅速利用智能信息服务网络及时、有效、自动地通过网络传输信息；第三，服务的时间和空间不受限制，用户可以独立安排时间和地点，接受信息传输。个性化信息服务可以根据用户定义的知识结构、心理需求、行为痕迹等各种特征来带动用户自身定义的需求，帮助其更加准确地搜索并获取到目标信息，最终得到有效利用，甚至进行知识创新。

总之，高校图书馆个性化信息服务是在网络背景下，借助信息服务系统所提供的工具构建独有的馆藏，进而提高检索信息的速度与效率，在满足信息、教学以及科研的需求时，也能让系统根据用户的习惯偏好来进行深入分析，从而实现更为精准且主动的信息推送。为进一步满足高校教师、学生和研究者的个性化信息需求，高校图书馆需要对其个性、兴趣、使用习惯、行为偏好和具体需求进行细分和研究，并提供一对一的专业信息服务。

（二）个性化信息服务的特征

1. 具有针对性的主动服务

相对于传统信息服务，个性化信息服务更为主动，能够有效地满足用户的信息需求。信息服务的主体只需对用户的行为、喜好以及个性进行深入分析，即可为其提供更为准确的信息服务。这种服务不需要用户发送信息请求，它可以发现用户的个性特征，并且针对不同的用户采取不同的服务方式及服务模式，帮助用户定制个人图书馆，提高检索效率，充分提高用户对信息服务的满意度。个性化信息服务在很大程度上改变了传统的服务模式。它体现了以人为本的服务理念，即按照用户的行为、喜好以及日常习惯，为其提供当下最需要的信息服务。

2. 以先进的信息技术为桥梁的网络服务

如今，全球计算机技术高速发展，网络信息技术的应用也更为广泛，这为信息服务系统奠定了扎实的技术支持。因此，个性化信息服务系统能够提供定制信息、共享信息、高效安全的运行性能，同时保护用户隐私。这些支持技术主要包括用于联系用户信息和网络信息的智能代理技术、实现数据推送的信息技术、用来跟踪标识和监控的过程跟踪技术、用来生成网页的动态网页生成技术、用于用户登录及身份认证的管理技术、数据加密技术、Web数据库技术等。

3. 交互式信息服务模式

利用网络的交互特性，个性化信息服务既可满足用户信息服务需求，另一方面，用户也可从自身的习惯和偏好出发而提出更为准确的信息需求。这种良好的互动式交流，可以使得信息之间得到及时的反馈，同时可以构建用户的个性化信息空间。

4. 灵活多样的服务方式

在计算机技术日新月异的今天，人们不再像过去那样消息闭塞，无法或很难获得最新的信息咨询，信息的获取变得更为简单，也不再受制于时间与地域。用户可以根据个人的信息需求，对自己需要的服务类型进行动态定制，如定制特征信息资源。还可以利用个性化信息服务，鼓励用户按照自己定制的服务类型及模式来为其提供更有针对性的信息服务。基于一定的网络环境下，高校图书馆可以通过各种交互方式如电子邮件、QQ、微信公众号等多样化的服务途径为用户提供随时随地的信息服务。

5. 及时并且安全的信息服务

个性化信息服务具有及时性。在信息爆炸的时代，谁可以获得第一手信息就意味着占领了发展的优先权。而这就需要信息提供者及时更新其信息推送内容。毫无疑问的是，个性化信息必然会牵扯到用户的个人隐私，若这些信息被不小心泄露，那么信息提供者不仅会失去用户的信任，还会因此承担相应的法律赔偿责任。因此，需要尽快制定或健全现有的信息保护机制，采用高级防泄露的保护技术等。

二、高校图书馆个性化信息服务概况

（一）高校图书馆个性化信息服务的背景

信息服务的根本目的是满足用户的各种信息需求。用户信息一方面决定了信息服务提供者的服务内容及方向，也在一定程度上决定了其服务的机制及模式。究其根本是因为基于数字图书馆的环境，用户的信息需求日益丰富且个性化，传统的信息服务机构已经很难有效满足这些需求。除此之外，现代信息技术的快速发展也使得用户的个性化信息需求得到了实现的可能，这就使得部分信息服务机构率先抢占个性化信息服务的优势地位。

早期阶段的个性化信息服务内容分为以下三部分：一是新闻剪裁，二是股票行情，三是目录推荐。这些内容都需要信息提供者通过浏览器的 Cookie 文件与智能终端才能实现。现在，网上兴起的个性化信息服务实则是便于用户收集并管理自己信息的服务群体。像 My Yahoo、My CNN、My Fipe 等均经过预先定制，主要作用就是提供个性化的信息服务与网页。因为这些信息服务无法结合用户的个人喜好及反馈来掌握用户的第一手资料，所以在某种程度上不属于主动信息服务。人们现在已经将目光转向另一种更为智能、人性化的软件，即个人信息代理。该软件可主动服务用户，借助当代智能代理技术，不少智能代理系统得以开发，比如 Web Sitc Watcher、Webdoggie、Shop Bot 等技术的开发应用。

自该类信息服务问世之后，便广受网络用户的喜爱。发展至今，该服务理念已然覆盖了网络的各个角落，比如以用户个性化电子商务及 My Library 系统为基础而提供的个性化信息服务，信息服务今后的发展就相当于个性化信息服务的未来。高校图书馆在传统图书馆行业中处于领军地位，在先进网络知识社会背景下，想要重新回到传播信息、传承文化的核心地位，必须要改变其原有的传统知识服务方式，采取创新服务方式及多种渠道为用户提供更加方便、专业、多样，并且具有针对性的知识服务。

（二）高校图书馆个性化信息服务的特征

高校图书馆个性化信息服务的基本特点有如下三个方面。

1. 服务对象的层次性与针对性强

高校图书馆的服务对象较为特殊，而这也决定了其服务的层次性与针对性，主要就是针对高校的师生。高校师生的专业、学历、科研方向、兴趣、习惯等具有很大的差异性，个性化倾向显著，导致其信息需求各不相同。教授、专家或博士生需要的是更倾向于非常专业、广且深的高质量信息服务，如原始文献查阅、科技前沿等；高年级本科生及研究生最需要的是与学科相关的信息服务，如前沿学术检索等；而大多数本科生，除了需要有关专业的信息资料外，还需要一些心灵鸡汤等，信息需求行为主要集中在阅读及借阅上。所以，高校图书馆是分门别类进行信息服务的。根据服务对象的这些差别，高校图书馆需要通过对不同的需求进行深入探索，建立出一个较为系统并且丰富的信息数据库。

2. 服务的专业性强

高校图书馆所提供的个性化信息服务具有较强的专业性，是因为其服务的对象主要是高学历、高水平的师生，他们的学术背景和研究领域各不相同，使他们所需要的信息资源更加专业化、复杂化和多样化。针对这种特殊的情况，图书馆服务人员在为其服务的时候更需要具备专业或相近专业的知识，才能更好的与服务对象进行一个有效的探讨和交流，更好的获取最需要的学科资料。例如某大学图书馆想要采购一批外文原版图书扩充馆藏，让具有外语专业背景的学科馆员与外语系进行个性化信息服务，将更有助于沟通与协调。这是因为学科馆员具有图书馆和外语两大学科的专业背景，一方面，由于在专业术语以及外文沟通方面没有障碍，可以精确地把握外语系对专业图书的具体要求；另一方面将书目查重后，可以精确地转达给图书供应商所需书目；另外，图书到馆后，具有外语背景的学科馆员进行图书验收及外文编目时，也能更加地提高效率，具有较大的优势。在这个个性化信息服务过程中，最大的受益者是广大的外语系的师生，与此同时，学科馆员的专业水准也会得到一定的提高。

3. 服务方式多样

随着网络信息技术的高速发展，数字化资源在高校图书馆中所占的比重明显扩大。传统的图书馆服务主要以纸质信息为基础，而个性化信息服务所能提供的信息资源既有纸质的资源，也有电子的资源，还有服务人员通过各种通信软件为用户提供信息服务。这些服务打破了时间和地域的限制，为用户获取信息服务提供了方便。个性化的信息服务提供了交互式的图书馆服务，使得缺乏信息检索能力的用户大大受益。例如学科馆员可以主动为用户提供专业性的文献信息服务。咨询馆员可以通过电子邮件、社交网站、即时通信软件等途径，为用户提供更为方便快捷且独具特色的信息服务，这不仅有效提高了用户的信息获取效率，而且间接地促进了学术创新和科研成果的产出。

（三）高校图书馆个性化信息服务方式

鉴于高校图书馆提供个性化信息服务的方式比较丰富，本小节只选取如下比较有代表性的个性化信息服务方式作为理论参考：个性化信息推送、个性化信息定制、个性化信息互动、个性化信息资源管理、My Library 信息服务系统。

1. 个性化信息推送

信息推送指的是借助推送技术来完成对用户的主动信息服务。推送技术是一种计算机数据分发技术，它根据用户指定的时间间隔或事件，自动将用户选择的数据推送给用户。一般来说，信息推送服务可以分为以下四种：一是通道推送，二是邮件推送，三是网络推送，四是专用推送。其中使用频率最高且最简便的是第二种，因为用户可自行控制其发送的形式与具体时间，但其同样有一个不容忽视的缺点，那就是无法实现信息供需方的交流与互动。

个性化信息服务的推送离不开网络技术的支持，通常情况下，在为用户提供个性化信息服务的时候，用户第一反应是在图书馆的个性化信息系统中登记自己的身份信息、喜好等，以此来帮助系统分析并梳理其信息，从而构建出对应的需求信息模型。除此之外，提取用户的信息需求关键字在信息资源库中检索与之匹配的信息，然后根据用户提出的定制需求，对信息内容予以有效的分类与整合，最后在规定的时间内主动将信息推送至用户的邮箱。信息推送主要有以下模式：用户在借阅相关书籍或电子资源的时候，系统会自动向用户推送其他用户相关的信息选择结果，还会为用户推荐尚未发现的信息资源；用户在使用图书馆的咨询服务时，系统会在第一时间内结合数据的分析结果，为用户提供相关提示；结合移动终端所处的位置及其类型，帮助用户在有效的时间内订阅相关信息服务。

推送技术能够节省用户上网时间，减少信息过载，尤其能够针对性地满足用户的个性化需求，从而缓解线路堵塞，受到用户的欢迎。它改变了人们获取信息的方式，从"人寻找信息"转变为"信息寻找人"。图书馆可利用该服务模式向广大读者提供新兴服务，比如开展专题书目、新书、会议咨询以及科研课题报道等。

2. 个性化信息定制

个性化信息定制意味着用户可根据自己的需求与目的，在特定的系统功能与服务模式下，设定自己想要的信息资源类型、表现形式、系统功能等。该定制服务主要是为方便个人用户收集、组织和提供信息资源以满足用户的个别需求的服务。用户登录到站点，输入账号和密码，借助服务器来查询用户数据库，且发挥动态 Web 技术的作用，结合查询结果自动生成用户定制的动态页面。由此可知，个性化信息定制不仅能有助于服务器创建用户信息库，还能根据用户信息自动推送其所需的信息服务。

个性化定制服务分为三种：一是个性化用户界面，二是个性化信息检索，三是个性化内容。其中第一种指的是用户可自主选择网站的界面风格，比如颜色、内容编排、界面的整体结构等。例如清华大学图书馆为网络用户提供了丰富的个性化定制服务，用户可以通过这些服务管理自己的个人在线图书馆，包括灵活管理自己的网页和订阅所需网站的内容，从而提高了用户的信息使用效率，提高了图书馆网站的用户服务水平。第二种则是指用户可按照自己平时的信息检索习惯与实际需求来选择恰当的个性化定制，比如检索历史的分析、个人检索的模板、个人词汇以及检索工具的定制等。第三种是指根据用户个人爱好及对信息服务的需求定制相应的信息。用户可在高校图书馆网站来选择内容模块，也可向图书馆提出申请。

个性化信息的定制服务有以下两种方式。一是个性化定制，即用户自主选择系统的功能及服务。其实际是从系统已有的模板中选择与用户需求相符的服务。二是自动预测，也就是系统自动分析用户所提供的信息，对其中有价值的信息进行重组。

3. 个性化信息互动

互动式服务是一种动态的服务方式，其主要是通过和用户互动来进一步明确信息服务的内容及方式。该服务分为三类：一是实时互动，常见的比如在线咨询；二是延时互动，即用户可以用留言板、邮件等方式来咨询所需信息服务；三是合作互动，即由图书馆对用户群体展开问卷调查，根据调查结果改进工作效果。

服务提供者在和用户互动的过程中，一方面要为用户提供所需信息，另一方面，还要收集用户的个人信息，对其进行深入分析与加工。在构建有利于用户的信息模式时，借助用户的真实反馈对该模式展开适当的调整与改进，与此同时，还要优化现有的服务，更好地满足用户的信息需求。通常而言，高校的图书馆网站均设有专门的帮助模块，比如在线咨询、电子邮箱等。这些模块的存在可极大地帮助用户与服务人员、用户之间实现及时且高效的互动，更快地解决使用期间遇到的任何难题，从而获得所需的帮助与服务。

4. 个性化信息资源管理

高校信息资源丰富，尤其是科技研发等学术性信息资料，并且不同的学校在科研项目上的重点也有所不同，师生的教学需求也各有差异，所以有必要构建出科学且有秩序的信息资源管理机制。除此之外，高校图书馆也应该强化自身的学科资源管理，在确保信息资源充足的情况下，再为用户创建高度个性化的个人信息数据库，使得用户能够随意管理并编辑自己的数据库内容，对信息进行明确的分类与整合，最后实现个性化的信息资源管理。

另外，高校图书馆还可建立独有的专业学科库，为用户提供更具有针对性的信息服务，以引进信息资源的方式对系统进行有机整合。各高校图书馆之间还可达成联盟关系，借助信息资源的整合技术共享各图书馆之间的信息资源，提高信息资源的利用率，为图书馆注入新的动力。

5. My Library 信息服务系统

My Library 作为一个信息服务系统，具有较高的个性化水平，且可操作性较强，是个性化地收集和组织数字资源的门户，该系统旨在以允许用户自行选择其所需要的信息资源来实现减少信息过载的目的。目前，中国大多数高校图书馆已经根据这一服务理念推出了"我的图书馆"系统。"我的图书馆"系统在高校图书馆中得到广泛的应用。

在国内，已有不少著名高校开发了类似的"My Library"系统，比如清华大学、北京大学、浙江大学、中国人民大学等，该系统应具备以下几大主要功能。第一，书签功能。这个与浏览器中的书签十分相似，但二者的区别在于用户可在任何设备上访问 My Library 的书签内容，且能轻松收集并维护其中的信息资源与网络链接，在自己的书签上标记最喜欢的网站，可以随意登录互联网。第二，可分类并定制图书馆的数字功能。用户可将使用频率较高的数据库加入到自定义的页面上，以便于检索。即使更新了自定义页面内容，也可以更新。第三，可推送最新信息。在用户进入"My Library"页面时，将会弹出一个通知窗口，其内容是图书馆近日的发展动态与最新的数字资源。第四，可进行智能代理与检索。智能代理是利用信息空间中的各项活动来主动搜索用户可能感兴趣的信息内容，并将其推送给用户，使得用户可以有效调整现行的搜索方式，从而实现更为高效的搜索。第五，主题具有导航的作用，与搜索引擎创建有效链接，用户只需要选用一个关键词并将其输入，即可实现浏览器的自动跳转，并获得搜索结果的页面。第六，可挖掘数据，满足用户对潜在信息的需求。第七，能保护用户的个人信息。

三、促进高校图书馆信息服务个性化发展策略

（一）完善个性化信息服务系统

在图书馆数字化建设越来越完善的情况下，图书馆信息化基础设施需要进一步加以完善，一方面要与业务需求相吻合，另一方面要控制成本、改善效率以及增加其他功能等。因此，完善个性化信息服务系统是非常有必要的，要想个性化信息服务更加深入的发展，提供更加深层次的服务，不但要增加学科馆员的能力与素养，个性化信息服务系统也要及时优化。

1. 发展信息服务技术

图书馆智能服务平台由四部分组成：数据采集模块、数据传输模块、大数据中心以及应用服务。数据采集模块通过数据采集设备能了解到用户的全部信息，如进出时间、阅读记录、网站评论、服务调查、咨询参考、过期记录等。依靠数据传输模块，数据采集模块采集的数据可以通过通信设备和网络安全、高效、准确地传输到大数据中心。数据中心包含图书馆的原始信息资源，存储、组织与分类信息，与此同时，把用户行为信息和特征有机衔接起来，给应用服务模块搭载信息服务时提供必要数据信息。

加强对 My Library 信息服务系统资源的整合，对图书馆资源全面汇总归纳，解决用户的个性化信息服务，从而使各模块平衡发展，有利于图书馆系统的维护和扩展。

2. 深入挖掘用户数据

能够为用户保证良好的个性化信息服务的前提条件是要对用户信息需求进行及时的研究。高校图书馆主要针对的对象是高校师生，图书馆的个性化需求应该以辅助科研以及教学工作为主要目的，高校师生对信息的需求在不断变化着，面对这种情况，个性化信息服务应该不断的进行更新。针对以上情况图书馆方面应该对用户的信息进行及时的跟踪收集，应用大数据技术对

此进行分析，从用户的行为信息中提取到有用的信息，确保个性化信息服务能够有效的帮助用户。

在收集用户信息时应该确保数据的完整性与时效性，有效的数据更具有可靠性，能够较为准确的发现用户对信息的需求方向，只有保证个性化信息服务的有效性，才能够满足用户的相关需求，为用户带来便利。

对读者进行多维度的分析，了解读者的个人信息、阅读的习惯以及方式，对多方面的属性进行总结分析，建立一个分析维度，并对文献的信息资料进行整理，把二者结合起来创建一个高度相关的数据库，令个性化信息服务能够适应更多的用户需求，使读者所得到的个性化信息符合自身的属性。

对读者的行为进行系统化的分析，把读者的阅读习惯、阅读方向等相关数据进行收集，对此进行分析，同时对读者相互的联系进行研究，将"读者、资源、渠道"行为分析体系建立起来。

3. 增强系统安全性

通过对用户信息行为数据的整合、分析、聚类和分类，个性化信息服务系统发现用户信息的隐藏特征，从而更好地获取用户信息需求，而系统实时监控用户信息行为跟踪，用户的隐私有可能会受到侵犯。由于有的信息涉及客户的隐私，系统在分析用户行为数据时，用户许可后方能进行，否则不可以用其数据。其次，没有进行数据分析时，系统需要对与用户相关的数据进行相应的清理，删除与个性化信息服务无关的数据，最大程度地避免隐私损坏。

（二）优化信息资源配置

信息资源建设为图书馆与各类型信息机构的关键，是进行其他活动与服务的前提。高校图书馆是高等教育的信息枢纽，信息资源建设与高校办学质量息息相关。

根据学校的专业设置、科研工作重点和用户需求，结合本校馆藏资源、导航数据库、特色数据库、学科、专业、地方性数字馆藏资源的现状，可以提出本校科研工作的重点并且建立特征。在信息资源的组织中，个性化信息服务要有针对性、清晰易懂、开放灵活，加强信息资源的组织与整合。导航数据库和特征数据库应该具有强大的功能，丰富的内容，友好的界面，来吸引用户使用。高校图书馆间可以搭建资源共享平台，从而使各高校间的资源信息可以互补且能避免信息重叠带来的成本，用户从中获得方便，促进个性化信息服务不断发展。

1. 优化馆藏资源配置

在网络环境下，我国高校图书馆向要为师生提供优质信息服务，必须要建立健全信息服务体系。近年来，用户由之前的文献需求变为专业信息查询，这样一来，图书管在信息服务中就要与时俱进，紧跟用户的诉求，将信息服务内容进一步延伸，要保证既能进行文献查询，同时也可以进行其他查询操作，这就要求有更多的电子信息与网络资源作支撑。与此同时，要新增网络信息查询与网络文献查询功能，这样方便用户在多如繁星的信息流中找到所需信息，可以快速找到所需的文献信息。

根据现阶段高校图书馆信息整理方法，传统文献资料、电子信息以及网络信息均独具特色，各个高校图书馆个性化信息服务工作要从实际出发，不可以盲目仿照其他高校或照搬全收国外经验，要以学校的学科以及目标为基准，优化馆藏资源配置。

2. 发展特色馆藏

目前，馆藏文献量和图书馆建筑规模已不再是衡量图书馆水平的绝对尺度。图书馆藏书再多，楼宇再高，如果没有特色资源，读者找不到想要的文献资料，也不过是藏书楼或一座标志性建筑而已。高校图书馆拥有多元化的特色专业数据库，同时又具有自己的学科特色、专业特色以及区域特色。在如此丰富数据库的基础上才能发展个性化信息服务。例如燕山大学图书馆就有自己的自建资源库，具有个性化的特点。对于机械专业的学生，它建立了重型机械数字图书馆。针对即将毕业的学生，建立了论文数据库、专题文献资源数据库、燕山大学教师数据库等特色子数据库。所以，高校图书馆要基于学校实情以及区位的特色，构建相对完善化系统化的数据库资源，使其更好地应用于个性化信息服务中，充分体现其价值。高校图书馆建立特色数据库，有必要开发和构建数据库系统的连续性和完整性，并随时更新的学科进展，以确保数据库内容的及时性、准确性。

另外，网站建设方面要着眼于个性化，举例来说，页面排版要简要直观，同时信息量不宜过多，也不能过少，要设有个人自我装饰以及留言等功能，俘获用户。与此同时，高校图书馆可对网络信息资源分门别类，建立专业的链接来符合广大师生用户的特点，满足用户的个性化目的。

高校图书馆特色数据库具有本馆自己独特的优势和特色馆藏。未来推广本校特色数据库，高校图书馆应引入可持续发展的服务理念，重视和加强特色数据库的宣传和推广，充分发挥特色数据库的效益，充分利用这些宝贵的特色文献资源。在网络信息数字化时代，建立特色数据库是高校图书馆实现图书馆特色发展和进行拓展的必然趋势。让用户快速准确地获取图书馆的数字化特色信息资源是它的最终目的。如果高校特色数据库不能被用户充分有效地利用，那么特色数据库的建设就是资源的浪费。特色数据库的建设来之不易，在高校中总是处于数据库建设的瓶颈地位。因此，高校图书馆应坚持推进和普及特色数据库，拓宽用户范围，提高特色数据库的利用率，以可持续、健康的方式发展高校特色数据库建设。

3. 推广电子资源数据库

跻身于网络信息时代，个性化信息服务已是图书馆的大势所趋，而图书馆要以用户为中心，对用户的需求深入挖掘，并将其转化到信息服务平台上，用户通过信息化服务平台可以查看文件、搜索信息、定向查找、了解科学动态以及时事热点等内容，可以对相关研究成功定向追踪，文献资料以及科研信息等内容全部在电子资源库中可以找到，每个人都能通过电子图书馆找到其需求所在，这样，每个人都会对其认同并使用，另一方面馆员在整个推广中也能得到提升。

目前在全球兴起的"信息高速公路"建设热潮预示着电子信息网络时代即将来临。有越来越多人认识到电子资源建设与信息资源建设，尤其是与图书馆信息资源建设有着紧密的联系。甚至可以说，电子资源建设是全媒体时代信息资源建设的基础。

电子资源建设的重要性可以体现在以下几个方面：电子信息资源建设是我国实现信息资源战略化的需要；电子信息资源建设是我国图书馆等机构实现自动化、网格化并最终实现资源共享的根本保障；电子信息资源建设是改变我国图书馆事业基础薄弱和发展不均衡的重要手段。

对于日后的信息服务而言，一方面通过科学技术使信息服务更加深入人心，充分体现出信息服务的简单易用，另一方面也要基于高校的特点，优化的侧重点要放在内容上，也就是数据库的优化，使信息服务的覆盖面进一步延伸，从而达到实体与虚拟的有机结合，升级服务新路径。

第二节　高校图书馆服务社会化发展

一、高校图书馆社会化服务概述

（一）高校图书馆社会化服务的含义

高校图书馆社会化服务是在社会信息需求增长的历史背景之下，以高校图书馆为主体，以社会成员为服务对象，以满足社会用户的信息需求为目标，高校图书馆主动针对广大社会用户而开展信息服务的活动。高校图书馆和社会读者在这个过程中相辅相成，这种相互关系也表现出在该作用下的联系程度，抽象概括并描述了高校图书馆服务社会的这种作用方式。总而言之，高校图书馆社会化服务就是指高校图书馆根据自身的实际能力和资源，在保证满足本校师生正常工作需求的前提下，向广大的社会用户进行一定的开放，让其走进图书馆，通过传统方式或者网络方法，将高校图书馆收藏的实体资源和虚拟资源对社会开放，为其提供可以做到的信息服务从而满足信息需求，当然，提供的服务可以是有偿的，是否收费可以由高校图书馆根据自身情况决定。

高校图书馆社会化服务的概念包含两层意思：一是高校图书馆的社会化服务首先是在保证本校服务前提下开展的，即要以本校师生为服务重点，能充分满足在校师生的信息需求，但是高校图书馆的服务对象要有接纳全社会读者并为他们提供信息服务的意识，不能仅仅停留在本校师生群体；二是高校图书馆要采取各种服务方式将所有资源对社会开放，比如说，校外读者可以进馆进行图书的借阅和查看、校外读者能够访问图书馆官网并可以浏览和下载所需的资料等。通过各种方式让高校图书馆的资源得到有效充分的利用，也为社会读者提供更优质的服务。

（二）高校图书馆社会化服务的内容

1. 文献借阅服务

文献借阅服务，是高校图书馆所有社会化服务内容中最简单、最直接的一项服务，对社会读者的服务可以通过向其发放借阅证的途径来实现，主要针对和利用本馆的实体资源。具有借阅权的社会读者可凭借阅证在高校图书馆的阅览室查阅所需书籍和期刊等资料。根据高校图书馆社会化服务能力、馆藏实体资源的数量、可容纳社会读者的人数等元素来判断，高校图书馆根据自身情况出发，结合自身发展需求，视情况而定办理借阅证手续。文献资源丰富、馆舍面积大的高校图书馆，既能很好地为校内师生提供服务，又可以为校外读者提供一定的服务；相反一些高校图书馆的资源种类少，馆舍面积也不够充足，那么这类的高校图书馆在开展社会化服务工作时对借阅证的办理就有了诸多规定，比如有的学校根据社会读者的学历来确定是否发放借阅证；有的面向银行工作人员读者、科研工作人员读者、医院工作人员读者、政府工作人员等开放；另外也有一些高校图书馆允许附近的居民可以办理借阅证。当然，高校图书馆若对社会读者提供文献借阅服务，会给馆内的纸质资源带来一定的压力，不仅要在数量上要满足校外读者，还要为校外读者提供更优质的服务，前提当然是在满足校内师生的需求情况下。但一般高校图书馆不会明确指出可以对外开放借阅。

2. 数据库信息服务

当下，互联网高速发展，各个高校图书馆紧跟时代步伐，都纷纷建立了自己的官方网站，开展社会化服务工作可以利用其官方网站，把一些面向社会读者开放的内容在上面公布出来，并给出相应链接入口，这样可以让社会读者享受更加便利的服务。高校图书馆的数据库信息服务方式有以下几种。第一，给社会用户提供商用数据库的检索服务，社会用户支付规定的费用就可以得到高校图书馆的商用数据库的用户名和密码，通过这种有偿的方式给社会用户的信息需求提供了极大的便利。第二，给社会用户提供特色数据库服务。高校图书馆搜集当地的一些特色资源并加以整合，创建拥有地区特色的数据库，一箭双雕，既能完善高校图书馆的资源，又可以促进当地的发展。第三，给社会用户提供信息导航服务。高校图书馆在其官方网站上为社会用户设立了一些信息导航服务，比如导航栏、相关学术站点以及常用站点等服务，给社会读者提供了更加便捷的服务，特别是对于一些信息组织能力差的社会读者。数据库信息服务的优点有很多，社会读者在享受此服务时不受时间、空间的限制，并且对于图书馆的馆藏资源方面的影响很小，也在一定程度上降低了对校内读者的影响，这种为社会读者提供服务的方式更加方便、明了。

3. 科技查新服务

科技查新服务是高校图书馆面向社会开放的一项重要服务项目，社会大众对此服务项目使用的较多。随着社会的不断发展、社会大众日益增加的信息需求，科学技术显得尤为重要，科技查新工作在科研管理过程中占据主要位置，社会在科研立项或者成果鉴定的时候，要通过具有查新资质的情报服务机构出具的科技查新报告才行。我国的科技查新机构如今主要集中在省级的科技信息研究，其中包括一些高校的图书馆。科技查新的性质决定了科技查新对社会用户来说具有被动接受的特性，而高校图书馆人员的专业素质、地理位置、社会影响等都让社会读者乐于接受，因此科技查新服务成为我国高校图书馆开展社会化服务的一项主要内容，也是高校图书馆参与地方情报服务的一种重要形式。

4. 参考咨询服务

参考咨询服务作为高校图书馆社会化服务当中的一项项目，是最常被大家见到的，利用高校图书馆丰富的馆藏信息资源，通过网络远程服务为更多的社会读者提供便捷的服务。参考咨询服务包括一般性咨询服务和专题性咨询服务。前者的系统可以分为三个，其中包括实时咨询、表单咨询和 FAQ，因为社会用户提供咨询问题的解答反馈效果不同，所有三个系统应运而生。对于急于寻求的问题，用户可以通过在线解答功能，与专业技术人员以交互方式进行实时交流。专题型咨询服务针对一些专业性要求比较高的问题，比如通过对馆藏已有文献资源进行深层次在加工组织、分析，并且结合互联网上的信息辅以参考，提供定题服务，文献信息情报跟踪服务，专题编译等服务给做到社会其他单位或者个人用户。不同组织个体的信息需求不同，就会产生不一样的参考咨询服务。

5. 用户培训与教育服务

高校图书馆社会化服务的重要内容是用户培训与教育服务，做好校内用户培训与教育服务工作是为社会用户的培训与教育的前提。社会用户的用户培训与教育设计方面重多，比如包括信息收集、信息整体评测、信息整体分析、信息深层研究等各个方面。和当地的科技管理部门共同举办相关活动，以相关主题的方法形式培训用户。高校图书馆更好的发挥用户教育与培训的职能作用可以有效的回报社会，大大满足高校图书馆与知识经济时代社会的合作需求。因此，进一步加快对用户培训与教育的发展进程，更好更快的发展，使高校图书馆更好地服务于社会经济，为科技的发展做出更大的贡献。

6. 信息增值服务

信息增值服务，同时也以叫作知识服务。通过对大量相关原始资料进行分析，归纳，总结，以提供给不同用户群体有待解决的问题方案和决策意见。宁波大学图书馆以校内资源为依托下成立的科技信息事务所，是一个比较突出有特点的个体实例。该事务所联合宁波市产品质量监督检验所共同组建了"宁波文教用品研究中心"，对文教产品研发与营销等相关信息与资料进行全方位解析，大大规范了文教产品的质量技术标准，很大程度上促进了产品研发。该研发中心独树一帜地以本市文具产业提升和发展为主题进行探索，积极探索理论研究和产品研发，并结合社会效益，制定相应标准，可以说是产学研集于一身，为文具产品的技术创兴提供了决策支持并开创了文具产品行业可持续发展的新局面。宁波文教用品研究中心的成立，促进了文具这一小产品走向大市场，从中国文具之乡发展向亚洲文具网提供了一个交互式国际网络商务平台在其产业链的终端，与商业用户相结合，大大提供了更有效的宣传和销售方法，促进了社会效益和经济效益，使信息达到了最大化，实现了共赢。

（三）高校图书馆社会化服务的方式

1. 信息咨询服务

更多的是指高校图书馆开展信息调研和信息资源开发，向政府、科研机构、企业及农村等特定用户组织提供针对性的高层次信息服务。

2. 联合共建

高校与地方政府共建图书馆，高校图书馆与公共图书馆共建图书馆联盟，高校图书馆与公共图书馆业务合作、高校图书馆之间的协作、共享以及共建。

联合共建是社会化要求下的必然发展趋势，这要求高校图书馆能够打破各自为政观念，通过构建信息资源联盟来形成覆盖面广、布局合理的信息资源联盟，从而为用户提供良好的服务。

3. 高校图书馆直接向社会公众开放

这就要求高校图书馆可以像公共图书馆一样，直接面向广大人民群众开放，提供给广大人民群众部分或全部的服务。但目前，国内大部分的高校图书馆还做不到完全向广大人民群众开放。因此，我国高校图书馆需要强化自身的能力，使图书馆庞大的信息资源得到真正的共享，将服务逐步扩大到社会各行各业的读者，从而使市民的整体素质得以提高。

二、促进高校图书馆服务社会化发展策略

（一）做好用户调研，优化资源采购策略

对社会用户做好调研有利于高校图书馆社会化服务的顺利进行。主要是了解校外读者的类型，他们对高校图书馆的资源需求范围和资源偏好等。在确定了社会读者的类型情况下，与校内读者的资源需求结合，使图书馆的资源采购策略进一步提升，根据校内外读者不同的需求补充相应的资源，满足校内外读者的不同的资源需求。

以下从纸质文献资源的采购和电子资源的采购两个方面展开。

校内外读者对纸质资源都存在一定程度上的需求，因此在纸质文献资源的采购上，图书馆可以增加对校内和校外读者需求量高的纸质图书的购买，当他们之间的需求存在差异时，那么高校图书馆可以采取有针对性的采购策略，适当补充一些校外读者喜好的资源。几乎所有的高校图书馆都在担心和顾虑，如果让其他外校人员进入本馆，可能会造成本馆图书或设备的破损、减少等一系列问题。对于以上所担心的问题，高校图书馆可以向发展程度高的地方公共图书馆学习，让校外人员办理的借阅证和他们的居民卡相连接，这样一旦出现任何问题，可以立马找到对应的社会群众，建立信用等级，这样可以在一定程度上约束社会读者的行为，在使用图书馆资源时也会非常小心，并且能够及时弥补图书馆的损失。

一般而言，各个高校图书馆对电子资源的使用也都做了诸多限制，大部分全文数据库和自建特色数据库一般是不对校外读者开放的，并且一些高校图书馆开放的特定人员也只能在校内 IP 环境内访问，无法利用 VPN 实现校外访问。因此，在购买电子资源时可以进行策略上的优化，购买一般的馆藏电子资源可以针对校外读者的需求而提供有限的服务；另外在购置那些受到知识产权保护的资源、全文数据库和校内自身建立的数据库前应当和数据商、校外用户协商，让校外的人员也可以使用受到限制的资源，给社会读者授予可以校外登录的权利，使校外读者在校园网外的环境中也可以登录网站并浏览和下载所需的内容，同时依据协议中的收费标准来向社会用户收取一定的

费用。

（二）争取政府支持，多渠道筹措经费

目前大部分高校图书馆的基础设施不够完善，并且在人力方面、物力方面和财力方面都存在一定的缺失，高校图书馆若想要改善这一局面，必然需要资金的投入，这样才可以为高校图书馆社会化服务提供一个保障。

1. 积极争取国家和学校的财政投入

首先各个高校图书馆需要对每个部门进行统计和预算，向政府申请社会化服务的资金，为了保证资金落到实处，可以设立一个专门的监督部门用来监督图书馆开展的各项社会化服务。其次，在学校方面，图书馆应为本学校的发展出一份力量，以此努力争取到本校的投入经费。在政府和学校双重资金支持的条件下，高校图书馆社会化服务才能够更加顺利展开。

2. 为公众提供一些有偿服务

目前部分高校图书馆都没有配置独立的社会化服务人员或团队，在不影响本校读者利益的情况下，一些具备社会化服务能力的高校图书馆可以先针对部分读者、选择特定的日期，还可以另外建立一个社会化服务的部门，以此来逐渐开展社会化服务，并且此服务是有偿的。高校图书馆开展社会化服务必然会消耗本馆的资源，为公众提供一些有偿服务，图书馆实行有偿服务，这样不仅可以减少资源浪费、资源闲置的现象，还能增加购书和购置设备的经费，资金紧张局面也可以得到有效改善。

（三）利用宣传提高高校图书馆的社会知名度

各大高校图书馆的服务对象长期以来一直是校内读者，再加上缺乏对馆藏文献资源的对外宣传，社会对高校图书馆的资源及服务了解的少之又少。传统的思想观念也影响着社会大众，他们认为高校图书馆是不对外开放的。因此，高校图书馆必须大力开展宣传工作，并改变大众对高校图书馆的看法，这样才能在大家心中打开它的大门，从心里接受它。各大高校图书馆在宣传时，首先要在学校内进行宣传，让更多的学生了解社会化服务，然后是向社会大众宣传，让更多的社会读者了解高校图书馆社会化服务。高校图书馆可以在各自的门户网站上增添明显的社会化服务的内容，通过网络的便捷可以向社会读者在更大范围的领域里提供信息资源。另外，各高校图书馆要了解

附近居民的不同文化需求，根据需求的不同针对性地进行宣传。比如对社会居民发放图书馆读者手册和指南，通过举办一些公开的讲座和座谈会来普及信息教育知识，向社会大众宣传图书馆的服务方式、内容等，从而改变社会读者一直以来对高校图书馆的态度，使社会读者对其有一个正确的认识。

第三节　高校图书馆创新发展的展望

一、高校图书馆创新服务的含义

"创新"是一个概念过程，它的特征是使用了新的想法和新的理解及新的创造。它来源于拉丁语，寓意着新事物的创造，不断更新并寻求改变想法。在实际的生活当中，某些事情是否可以将其称为创新并不是一个很简单的问题。

服务创新包含着下面四个基本的特征。其一，无形性，服务创新所包含的服务理念、服务模式和服务体系的创新和一些有形的创新存在着差异性，它本质上是一个过程，所以应该作为一个无形的概念来确立。其二，以用户为导向，用户需求的变化可以激发服务创新工作，通过对用户需求的关注和调查，引导服务创新在实践层面的拓展，服务创新活动始终围绕用户需求展开。其三，交互性，这里所说的交互性，主要体现在与用户的交互性和与系统中人的交互性。前者具体是指服务创新是以用户作为导向，在交流互动的过程中开展服务创新活动，以用户需求为创新动力。后者是指内部人员之间的互动，促进知识的转化，将人脑中的隐性知识转化为显性知识，使知识得以共享，服务创新取得更有效的效果。其四，渐进性，服务创新不能马上实现，它是一个循序渐进的过程，从根本上说是一个对现有服务进行更新和优化的过程。

二、高校图书馆创新发展的路径

（一）高校图书馆"学习共享空间"服务与发展

目前图书馆界对于"学习共享空间"还没有形成统一的定义，在国内受

193

学术界认可的观点，来自任树怀、盛兴军的阐述。他认为 LC 以高校图书馆为据点，以用户为中心，把图书馆服务融入用户的教学或研学的过程中，通过实体资源和虚拟资源的配置，集成图书馆、教学和其他学校资源的方式，为用户提供协作式研学环境。它的工作机制是通过图书馆与校内的教务部门、学院、学校社团等学术性机构和非学术性机构合作。它的目的是提高用户信息素养、提升专业知识、增强研学能力、促进教育改革等，促进知识的交流和创造。

"学习共享空间"包含"信息共享空间"的所有要素，是学校的学习中心，通过与校内外机构的合作，从技术、设施、服务等方面支持并开展教学和学术活动，在肩负图书馆原有责任的同时，延伸该空间在教学、科研、校园文化生活等方面的服务，为用户的教育、研学和生活提供资源和条件，并积极地参与到过程中去。同时，它也是学校的学术交流中心，"学习共享空间"倡导与学校相关部门进行跨界合作，如与学生团体、学院教学机构等合作开展项目和活动；"学习共享空间"是学校的文化中心，"学习共享空间"的设计与高校性质、校园文化息息相关，具有的文化功能是宣传校园文化、培养阅读习惯的重要场所。

分析研究各大高校创新发展案例，其中香港理工大学将图书馆改造为"学习共享空间"可以让我们看到高校图书馆未来发展趋势。因此，可以从合作机构、空间设置与服务两个方面来构建"学习共享空间"的基本框架。"学习共享空间"由实体空间、硬件设备、实体及虚拟资源构成，在图书馆员的支持下为用户提供各种服务。"学习共享空间"基本由参考咨询、学习区、多媒体与教学区、阅读区、活动区、休闲区和用户展示区等组成，在实际的空间设计中，并不是将这些区域分别独立设立，而是结合自身情况构建具有相应功能的区域。

1. "学习共享空间"服务与空间设置

（1）合作创新服务

"学习共享空间"的构建成功的关键是"学习共享空间"的设计和实施过程与其他学术单位有深层次的合作，"学习共享空间"不仅仅是简单的支持而且要参与并执行高校的教育目标的实行和教育改革发展。因此，"学习共享空间"的构建关键是跨界合作，本书尝试从"学习共享空间"的设计和实施过程中，从以下几个方面来开展合作。

①"学习共享空间"设计合作

"学习共享空间"的构建重视与学校部门甚至校外机构的合作,一是图书馆自身能力有限,二是"学习共享空间"的结构需要专门设计,因此"学习共享空间"的设计合作是必要的。在"学习共享空间"案例中,艾奥瓦大学"学习共享空间"与艺术学院合作设计和布置,中国台湾中兴大学和诚品书店设计师合作,共建空间。香港理工大学和香港科技大学的"学习共享空间"均是在社会调查用户意见后设计和改造而成。因此,在"学习共享空间"的合作上,图书馆应该转变理念,主动积极地与用户沟通,跨界合作。

② "学习共享空间"的服务合作

"学习共享空间"构建关键是与其他机构,特别是学术机构深层次合作,纳入高校教育发展的目标,支持并参与教育高校改革。因此,"学习共享空间"的服务合作机构,合作项目的实现对实现"学习共享空间"的功能来说尤为重要。

第一,开展教学服务。与教学中心、信息中心、学院等学术单位合作,支持并参与学术活动,教育发展,教学活动等。在"学习共享空间"案例中,如艾奥瓦大学与教学中心合作,开展教育改革实验;香港理工大学与学校教学中心合作,开展反转课堂、慕课课程服务、信息素养教育等服务等。这些案例都为"学习共享空间"的教学服务提供借鉴。

第二,开展学术服务。"学习共享空间"面向学生,开展提升学生学术和学习能力的服务。在"学习共享空间"案例中,如俄亥俄大学与写作中心合作,开展论文写作指导服务;艾奥瓦大学与学校写作中心合作,通过网络、约定会面和例会的方式为读者服务,提供论文写作指导、文章修辞、个人创作、多媒体等各种类型的写作指导服务;香港理工大学与教学中心和学院合作,开展学术能力和专业知识培养服务。这些案例,为"学习共享空间"开展论文写作、培养学术能力等服务,提供借鉴。

第三,开展文化活动服务。"学习共享空间"与其他单位合作开展文化活动,香港理工大学与学校社团或学院合作,进行作品展览、图书展览、阅读推广等服务;上海财经大学与学校团委等合作,举行展览等活动;中兴大学与学院合作,开展定期的讲座和图书展览等活动等。文化服务是"学习共享空间"必不可少的服务,不仅包括文化活动,还有文化氛围的设计和布置。

第四,其他特色服务。特色服务是"学习共享空间"与其他部门合作,开展具有自身特色的服务。如香港科技大学与出版技术中心合作，建立图像工作室、AV 编辑室、媒体制作室和演播室，工作室中配备先进的图像处理和非线编辑设备开展学生个人能力服务。沈阳师范大学与读者协会合作，开展真人图书馆活动，创建英语交流平台。因此，各个学校的"学习共享空间"，应该充分利用本校或者本机构的优势，开展特色服务，以特色立足。

此外，还有与学校餐饮中心合作或其他餐饮机构合作，为用户提供餐饮休闲服务。

（2）参考咨询服务

参考咨询是"学习共享空间"构成"学习共享空间"的必要要素，一般位于共享空间入口处，将信息服务、参考咨询、技术支持、文献传递等部分传统服务汇集一起，为用户提供一站式的服务。"学习共享空间"可以根据图书馆的实际需要，提供相应的服务，不必求全。不同的馆员提供不同的服务，甚至一个馆员兼任多项任务，还可以由经过专门培训的学生助理来承担。参考咨询一般分为服务台或专门设立参考咨询室。

① 服务台

服务台服务包括一般信息服务、参考咨询服务和技术支持服务三方面。

一般信息服务。服务台一般提供整个共享空间的综合性导引和信息咨询服务。同时承担着与读者沟通交流等任务，并为评价和改进收集相关反馈细信息。此外，服务台还提供各种教学工具，如投影设备、计算机、平板电脑等设备的借还服务。

参考咨询。参考咨询是共享空间的重要服务点之一，参考咨询主要通过与用户面对面交流，有效解决读者在利用图书馆资源时遇到的各种问题，特别是学术和学习问题，同时也兼顾在线咨询、电子邮件咨询和电话咨询等服务。参考咨询工作内容包括帮助用户查找所需信息，解答一般事务性问题，如图书馆的政策、服务、设施使用等。参考咨询工作通常由参考咨询馆员来承担，如果馆内的参考咨询工作量较小，可以与一般信息服务融合。

技术支持服务。技术支持服务负责解决用户在使用计算机网络和计算机硬件设备等设施过程中出现的故障，如计算机硬件、复印机、打印机、网络等问题。技术服务的工作人员一般与学校 IT 部分合作，也可配备经过培训的学生助理。

② 参考咨询室

参考咨询室是专门为读者提供较深层次信息资讯的地方，参考咨询室不同于参考咨询台，侧重于为用户提供深层次学术性资源和事实型数据的开发与利用，以及学习咨询等服务，适用于咨询时间较长，具有持续性的咨询等。比较小的共享空间一般不设专门的参考咨询室，而一些大的共享空间则设置专门的参考咨询室，设定固定的参考咨询岗位，提供常规化的资讯服务。参考咨询室的工作通常由参考咨询部分和专业信息研究部门负责，一般由学科馆员或资深专家承担。除此之外，有的参考咨询室跟高年级的学生合作，组成学习咨询团体，预约或以公开讲课的方式，帮助用户解疑释惑，为低年级学生的学习提供学习甚至生活辅导。

（3）教学服务

"学习共享空间"学习区设置充分考虑用户的使用需求，将学习区分为安静和允许讨论的学习区，包括安静学习区和协作学习区。

① 安静学习区

安静学习区就是自习区，当"学习共享空间"倡导协作式学习时，也应该为需要专心安静学习的用户提供一个场地。安静学习区为读者提供一个安静、不受干扰的学习环境，是图书馆服务的一部分。不同"学习共享空间"提供安静学习环境的方法可能不一样，但创造安静、舒适的学习环境是"学习共享空间"共同的追求目标。一种方法是沿用传统图书馆的做法，在共享区划出传统的自习区；另一种方法是利用创新设计，在共享区设计出协作式的自习区；还有用玻璃隔断出大小不等的独立空间，既可作安静学习区，也可作讨论室。

② 协作学习区

协作学习区，指能够促进小组讨论、交流和协作的区域，是"学习共享空间"内形式多样的讨论与互动空间，比如小组讨论室、学习研究室、沿墙壁摆设的各种桌椅等，为用户交流、协作创造条件。

学习室。用于用户小组讨论讨论或小团体教学，室内通常配备研讨活动使用的计算机设备，投影仪、放映机、白板、大屏幕显示器、音视频设施、支持演示和协作的软件及视频会议软件等。室内设计也充分考虑协作的特点，比如适应多种功能组合的桌子、方便移动的椅子，可改变形状的家具等。

开放学习区。所谓的开放学习区，就是遍布于"信息共享空间"内，提供插座和网络的区域。在开放学习区，用户可以低声交流但应保持相对安静的环境，馆员在管理时应予以重视和注意。

此外，在建立协同学习室，要特别注意隔音，以保证安静学习区及周围用户学习。

③ 多媒体与教学区

多媒体室通常配备高端的可完成各种视频、音频、图像、动画等任务的计算机，既是学习空间也是教学空间。因此，多媒体教室总是与教学区相结合。多媒体教室是为了满足用户的使用需求而设置的区域，在充分调研用户使用需求的前提下，对区域内的电脑进行设置。为了照顾用户对不同电脑系统的使用需要，安装不同品牌的电脑。为了提高多媒体区域的使用效率，硬件设施固然重要，同时也要兼顾软件的使用，电脑中预装用户使用率高的付费软件可以很好的吸引用户到馆使用。

（4）文献借阅服务

对于学生，书刊是学习和休闲中必不可少的部分，是支持学习的重要资源。"学习共享空间"的图书期刊的选择、分编及上架陈列，可以由图书馆资源建设部门与阅览部门合作完成。不同阅读区域根据设立之目的，陈列不同类型的书刊，以满足读者需求。陈列的书刊有些可以外借，有的仅限于共享空间内阅读。阅读区、社会活动空间等是开展阅读推广活动的场地，以新书、主题书、热点书等为主题，开展各种阅读活动，十分便利。

① 主题阅读区

阅读区汇集最新图书和精选的外文小说，其实质就是新书、好书推荐，吸引读者阅读，其特点是"新"。采用壁架排书，设置多个板块的主题阅读区域，如馆员荐书、经典阅读，主题书展等书籍。传统的纸质型阅读有助于培养读者的阅读习惯，吸引读者积极参与阅读活动，提升学生的人文素养。书展及好书推荐本就具有阅读推广功能，将此地作为阅读推广的常设阵地，不仅可以保证活的常态化，还可以吸引更多同学参与，培养同学阅读就到"信息共享空间"的良好习惯。同时图书馆可以联合学校阅读协会，各院系等部门，还可进行更加丰富的阅读推广活动，如共读一本书、好书推荐、读者见面会等。

② 休闲阅读区

该区提供种类多样的书籍，满足读者的阅读需求，其特点是"全"。比如

"商业趋势""休闲游憩""心灵健康""奇幻小说及侦探小说""中外文学""漫画"等各种主题的书籍，此外还可以陈列时事财经、艺文、生活、娱乐及旅游等期刊。

构建阅读实体空间固然重要，但与学校部门、用户等开展合作阅读推广活动、文化活动更重要。

（5）活动及休闲服务

交流、研讨、演讲等活动是"学习共享空间"的重要功能之一，配备学术交流空间如报告厅、会议室、多功能活动室是"学习共享空间"的必要组成部分。规模不同的"学习共享空间"可根据需求配备报告厅、多功能活动厅及会议室等。

除了封闭的社会活动空间，越来越多的图书馆开始选择开放式的活动空间。

① 封闭的社会活动区

封闭的社会活动区是指单独建立的报告厅、会议室等封闭式的空间，主要用于比较严肃且规模较大的活动，如学术活动、社会交流活动、演讲活动等，还可以用作文艺活动的演出场所。

② 开放的社会活动区

开放式的空间指将开放式的社会交流空间，不设屏障，位于"学习共享空间"内，和协作式的学习空间相结合。主要用于比较轻松、活跃，且规模较小的活动，如见面会、分享会、交流会等。如果有交流、演讲等活动式时，可以作为社会交流场所。会议结束后，又可恢复作为开放式的学习空间。这样不仅可以充分利用有限的资源和空间，还可以保持图书馆的活力和互动。

社会活动区是促进知识交流的重要场所，社会活动区举行的讲座、发布会、演讲、交流会、见面会等活动，不仅给用户传递知识，还活跃图书馆氛围，社会活动区是"学习共享空间"的活跃区和交流区。

③ 休闲区

休闲区是为用户提供食品、饮料和休闲的地方，温馨惬意的环境、舒适的座位、轻松的氛围，为用户提供聚会、休闲和社交场所。

一些共享空间在休闲区放置自动售卖机，一些共享空间则由学校的餐饮中心或由专业的饮食公司提供服务，或者联合学生创业项目，面向学生公开招募饮料贩卖团队。不同休闲空间布局及配备的家具各有特色，可以参照咖啡厅或者融合"学习共享空间"的整体环境设计，但一般都会有舒适且可以移动的沙发、方便交流的吧台等。休闲区充分利用设计的人性化和便利性，鼓励学生交流。休闲区的设置比较灵活，一般在公共开放区的旁边，或者专门设置区域，并明显标识只在此区可以饮食。同时，还可以"学习共享空间"配备大屏幕的电脑、休闲书刊物及音乐欣赏装置等，同时集成艺术展示和校园文化展示的功能。

此外，有的"学习共享空间"为了满足用户在忙碌学习之后的休憩需求，在空间内设立专门的休憩区域，引进高端的音乐休憩设备，提供约 15～30 分钟的短暂休息。

（6）用户展示及公共服务

① 用户展示区

用户展示区是展示学生和教师作品的展示空间，搭建用户与"学习共享空间"和图书馆的桥梁，是用户参与最多的区域。用户展示区可以是设立专门的用户展示区域，如展览室、陈列室、艺术长廊等，也可以将用户的作品分布于整个"学习共享空间"内。

图书馆可以通过与各部门协调，将一些重要艺术作品，或者出色的学生作品存放在"学习共享空间"之中，同时达到装饰效果。用户展示区，搭建了学生于图书馆合作与沟通的桥梁。用户展示区的建立可以和学院、社团甚至个人等合作共建，让学生充分参与到图书馆的活动甚至设计中来，建立不同主题的艺术空间，如艺术长廊，毕业生纪念，手工作品展等。最好能和不同单位合作，并定期更换主题。

用户展示区，为用户开辟一个独立的展示空间，这个空间可以是专门空间，也可以分布在图书馆的各个区域，不仅为"学习共享空间"增光添彩，也拉近了"学习共享空间"与用户的距离，增加用户的归属感。

② 公共服务

公共设备区是"学习共享空间"必不可少的基础设施，一般包括打印、扫描及复印设备等。这些设备通过连接图书馆局域网网络，采用自主服务方式，读者可以通过任何一台联网计算机或者在自己电脑上安装相应程序来使用它们。此外，还有储物柜、饮水机、盥洗室等。

关于"学习共享空间"构建和功能区的设置，每个图书馆不尽相同，但都要以本校本馆的用户需求为导向，进行基础调研的基础上，构建适合自身需求的"学习共享空间"。

2."学习共享空间"的未来发展

"学习共享空间"的最终会融入高校图书馆建设，对高校图书馆的发展起引导作用，使之成为学校真正意义上的文化中心、学习中心、学术交流中心。其实"学习共享空间"和图书馆的本质本没有区别，从香港理工大学将"学习共享空间"概念用于图书馆改造的成功案例便可佐证，香港理工大学的优秀案例为未来"学习共享空间"和图书馆的发展提供借鉴。首先，图书馆的构建和改进会更重视用户的观点和意见，特别是在校学生和教师，邀请学生参与到图书馆的设计和空间布置。其次，学生、学院等成为图书馆活动的主办，而不仅仅是参与者，未来的图书馆活动，图书馆会更广范围的与用户合作，如举办个人展览，与学院共建开展活动。最后，图书馆与学校相关部门会更加紧密的合作，或共同开展活动，合作主持项目，或共同提供教学服务、科研服务等。

无论是"信息共享空间"还是"学习共享空间"，都是顺应时代的发展和需要而产生，它们目前作为图书馆的特色建设项目，越来越多的高校图书馆着手建设，其目的是吸引用户，以此为阵地开展图书馆服务，在实践中我们也看到了"学习共享空间"内越来越多的创新服务。当这些成功的经验广泛传播时，就预示着"学习共享空间"理念的广泛接受。因此，"学习共享空间"的诞生本就肩负着引领图书馆变革的任务，高校图书馆利用这一新兴力量逐渐找回图书馆逐渐失去的领地。"学习共享空间"的理念最终会应用在高校图书馆的改革中，并成为促进图书馆前进的动力。

（二）基于 5G 的智慧图书馆服务创新

1. 智慧图书馆的内涵

从 2010 年开始，首次提出智慧图书馆的概念以后，很多学者和研究人员逐渐的对智慧图书馆给予了不同的定义和研究智慧图书馆的本质和创新服务。而最早的定义是由严栋提出的，他认为智慧图书馆是由通信技术将用户和信息系统所关联，而离不开云计算和物联网。之后的学者在研究智慧图书馆时大多与严栋所提出的观点类似，并在他的观点的基础上进行延伸和探究。林黎南从人工智能的方面提出了图书馆再造路径，陈红梅从移动智能终端对智慧图书馆进行研究，颜湘原对人工智能时代的智慧图书馆提供了概念，认为智慧图书馆应该重点着力于用户的使用感受，个性化，一体化服务，智慧化管理，系统化知识供给，高效便捷的知识共享。

从以上学者的研究可以总结出，智慧图书馆是综合运用大数据，互联网，物联网，云计算等现代信息或者通信技术来感知分析集成图书馆运行核心系统的各个关键信息，延伸到管理和服务的各个方面。是对图书馆包括建筑物理空间，网络服务空间，社会协同空间等实施进行智慧的全覆盖。智慧图书馆应该是智慧城市或者智慧校园的重要组成部分。

2. 智慧图书馆服务分析

对于读者来说，智慧图书馆最重要的是体现在智慧性，随着科技软件的不断发展，现有的智慧图书馆已经可以实现电脑实时搜索所需要的书籍所在的位置，并且在读者进行座位挑选时可以事先进行座位的挑选，大大地方便与简化了读者来到图书馆进行阅读的步骤与程序。

对于工作人员来说，电脑的录入系统大大的减少了工作人员的工作量，只要按照事先设定好的程序进行扫描与录入，那么就会节省工作人员的时间以及成本。而智慧图书馆不仅是人力提供的服务，机器能提供的服务也很重要，智慧图书馆则是将人力和机器的资源共享，合作出一套系统的体系。

而对于机器来说，最重要的是技术，而并不是所有的智慧图书馆都可以拥有技术完善的机器设备，对于技术完善且功能齐全的设备定是需要花费很大的费用，所以导致不是所有的图书馆都可以有足够的经费来进行升级和改造的。智慧图书馆的服务不光是需要技术上的支持同时也是需要经济来支持，帮助完成智慧图书馆的全面升级。

3. 智慧图书馆需求分析

智慧图书馆的需求分析主要包括两个部分，一个是数据的自动化，一个是服务的多样化。

（1）数据自动化

智慧图书馆所需要的最关键的就是数据自动化，作为图书馆，所需要的信息的收集和汇总的数据是十分巨大的，而传统的最原始的是手工登记与录入，大大地增加了工作人员的工作量，随着现代科技的不断发展，大数据的不断完善，数据自动化将带给图书馆很大的数据整理的便捷，通过计算机进行学习来实现数据的自动化处理，这大大改善了工作效率和对数据汇总的整合。在学习数据特征时，一般是从数据是否发散和特征与目标的相关性进行学习和训练，比如方差越接近于零，特征越不发散，越没有差异，而特征与目标的相关性越大，越应该被选择。所以在数据自动化的技术层面仍需不断地发展和开发，实现图书馆内部的数据全自动，全部计算机就可以实现，更加精准的实现典藏书籍的分别。

（2）服务多样化

正是有了多样化的服务才会使智慧图书馆变的有生气和有灵魂，而服务的多样化才会更好的协助读者和工作人员，彼此成就，完成更好地服务体验。智慧图书馆的服务最首要的任务是先满足读者的需求，读者在阅读书籍和借阅书籍上分别提供服务的多样性，需求主要是希望可以快速便捷地找到所需要的书籍，并且从来馆前便可以提前进行座位预定和现有馆藏书籍查询，读者以会员的形式存在于图书馆的管理系统中，可以看到历次借阅情况，随着目前大数据推送功能，可以根据读者的喜好进行书籍的推荐和精彩文章的分享。其次是满足工作人员的服务满足，工作人员需要对读者的借阅和归还进行管理，同时需要进行书籍的更新和维护、读者信息的维护。对于工作人员来说，更便捷的服务模式将是改善他们的工作量，将图书馆变成一个庞大的数据系统，可以方便工作人员更好地管理、更加准确地进行管理和为读者进行服务。

4. 5G 对智慧图书馆的影响

通过 SWOT 分析 5G 对智慧图书馆的影响，分为四部分来进行分析，以此来进行研究 5G 可以对智慧图书馆带来的影响，如何可以利用信息服务，将 5G 进行结合与应用，让信息更好的交流。

（1）优势与劣势

5G 对智能图书馆的优势在于可以为智能图书馆提供技术上的支撑以及所需要的网络规模的承载，只有 5G 的广泛应用，才会使我们理想中的智慧图书馆变成现实。5G 目前正在不断地进入应用中实现商用价值，而智慧图书馆的建设就是其中之一，目前正是处于政策推动阶段。5G 的独特能力正是可以满足于便利读者与图书馆的工作人员，同时正在大力开展 5G 的推出。通过智慧图书馆的整合，提升图书馆的整体服务，实现读者对图书馆的资源的有效利用，对信息进行收集和获取，建立以读者为中心，实现读者的需求和为读者提供资源，以图书馆的智能化服务为辅助，实现以人为本，从而使读者全身心地可以融入智慧图书馆的氛围中，以此来带给读者便利。智慧图书馆不仅要注重服务，5G 可以带给智慧图书馆的还有技术上的提升，智慧图书馆要与技术和人工智能结合，从而不断地发展和改善，融入新的技术，带给读者一个具有科技感的数字化智慧图书馆。

5G 对于智慧图书馆的劣势在于目前的 5G 仍需要逐步推进，有很多产业或是应用都想要与 5G 进行联合与双赢，打造 5G 联合的智慧图书馆一方面需要时间的研发，另一方面需要技术、资金上的足够支持与建设，才会早日实现 5G 形式下的智慧图书馆。目前，仍然缺乏比较完整的智慧图书馆系统，现有的智慧图书馆还不够完善，只有部分功能可以使用，而且并不是在同一个系统中，使用方法仍不智能，没有实现一体化的系统。

（2）机遇与威胁

5G 对智慧图书馆的机遇在于目前全球都在大力开展 5G 的推出，并且完成和实现 5G 基站的建立，由此可见，5G 的发展还是目前最热门的话题。随着基站的广泛覆盖、目前中国政策的力推，要实现规模性的 5G 商用化，这正是 5G 联合智慧图书馆的机遇所在。目前京东的无人机配送和机器人配送已经在试行中，阿里的无人超市也已经成功建成。正是有了无人配送和无人超市，使得智慧图书馆可以更好地完成读者借阅和归还的需求，像图书馆中也是需要书籍配送的，当读者在座位上进行选择时，将会有机器人自动进行筛选并配送到读者所在的座位上，在读者归还时，机器人也可以进行书籍的归档和传送。如此可见，机器人将会完成图书馆的大部分工作，将大大减少工作人员的工作量，未来也会实现无人图书馆的服务模式。5G 不光是带来技术上的更新，同时也是我们对未来思想上的转变，而智慧图书馆的智慧二字，正是体现出未来的智能模式，不单单是原有的传统图书馆的典型模式，传统仅仅是书籍的分类与归集，如果图书馆中的典藏书籍数量不够，将没有办法实现读者的更好的需求，而现在将是以数据的形式进行服务，还可以有电子版的书籍作为一个纸质版书籍的补充，可以通过对数据知识的储存来向读者提供服务。

5G 对于智慧图书馆的威胁在于建设一个 5G 联合智慧图书馆需要从研发到创建需要大量的时间，与此同时，高校也是需要为付出努力劳动的团队的给予报酬上的支持，而往往在科技的建设与试行中我们总是需要从不断地试错中吸取经验与教训的，所以高校所面临的挑战还是非常大的。

5. 5G 智慧图书馆服务创新的对策

（1）合作共享

5G 模式下智慧图书馆的建设不仅仅是实现一个图书馆的启用，而是需要实现跨地区图书馆直接的协同合作，同时提高全体智慧图书馆整体的协调，需要多方参与共同建立资源，达成资源的共享，协同推进各方面的工作，从而实现长期有效的跨地区图书馆的协同合作的机制。

5G 正在广泛的进入大众的视野，而图书馆作为文化传承的载体，更是需要不断的创新与合作，不断的发展与制造，而 5G 目前正在逐步的融入我们日常的生活中，改善着我们的生活。尽管 5G 还在逐步的扩展中，但是它对于图书馆来讲，不仅是工作量的减少同时也是提高服务水平的一个重要的技术支撑。而合作显得尤为重要，现有的 5G 发展也在与各行各业进行合作和发展，在大力推广科技和人工智能的时代，顺应时事的潮流，借鉴其他行业中 5G 的作用和应用所带来的独特的高端服务，运用到智慧图书馆当中，呈现一个多功能的智慧图书馆，来满足广大读者的需求。所以跨地区跨馆之间的合作显得尤为重要，尤其是在馆内资源和信息整合方面，如果可以实现信息共享，那么对于读者来说将是一个省时省力的好事。如果在智慧图书馆平台上可以帮助读者回答相应的问题并帮助解决，那么就可以实现读者和管理人员共同交流的一个平台。

与此同时，不光是要跨地区的合作，跨行业的合作也显得尤为的重要。由于我国的人工智能高科技正在逐渐走向成熟，而人们往往对于智慧图书馆的需求不再仅仅局限于查找书籍和信息。更多的是希望智慧图书馆不光可以智慧在内容和科技信息上，同时也希望可以带来更加多样化的智慧化服务的组合。智慧图书馆不光是需要将图书、信息相互整合，同时也需要的是在智慧图书馆中让读者体会到不一样的体验和感受，比如说 5G 融合的应用可以开展 VR、AR 空间，可以带来读者身临其境般的感受，更加具有沉浸感的虚拟现实的体验模式，只有 5G 可以带给读者这样的体验，因为沉浸式体验需要低延时画质高，这种在技术上的创新也会不断进步，超高清视频展示也是更好地体现了服务的不同。

而 5G 的应用还会发展到各行各业中去，如医疗教育事业等，将我们的智慧图书馆与医疗教育相结合，定期开展研讨会或交友会，使得智慧图书馆因为读者需求的不同而变得立体。在娱乐方面，VR 技术可以实现观众与舞台零距离观感，身临其境的感受画面的冲击与魅力。在教育方面，5G 可以实现跨地区的同时频授课模式，增加了多样化的授课方式。在医疗上，可以跨地区实现远程手术和观看直播。目前有一些图书馆做到了 24 小时营业，确实带给了读者一些便利。很多读者对于图书馆的需求不仅仅是查阅书籍，同时还需要的是需要一个安静舒适的环境进行自习。而 24 小时自习室不仅可以做到时间上 24 小时营业，与此同时，图书馆内部的一些服务仍然会提供，像目前的图书馆内部的餐厅与咖啡厅在晚上是不会营业的，24 小时自习室会提供给读者无人餐厅自助式服务，会为读者在晚上提供小能量。同时，如果读者不方便来到智慧图书馆，那么只要他是智慧图书馆的会员，就可以登陆图书馆 App，进行电子书籍的阅读和查阅，也是同样可以满足读者的需求。随着不断的探索，智慧图书馆会不断的成熟并大范围的广泛应用在其他的图书馆中。人们的生活也会慢慢地变成智慧化的生活，我们的城市也会变成由数字化治理的智慧化城市。

（2）技术的创新与开发

5G 在智慧图书馆的应用上发挥了巨大的作用，随着 5G 基站的全面建设与推广，在高网速和高速率上得到了很大的支持，具体软件的开发，后台程序的制作，管理人员和读者的服务管理系统的研发，需要技术人员给予支持与帮助。技术也需要不断地改进和创新，实现全流程的互联和互通，不光是设备的互联，人员的互联甚至是物料和产品都可以互联，而大数据会在云平台进行分析和判断，只有大数据云服务物联网与人工智能相结合，在 5G 的基站下才会呈现出最好的效果与体现。人工智能可以加快 5G 与智慧图书馆相结合的速度，人工智能可以将机器学习，机器人技术，计算机视觉等技术应用在智慧图书馆中，而技术也会不断的更新，而人工智能的自主学习将会更大深度的提升智慧图书馆的服务，5G 与新技术深度融合，可以加速数据的采集时间和增加数据的采集数量。而通过机器人的学习和大数据的不断分析，人工智能将会带给我们智慧化的生活模式，从而也会逐步的改善我们对于智慧图书馆各项服务的模式。人工智能可以帮助形成个性化的读者画像，而海量的数据通过处理后也会为读者带来更加个性化的智能化的服务。对 5G 的应用所表现出的智慧图书馆对于宽带、延时和对移动性的要求将有所考察并不断的更新。而后续终端对智慧图书馆的支撑也需要专业人员不断的维护，不断地对内容进行丰富。

（3）重视服务反馈

服务的质量需要经过读者的反馈才能得以体现，得益于我们的 5G 的高速率和网络平台，一个有效的服务反馈途径至关重要。一个正面的评价有助于我们做得更好，一个负面的评价同样也有助于改正和提升。智慧图书馆的成功与否不是华丽的外表来体现的，而是读者对于智慧图书馆是否满意。现在的读者大多关注于个性化服务的呈现，能否满足读者的个性化的需求也将是一个智慧图书馆的考核。而个性化服务的开展正是可以得益于我们的大数据和人工智能，可以对不同的读者对于书籍的喜爱程度或者是经常搜索的词语等来对读者完成画像，就像我们的购物软件，系统会自动识别出顾客感兴趣的产品进行推送和介绍。而智慧图书馆在 5G 的应用下也将会实现满足读者个性化的需求，也会定期的为读者推荐喜好的书籍需要的数据知识，并且包括感兴趣的活动讲座，这将会大大增加读者与智慧图书馆之间的黏性，只有频繁的进行推送才会与读者保持着良好的联系。

而智慧图书馆更应该提供所给读者一个可以沟通和反馈的平台，由于 5G 结合的智慧图书馆的便捷之处，可以使读者全程不再需要工作人员的帮助，可以自助完成自己所需要的服务，而对于智慧图书馆的读者来说，每个读者都是个独立的个体，而每个人对于智慧图书馆的需求都不大相同，所以在都是人工智能和机器人完成大部分工作的智慧图书馆中，肯定存在着有令读者不满意或者可以改进的存在。那么，这个可以让读者沟通和反馈的平台就显得更加的重要了。

首先，读者们可以在这个平台上畅所欲言，可以与其他的读者之间进行交流和探讨，同时也可以与工作人员进行服务的反馈和评价，这也很大程度上增加了读者与智慧图书馆的黏性，通过这些反馈的收集，工作人员可以根据不同读者的个性化需求来进行具有建设性意义的改善，以此来帮助智慧图书馆做得更好，更加的满足大众化的需求。由于智慧图书馆的读者的年龄职业跨度相当的大，存在着各个年龄段，各个行业的人士前来，而如果要得到每一个读者的正面的评价则需要不断的对读者的反馈进行整理和进行改进。

同时，还可以展开积分互动，比如购买图书会赠送积分，来馆阅读会赠送积分，每日打卡会赠送积分，与此同时，还可以设计小游戏冲关打卡赠送积分，各种可以增加读者和智慧图书馆黏性的操作都可以获得积分，而就像积分商城可以兑换礼物一样，使得智慧图书馆充满新奇，成为读者生活中休闲放松的场所，在休闲放松之余还可以阅读书籍，沉浸在书籍中，会提升全民的知识掌握素质。综上所述，基于 5G 的智慧图书馆将是全新的体验，为读者提供更加全面周到的个性化服务体验，为工作人员带来实质上的工作便捷，在技术的不断研发与实验中，为读者带去智能化的高端感受。现代社会技术的快速发展，使得大家更加重视云端服务与服务体验，科技使得一切更加智能与便捷，通过 5G 将会有效带动智慧图书馆的发展，5G 与云计算、大数据和人工智能等技术深度的结合，将会使得智慧图书馆的场所智慧化、管理智慧化、服务智慧化，达到全面深刻的变革，从而对传统的图书馆进行结构的优化，提升服务的质量增加效率。通过智慧图书馆的关联效应，同时也会放大 5G 对智慧图书馆所带来的贡献与应用优势，同时还可以以此来带动全民阅读，带动行业经济，帮助社会实现高质量的发展。

参考文献

[1] 张丰智，李建章."双一流"建设背景下高校图书馆建设与服务［M］. 北京：北京邮电大学出版社，2019.

[2] 徐克谦. 网络环境下高校图书馆的建设与服务［M］. 北京：人民教育出版社，2002.

[3] 严潮斌，李泰峰. 高校图书馆资源与服务体系建设研究［M］. 北京：北京邮电大学出版社，2015.

[4] 曹瑞琴. 高校图书馆学科服务与智慧化建设［M］. 长春：吉林出版集团股份有限公司，2020.

[5] 江莹. 基于信息资源建设与读者服务的高校图书馆发展研究［M］. 长春：吉林大学出版社，2020.

[6] 王平. 大数据在高校图书馆管理及服务中的应用［J］. 科技与创新，2021（23）：130-131.

[7] 矫林涛，柳燕. 大数据环境下高校图书馆建设的机遇和挑战［J］. 内蒙古科技与经济，2021（22）：142-143.

[8] 渠彩霞. 以用户需求为导向的高校图书馆管理与服务创新思考［J］. 现代农村科技，2021（10）：67-68.

[9] 赵国忠. 智慧图书馆背景下高校图书馆信息资源建设策略研究［J］. 情报探索，2021（9）：123-128.

[10] 周自琴. 高校图书馆建设中开展阅读推广的思考［J］. 传媒论坛，2021，4（16）：143-144.

[11] 丁玉东. 创新驱动战略下高校图书馆专利智库建设研究［J］. 智库理论与实践，2021，6（3）：55-60.

[12] 杨凤云. 智慧图书馆发展与高校图书馆建设探究［J］. 江苏科技信息，2021，38（16）：18-20.

[13] 詹永. 信息化背景下高校图书馆管理模式创新路径及建议［J］. 传媒论

坛，2021，4（9）：131-132.

[14] 孙翌，陈晶晶，易庆，等. 高校图书馆多元化阅读推广服务体系建设与实践——以上海交通大学图书馆为例［J］. 大学图书馆学报，2021，39（1）：78-84.

[15] 郭婷，申倩倩. 技术驱动环境下高校图书馆智慧阅读服务体系构建［J］. 图书馆学刊，2020，42（12）：79-82.

[16] 吴绍群. "双一流"建设背景下高校图书馆建设策略研究之回顾与展望［J］. 图书情报研究，2020，13（4）：57-64.

[17] 凌霄娥. 基于"5G+全媒体"技术的高校图书馆真人阅读服务研究［J］. 图书馆学刊，2020，42（9）：54-59.

[18] 洪秋兰，潘荣. 全媒体环境下高校图书馆信息资源建设研究［J］. 图书情报研究，2020，13（3）：96-100.

[19] 赵文军，任剑，李超良，等. 面向高校图书馆的移动阅读服务满意群体演化与仿真研究［J］. 图书馆学研究，2020（14）：32-42+83.

[20] 张海舰. 论高校图书馆阅读服务体系优化——从北京大学图书馆"送书到楼"服务谈起［J］. 大学图书馆学报，2020，38（3）：65-70.

[21] 王志军. 媒体融合背景下高校图书馆服务营销策略研究［J］. 图书馆工作与研究，2019（12）：103-108.

[22] 任萍萍. "双一流"驱动下高校图书馆学科知识服务能力体系建设研究［J］. 情报科学，2019，37（12）：93-97.

[23] 景晶. 我国高校图书馆学科服务团队建设现状调查与分析［J］. 图书情报工作，2019，63（17）：103-109.

[24] 姜兰，侯婕. 基于新媒体的高校图书馆社会化服务研究——以长春工业大学图书馆为例［J］. 情报科学，2019，37（8）：92-96.

[25] 高霏霏. 基于"微课"的高校图书馆微阅读服务研究［J］. 图书情报研究，2019，12（1）：47-52.

[26] 王芳. "互联网+"时代高校图书馆管理与服务的创新策略［J］. 陕西理工大学学报（社会科学版），2019，37（1）：72-76.

[27] 董园园. 基于智慧时代的高校图书馆建设与服务创新［J］. 齐鲁师范学院学报，2019，34（1）：99-103.

[28] 储节旺，汪敏. "双一流"建设背景下高校图书馆学科精准服务对策研

究［J］. 现代情报, 2018, 38 (7): 107-112+127.

[29] 李素娟. 一流学科建设中高校图书馆学科服务策略研究 [J]. 图书馆工作与研究, 2018 (5): 113-117.

[30] 王宇, 孙鹏. 高校图书馆创客空间建设与发展趋势展望 [J]. 图书情报工作, 2018, 62 (2): 6-11.

[31] 黄运红, 于静. 论高校图书馆阅读推广服务的创新——以第二届全国高校图书馆服务创新案例大赛为例 [J]. 图书馆论坛, 2018, 38 (10): 124-130.

[32] 何波, 章宏远, 裴剑辉. 基于大数据的高校图书馆个性化服务研究 [J]. 新世纪图书馆, 2017 (10): 59-61+80.

[33] 梁士金. 基于移动网络社交媒体的高校图书馆社会化服务 [J]. 图书馆工作与研究, 2017 (6): 109-113.

[34] 张妍妍, 余波, 郭蕾, 等. 碎片化阅读时代高校图书馆服务创新研究[J]. 图书馆建设, 2017 (4): 44-50.

[35] 费晶. 面向新型智库建设的高校图书馆服务与发展研究 [J]. 图书与情报, 2017 (1): 116-118+73.

[36] 茆意宏, 朱强, 王波. 高校图书馆数字阅读服务现状与展望 [J]. 大学图书馆学报, 2017, 35 (1): 85-91.

[37] 邱均平, 田磊. 我国高校图书馆个性化信息服务的调查与分析 [J]. 图书馆工作与研究, 2016 (12): 84-92.

[38] 沈洋. 高校图书馆学科服务内容建设的调查与研究 [J]. 图书馆学研究, 2016 (20): 75-80.

[39] 默秀红. 面向智慧城市理念的高校图书馆服务创新发展探究 [J]. 情报理论与实践, 2016, 39 (8): 92-95.

[40] 鄂丽君. 香港高校图书馆特色馆藏建设与服务调查分析 [J]. 国家图书馆学刊, 2016, 25 (1): 45-51.

[41] 万文娟. 我国高校图书馆学科服务团队建设问题与策略分析 [J]. 国家图书馆学刊, 2015, 24 (2): 63-69.

[42] 宫平, 郭帅. 高校图书馆社会化服务模式探索 [J]. 图书情报工作, 2014, 58 (19): 74-78.

[43] 丁学淑, 丁振伟, 马如宇. 高校图书馆社会化服务的困难与障碍研究 [J].

图书情报工作，2014，58（13）：56-59+36.

[44] 游祎. "MOOC"环境下高校图书馆服务创新研究［J］. 图书馆杂志，2014，33（6）：61-65.

[45] 屈亚杰. 浅谈高校图书馆移动阅读服务［J］. 图书情报工作，2014，58（S1）：102-103+112.

[46] 李园园. 高校图书馆阅读服务创新策略研究［J］. 图书馆学研究，2013（23）：60-63.

[47] 杨木容. 高校图书馆阅读服务的创新研究——基于出版社网络资源与服务的调查分析与利用［J］. 图书馆建设，2013（11）：50-55.

[48] 高震. "双一流"建设高校图书馆创客空间建设的调查与分析［D］. 合肥：安徽大学，2018.

[49] 张晶晶. 网络环境下高校图书馆服务创新研究［D］. 哈尔滨：东北农业大学，2017.

[50] 孙洁. 基于阅读推广活动的河南省高校图书馆服务创新研究［D］. 郑州：郑州大学，2016.

[51] 郑超. 高校图书馆学科服务平台建设与服务模式探讨［D］. 昆明：云南大学，2016.

[52] 马晓菡. 高校图书馆个性化信息服务建设［D］. 西安：陕西师范大学，2013.